IDOL
MAKER
아이돌 메이커

일러두기

1. 현장 인터뷰임을 고려해 화자의 언어 습관을 최대한 존중하여 실었습니다.

2. 외국어 및 외래어는 국어로 순화하되, 당사자들의 업무 특성을 나타내기 위해 반드시 필요하다고 보이거나 업무상 관용 표현은 그대로 실었습니다. 외래어 표기는 국립국어원 외래어표기법을 따랐습니다.

3. 음반 및 도서, 잡지명은 《 》, 방송 프로그램 및 영화, 기사, 노래명은 < >로 표기했습니다.

4. 아이돌 아티스트 관련 각주는 웹진 《아이돌로지 http://idology.kr》에서 진행하는 아이돌 음반 리뷰 콘텐츠인 퍼스트 리슨 first listen 대상자 위주로 선별했습니다.

5. 아티스트명 영문 표기는 각 소속사 홈페이지 및 실물 앨범에 표기된 방식을 따랐습니다.

6. 이솔미, 마플라이의 인터뷰는 박희아와 박준우 공동 취재로 진행되었으며, 인터뷰 내 각주는 미묘, 김세철, 하박국의 자문을 받았습니다.

IDOL MAKER

아이돌 메이커

박희아 지음

미디어샘

추천사

성실하고 힘 있는 책

강명석 웹매거진 《아이즈ize》 편집장

아이돌에 대해서는 누구나 쉽게 이야기한다. 하지만 아이돌을 만드는 사람들, 그들을 위해 일하는 사람들, 이 산업을 성장시키는 사람들을 직접 만나서 이야기를 하는 사람은 많지 않다. 박희아 기자는 그것을 했다. 그것도 어느 매체의 힘도 빌리지 않고 스스로 진행했고, 책으로 담을 수 있을 만큼 성실한 인터뷰를 했다. 단적으로 말하면, 이 책을 읽고 박희아 기자와 같이 일하자고 요청했다. 아이돌 산업에 관심이 있는 한 사람으로서, 그리고 함께 일하는 동료로서 경의를 보낸다.

추천사

아이돌 음악 눈높이 맞춰주는 신기한 책

김학선 대중음악평론가

그러니까, 말하자면 나는 '아이돌 신생아'에 가까운 사람이다. 나는 주로 '음악평론가'로 불리지만, 음악평론가가 모든 음악에 애정을 갖고 지속적인 관심을 기울이는 건 일종의 판타지라 생각하는 사람이기도 하다. 물론 직업적인 의무감으로 새로 나오는 아이돌 음악을 체크하고 정기적으로 차트에 오른 곡들을 챙겨 듣는다. 《아이돌로지》 같은 전문 아이돌 웹진에서 추천하는 음악들을 찾아 듣기도 한다. 하지만 이는 평론가가 아니라 일반 대중도 쉽게 할 수 있는 일이다. 나의 주요 관심은 여전히 다른 음악에 있다.

그리고 나는 '아이돌 음악'에서 단순히 '음악'만을 떼어 이야기하는 것이 어느 정도 한계가 있다는 것도 안다. 어느 장르나 마찬가지겠지만 아이돌 음악은 특히 '산업'이나 '시스템'과 직접적으로 연결이 되어 있고, 그 시스템 안에서 만들어진 아이돌 음악에서 음악만 다룬다는 것은 위험할 수도 있다는 것을 잘 안다. 그래서 더더욱 내가 아이돌 음악에 이야기를 하는 것에 조심스러울 수밖에 없다.

《아이돌 메이커》를 읽는다. 아이돌을 만드는 사람이라는 뜻이겠지만, 과거에 '메이커'는 일종의 브랜드를 뜻하는 말이기도 했다. 학창 시절 중고등학생들에겐 최고급 브랜드였을 나이키나 아디다스 같은 상표를 메이커라 부르곤 했다. 책의 제목을 듣는 순간 그런 중의적인 의미가 더해졌다. 아이돌을 만드는 최고급 브랜드를 가진 사람들.

저자는 이 메이커들을 직접 만나고 다녔다. 아이돌의 노래를 만드는 사람, 아이돌의 음반 커버를 디자인하는 사람, 아이돌의 뮤직비디오를 만드는 사람, 아이돌의 노래 가사를 쓰는 사람, 아이돌의 안무를 짜고 연습을 시키는 사람, 크게 드러나진 않지만 우리가 '아이돌 산업'이라 부르는 시장 안에서 산업의 가장 중요한 업무를 담당하고 있는 사람들이다. 발로 뛰어 얻은 결과물이란 흔한 표현이 있겠지만, 이 책은 단순히 발로만 뛰어 얻은 것이 아니다. 저자는 산업에 대한 이해를 바탕으로 꼭 필요한 인물들을 골라 궁금한 이야기들을, 듣고 싶었던 이야기들을 충실하게 끄집어낸다.

무엇보다 재미있다. 늘 이면의 이야기를 듣는 것은 재미있다. 이면의 이야기라도 황색의 얕은 들춰내기가 아니라 지금의 아이돌 시스템이 어떻게 돌아가고 있는지, 어떤 변화가 일고 있는지, 그 안에서 얼마나 치열한 고민들이 반복되고 있는지를 이해할 수 있게 해준다. 그래서 이것은 좋은 공부이기도 하다. 나 같은 '아이돌 신생아'에게도 아이돌 음악에 지대한 관심을 갖고 있는 이들에게도 하나하나 눈높이를 맞춰줄 수 있는 신기한 책이다. '유익하다'는 것. '이롭거나 도움이 될 만한 것이 있다'는 것. 오늘 나는 유익한 책을 읽었다.

추천사

아이돌 백스테이지에 숨은 진짜 이야기

미묘 웹진 《아이돌로지IDOLOGY》 편집장

K-POP 산업의 경제적, 외교적 측면에 관한 분석은 많다. 아이돌 팬덤에 대한 연구도 많다. 그러나 이 산업 내부의 사람들에 대한 이야기는 매우 제한적이다. 전통적인 음악 저널리즘이라 친다면, 공연장의 입구와 티켓 박스에 줄선 사람들을 취재하는 사람들은 많았다. 간혹 금발 백인이 껴 있으면 '그림 나온다'며 기뻐하는 경우도 있었다. 하지만 백스테이지에 카메라와 수첩을 들고 들어간 이는 별로 없었고, 《아이돌 메이커》는 이 일을 본격적으로 시작했다.

저자는 백스테이지에 숨겨져 있던 안무가, 작곡가, 작사가, 뮤직비디오 감독, 디자인팀 디렉터, 트레이너 등을 찾아다녔다. 이중에는 경우에 따라 대중에게 가볍게 알려져 있거나 전혀 그렇지 않은 인물도 있다. 여러 분야에 걸친 취재 경험과 비평적 시각, 무엇보다 아이돌 산업에 지닌 애정을 바탕으로 저자가 펼쳐놓은 미로 같은 백스테이지가 독자들을 기다리고 있다.

무엇보다 재미있는 점은 그들에게서 이끌어내는 이야기의 초점이 유명 스타와 작업하며 있었던 에피소드나 가십거리, 이른바 업계의 이면을 드러내는 '썰'이 아니라는 것이다. 또 스타에게 가려진 자신의 직업을 설명하는 내용 역시 아니다.

책 안으로 들어온 인터뷰이들은 각자 자신의 삶을 담담히 이야기한다. 누군가는 지금의 일을 하기 위해 꾸준히 준비했고, 누군가는 너무나 우연한 전환점을 맞이했다. 누군가는 채 정립되지 않은 이 산업에서 모험하며 새로운 길을 닦고 있고, 누군가는 업계의 관행이나 환경을 괴로워하기도 한다. 그러나 그 모두가 각자의 일에 애착을 갖고 자신만의 창조적인 작업을 하며, 이를 통해 각자의 삶의 주인공으로 자리하고 있다. 읽고 있노라면 때로 K-POP 업계 종사자들 인터뷰집임을 잊어버리기도 할 정도로, 이것은 그들의 생생한 라이프 스토리다.

자연인으로서의 삶 그 자체를 바쳐 아이돌로 헌신하는 퍼포머들에게 집중적인 조명이 가는 것은 당연한 일이다. 그러나 그 뒤에 있는 것 역시 사람의 일임을 모두가 알고 있고, 《아이돌 메이커》는 그것을 확인해준다. 이들이 '이렇게나 사람임'을 말이다. K-POP 산업에서 어떤 '플레이어'들이 어떻게 일하고 있는지 알고 싶은 이들에게, 그리고 이 플레이어들의 '얼굴'이 궁금한 이들에게 권한다.

머리말

아이돌, 꿋꿋이 쌓아온 시간

빠르게 증보판을 기획하게 되었습니다. 그 사이 어떤 팀은 미국 빌보드 시상식에서 한국 가수 최초로 상을 받았고, 또 어떤 팀은 국내에서 네 번째 밀리언셀러를 달성했습니다. 그리고 아이돌 산업의 움직임을 바꿔놓을 만한 거대하고 놀라운 팀이 등장했고, 데뷔 6년 만에 전례 없이 팬덤이 커진 팀도 생겼습니다. 항상 수명이 짧다는 편견에 싸여 있던 걸 그룹 시장에서 10주년을 기념하게 된 팀도 있습니다. 무엇 하나 빼놓을 수 없을 만큼 새로운 일의 연속이었어요.

저의 변화를 비롯해, 짧은 시간 동안에 한국 음악계에도 많은 변화가 있었습니다. 그래서인지 새로운 책을 쥐게 된다는 기쁨보다는 이전보다 좋은 결과물을 보여드릴 수 있어야 한다는 부담이 큽니다. 변화의 움직임을 빠르게 담기 위해 조금 더 내용을 추가하고 다듬었으니 모쪼록 의미 있는 책으로 기억해주시기를 바랍니다.

아이돌을 만드는 사람들을 한층 가까이하게 되면서, 그들이 꿋꿋이 쌓아온 시간과 크고 작은 성취에 대해 새삼 놀라곤 합니다. 빠르게 변하는 트렌드와 치밀한 기획을 위한 연구, 수천 만 앞에 결과물을 내놓아야 한다는 부담감, 그 사이에서 좋든 나쁘든 수많은 이들과 관계를 유지해가며 빠듯하게 일을 해나가는 것은 여전히 쉽지 않아 보이니까요.

어떤 직업이든 매한가지로 어려움이 있겠지요. 다만, 나로부터 그리고 타인으로부터 끊임없이 새로운 것을 꺼내 다듬어야 하는 입장에 놓인 저로서는 그들의 어려움과 노력에 유독 공감할 수밖에 없습니다. 시장이 커진 만큼 돌아봐야 할 것들이 많아진 요즘이라면 더욱이 그렇군요.

하지만 이러한 변화는 새로운 크리에이터들이 시장에 뛰어들 수 있는 기회일지도 모릅니다. 한국 아이돌 산업은 점차 그 의미를 불려갈 테지요. 그래서 2017년은 분명 한국 아이돌 산업에 새로운 에너지를 던져준 해입니다. 《아이돌 메이커》를 지금, 이 시점에 출판할 수 있게 되어서 무척 기쁩니다. 앞으로도 쭉, 괜찮은 작업들을 해보려고 합니다.

마지막으로, 김성은, 이솔미, 범주, 마플라이, 장성은, 김성욱GDW, 최재혁, 이상은, 여덟 명의 인터뷰이에게 진심으로 감사하다는 인사를 드립니다. 멋진 작품을 기대하는 대중의 한 사람으로서 마음 깊이 응원합니다.

2017년 9월
박희아

CONTENTS

244

아이돌은 대중예술의 영감
장성은 디자이너

Designer
Jang Seong Eun

300

Music Video Director
Woogie Kim

아이돌을 담는 감각적인 화면
김성욱 뮤직비디오 감독

358

Songwriter·Producer
Choi Jae Hyuk

아이돌 산업의 새로운 열쇠
최재혁 프로듀서

410

아이돌의 몸을 관리한다는 것
이상은 퍼스널 트레이너

Personal Trainer
Lee Sang Eun

보컬 트레이너
김성은

베이비복스 리브를 시작으로
JYP엔터테인먼트, 안테나,
빅히트엔터테인먼트, WM엔터테인먼트,
큐브엔터테인먼트 등에서
보컬 트레이너로 일했다. 선미, 트와이스,
방탄소년단, I.O.I, B1A4 등을 가르쳤고,
현재도 다수 기획사에서 아이돌 그룹 및
연습생 트레이닝에 매진하고 있다.
Mnet 〈프로듀스101〉에서
브라운아이드걸스 제아와 함께
101명 걸그룹 연습생의 보컬 트레이너로
활약하기도 했다.
AG성은 AG SUNGEUN 이라는 이름으로
가수 활동을 하고 있다.

"아이돌이
배우는
음악에 대한
예의"

Vocal Trainer
Kim Sung Eun

interviewee
Kim Sung Eun

나이가 들면
자연스레 목소리도 변하기 마련이지만,
보컬 트레이너 김성은은 그것을
'관록'의 발자국이라고 믿는다.
때로는 무대 위를 누비던 자신이
무대 밖 선생님으로 남게 된 게 슬프기도 하다.
그렇지만 빡빡한 스케줄 틈에서도
어슴푸레한 새벽까지
허투루 흘러보내지 않는 열정은 그대로다.
12년차 보컬 트레이너이자,
제자들 앞에서 부끄럽지 않기 위해
치열하게 노력하는 가수.
그의 목소리가 늙지 않기를 바란다.

회색분자

"트레이너들은 굉장히 애매한, 말하자면 회색분자인 것 같아요."

트레이너 일 외에 개인 앨범 준비도 하고 계신다는 이야기를 들었어요.

네. 일이 바빠서 꾸준히 낼 수는 없지만, 계속 노력은 하고 있어요. 마음먹었을 때 밀어붙이지 않으면 영영 트레이너 일만 하게 될 것 같아서요.

본업은 트레이너이신 거고, 쉽게 말해 재충전을 하신 셈이죠?

맞아요. 예전에 한 번은 앨범 내자마자 아버지가 돌아가셨는데…. 심리적으로도, 개인적으로도 여러 가지 일이 많이 겹쳐서 절박한 상태였어요. '아, 이대로 가다가는 내 것이 아무것도 없겠다'는 생각까지 들어서 많이 힘들었고요. 솔직히 트레이너들은 굉장히 애매한, 말하자면 회색분자인 것 같아요. 트레이너가 되고 싶어서 음악을 시작했던 건 아니니까요. 그런데 요즘은 트레이너를 목표로 하는 친구들도 있더라고요. '보컬 트레이너가 어떤 직업으로 보여서 그런 생각을 하게 된 걸까?' 하는 생각은 들죠. 신기해요.

장래희망으로 삼기에는 영 아닌가요? (웃음)
어떤 의미냐면, 제가 일하면서 만난 대부분의 보컬 트레이너들은 사실 트레이너 자체가 꿈이었던 건 아니거든요. 그럼에도 불구하고 이 직업은 일을 하다 보면 대충이라는 게 안 되는 직업이에요. 그게 느껴질 때마다 저희끼리 '이 죽일 놈의 책임감'이라고 하면서 웃죠. 왜, 사회생활 하다보면 그러잖아요. 돈 받은 만큼만 하라고. 그런데 트레이너는 정말 그게 안 돼요. 일단 노래가 꿈이었던 사람들이 시작한 일이다 보니, 자기도 모르게 온 열정과 에너지를 쏟아붓게 되거든요.

노래의 가치

"댄스 퍼포먼스 안에 들어가는 구조다 보니까 애매한 요소가 돼버렸죠."

2010년대 들어서면서부터 직캠❶이 한 아이돌 그룹의 흥망성쇠를 가르는 터닝 포인트로 작용한 사례들이 있었죠. 댄스 퍼포먼스가 아이돌 작업에서 실질적으로 가장 공을 들여야 하는 요소로 인식되는 경향이 더 짙어졌고요. 반면에 MBC <복면가왕>이나 <듀엣가요제> 같은 프로그램에서는 보컬 실력이 뛰어난 아이돌 가수들이 좋은 활약을 하는 사례가 늘었어요. 하지만 댄스와는 달리, 이들의 활약이 팀에 대한 관심으로 잘 이어지지 않는 경우가 많았죠. 이런 걸 보면 아직까지도 보컬이 아이돌에게 가장 기대되지 않는 덕목인 게 아닐까 싶거든요. 잘하면 좋고, 아니어도 큰 책임은 없는. '보컬 트레이너라면 이런 부분에서 오는 허탈함을 느낄 수 있겠다' 싶었어요.

맞아요. 요즘은 연습생 때 만나는 애들 중에서 노래로 합격한 친구들이 별로 없어요. 대부분이 춤으로 들어오거든요. 아니면 외모가

❶ **직캠** 팬들이 휴대전화, 캠코더, 디지털 카메라 등 개인기기를 사용해 직접 찍은 영상의 통칭. EXID 하니, EXO 카이, 방탄소년단 지민, 여자친구 신비 등이 이를 통해 화제가 된 바 있다. 특히 EXID는 직캠 덕분에 앞서 활동을 종료한 곡 <위아래>가 음원 스트리밍 차트에서 1위를 차지하면서 '역주행의 아이콘'으로 불리게 되었다.

훌륭하거나. 이런 친구들을 처음에 딱 만나면…. 우리 세대입장에
서 이 친구들은 '가수'를 하면 안 되겠죠. 그런데 트레이너들은 이 친
구들을 가수로 만들어야 해요. 임무죠. 아주 끔찍한 상황에서 출발
한 다음, 주어진 연습생 기간 동안에 얘들을 무대에 올릴 수 있게 만
들어야 해요. 사실 아무리 댄스 퍼포먼스가 우선이라고 해도, 요즘
아이돌에게 보컬의 비중은 아주 높지도, 그렇다고 아주 낮지도 않아
요. 심지어 격렬한 퍼포먼스를 하면서도 자기 파트는 편안하게 소화
할 수 있어야 하죠. 이건 아이돌들이 전천후이자 만능이 되어야 한다
는 소리예요. 노래에 대한 기대가 없는 건 아닌데, 노래라는 게 댄스
퍼포먼스 안에 들어가는 구조다 보니까 애매한 요소가 돼버린 거죠.
솔직히 아이돌 산업에서 보컬 트레이너들의 위치도 딱 그렇고요.

**2000년대부터는 아이돌을 하나의 중요한 문화 카테고리로 분류할 수 있게 됐잖
아요. 아예 가수 카테고리와는 다르게 바라보아야 한다는 시각도 있고요.**
그런 식의 구분을 떠나서 Mnet 〈프로듀스 101〉에서 애들이 그러잖
아요. "이거 말고는 할 줄 아는 게 없어요." 어릴 때부터 기획사 들어
오고, 춤추고 노래 연습만 하다보니까 정말 할 줄 아는 게 그것밖에
없는 거예요. 이대로라면 이 친구들의 인생이 여기서 벗어나 2막으
로 넘어갈 때, 어마어마한 혼란을 겪게 되겠죠. 저는 그 순간을 위해
정말 많은 음악을 들려줘요. "얘들아, 너희가 퍼포먼스 한두 개를 소
화하기 위해서 이걸 하는 게 아니야. 음악이라는 큰 틀 안에서 직업

을 선택한 거야. 남들도 한두 곡씩 부를 줄 아는 '노래'라는 것을 너는 직업으로 선택을 한 거라고." 이렇게 정확하게 얘기해줘야 돼요. 책임감과 전문성에 대한 훈련을 같이 할 수밖에 없다는 거죠. 이러니 수업을 할 때 살벌할 정도로 엄해지는 거고요. 너무 어린 나이에 연예계에 들어와 버리니까, 지금 이후의 2차적 행보를 함께 걱정해야 하는 거예요.

지금은 한국 아이돌 그룹들이 일종의 국가대표 같은 존재가 되었잖아요. 그런데 우리 입장에서는 이 아이들이 산업적인 측면에서 내는 경제적인 효과를 떠나서, 인간과 개개인의 삶 자체로 바라보는 게 먼저거든요. 이 친구들이 가수든 아이돌이든, 자신들이 갖고 싶어 하는 정체성을 지닐 수 있도록 도와야 해요. 나이 먹어서도 굳건하게 자기 정체성을 갖고 갈 수 있게 도와야 된다는 거예요.

타인의 인생에 생각보다 깊이 개입할 수밖에 없는 직업이라고 느껴져요. 특히 청소년기 아이들이다 보니까, 굉장히 중요한 순간에 영향을 주는 사람이 되어야 하고요. 그런 측면에서 부담스러울 수도 있을 것 같아요. 이 친구들에게는 트레이너 분들이 학교 선생님들보다 더 큰 존재일 수 있잖아요.

밖에서 만난 엄마라고 해야 되나. 인생 선배이면서, 그런 독특한 존재죠. 애들 앞에서 화내고 나온 날에는 계속 마음에 걸려요. 그래서 화를 낼 때도 계획적으로 내야 해요. 평소에 연습생들을 보면서 '얘는 이렇게 지도해야겠다'는 생각을 갖고 있다가, 꼭 필요한 순간에 그걸 토대로 혼내는 거죠. 그리고 나서 애들한테 얘기해요. "나는 너에게 화를 내는 게 아니야. 너의 나쁜 습관들과 싸우는 거야."

다들 경쟁을 하다 보니 혼나는 일에 더 예민해질 수도 있겠네요.
어린 친구들이라 꼭 얘기해줘야 해요. 아니면 자기들이 미움 받는 줄 알아요(웃음).

그럼 수업할 때 특별히 신경 쓰시는 부분이 있나요? 노력하시는 부분이라든가.
요즘 친구들은 열두 살 정도에 들어와요. 나이가 워낙 어리다 보니, 오디션 때 잘 불러서 들어온 노래가 동요인 경우가 많죠. 하지만 저는 이 친구들이 자기 또래다운 면을 버려선 안 된다고 생각해요. 아무리 어릴 때 회사에 들어왔다고 해도요. 따라서 동요를 부를 때 드러났던 순수한 색깔을 유지하되, 팝을 소화할 수 있도록 보컬 스펙트럼을 넓혀주어야 한다고 봐요.
그래서 팀을 꾸렸어요. 아이들이 많을수록 사례도 다양해지고, 그만큼 선생님도 여럿 필요하니까요. 개인적으로 공부도 많이 해요. 팔자에도 없다고 생각한 의학 용어를 찾아가면서…(웃음). 성대와 관련된 전문 서적도 자주 보고요.

시간이 너무 오래 걸릴 것 같은데. 연습생들이나 선생님 본인이나 체력 소모도 크고요.

맞아요. 오래 걸려요. 물론 제 입장에서 그냥 "애들아, 여기 이렇게 불러, 저렇게 불러"라고 편하게 가르칠 수도 있겠죠. 그리고 이런 식으로 집어주는 게 쇼케이스나 큰 공연을 앞뒀을 때는 반드시 필요해요. 하지만 평상시 수업이라면 얘기가 달라지죠. 단순히 노래하는 요령만 알려준다고 노래를 잘 부를 수 있는 게 아니니까요. 성대에서 나오는 소리 자체를 어떻게 써야 하는지, 그 와중에 힘 조절은 어떻게 해야 하는지 등 기본적인 것들부터 전문적으로 가르쳐줘야 해요. 오랫동안 노래를 할 수 있게 만들어주는 바탕이 되는 것들이니까요. "자, 들어봐. 여기 드럼이라는 악기가 있어. 얘가 리듬을 어떻게 끌고 가고, 베이스와 기타는 이 소리를 어떻게 뚫고 나올까? 리듬을 어떻게 따라 가니?" 이런 식으로 서로 이야기를 나누죠. 처음에는 못 알아듣는 애들이 태반이에요. 어마어마한 설명의 과정을 거쳐야 해요. 이런 식으로 쭉 여러 팀을 가르치고 나면 사실 저도 힘들죠. 많은 날은 수업이 열네 개씩 있거든요. 그렇지만 반드시 필요하다고 생각하기 때문에 게을리 할 수가 없어요.

아이돌 못지않게 선생님들께서 준비하셔야 할 것도 많고, 스케줄도 정말 빡빡하네요. 일전에는 I.O.I와 트와이스를 함께 가르치셨는데, 두 팀이 거의 비슷한 시기에 나왔잖아요. 당시에는 스케줄을 어떻게 조정하셨어요?

I.O.I❷ 데뷔랑 트와이스❸ 〈Cheer Up〉 컴백이 겹쳤을 때는 정말 어마어마했죠. 어느 하루를 쭉 얘기해보자면…. 일단 오전부터 연습

생들 수업을 하고, 밤 열 시쯤 넘어가서 트와이스 쇼케이스 준비를 해요. 한두 시간 정도 라이브 연습을 하는 거죠. 그리고 집에 갈 생각을 하면서 속으로 막 빌어요. 전화 오지 마라, 오지 마라(웃음). 그런데 밤 열두 시 땡 하면 "선생님!" 하고 전화가 와요. 그럼 "예, 지금 가는 길입니다!" 하면서 YMC 엔터테인먼트가 있는 이태원까지 넘어가죠. 열두 시 반쯤 거기 도착해서 새벽까지 수업하고요. 그때는 또 애들이 〈프로듀스 101〉 막 끝났을 때니까 광고 촬영이 많았잖아요. 촬영 다 끝내고 와서 새벽 한 시부터 세 시까지 한다던가. 다음날에는 또 이 스케줄이 반복되고요. 많이 자면 한 세 시간 자나? 그런데 애들 같은 경우에는 저 가고 난 다음에 또 안무 연습을 할 거 아니에요. 저보다 더 못 자요. 이쯤 되면 "너 어제 몇 시간 잤냐?" 하지 않고 "너 언제 잤냐?" 이러죠. 한 3일 정도 지나면 합산에 들어가요. "쌤, 저 3일 동안 몇 시간 잤어요." 이런 식으로요. 저도 그 당시에 계산해봤는데, 3일 동안 일곱 시간 잤더라고요.

❷ **I.O.I아이오아이** Mnet에서 기획한 걸그룹 선발 프로그램 〈프로듀스 101〉을 통해 제작된 그룹이다. 데뷔가 최종 확정된 11명으로 구성되어 있으며, 멤버는 전소미, 김세정, 최유정, 김청하, 김소혜, 주결경, 정채연, 김도연, 강미나, 임나영, 유연정이다. 1년간 활동한 프로젝트성 그룹이었으며, 멤버 대부분이 개별 소속사에서 데뷔한 걸그룹 멤버에 포함돼 있었다.

❸ **트와이스TWICE** Mnet과 JYP엔터테인먼트가 진행한 연습생 서바이벌 프로그램 〈식스틴Sixteen〉을 통해 뽑힌 나연, 정연, 모모, 사나, 지효, 미나, 다현, 채영, 쯔위로 구성된 9인조 여성 아이돌 그룹이다. JYP엔터테인먼트에서 미쓰에이Miss A 이후로 4년 만에 내놓은 여성 그룹이며, 2015년 데뷔 앨범 《THE STORY BEGINS》를 발표했다. 2016년 제30회 골든디스크 어워즈 음반 부문 JTBC2 신인상, 2015년 Mnet 아시안 뮤직 어워드 여자 신인상 등을 받았다.

프로듀스 101

"솔직히 어떻게 찍었는지도 모르겠어요."

〈프로듀스 101〉 당시에도 만만치 않은 스케줄로 움직이셨을 텐데요. 〈프로듀스 101〉은 여러 면에서 대한민국을 흔들어놓은 거대 프로젝트였잖아요. 데뷔까지의 과정을 보여주는 게 핵심이다 보니 장근석 씨나 트레이너 선생님들도 연습생들 못지않게 비중이 컸고요.

솔직히 어떻게 찍었는지도 모르겠어요. 새벽 여섯 시에 숍에 가서 준비를 마치면 바로 파주나 일산까지 넘어가요. 일곱 시나 일곱 시 반에 스탠바이하고. 다음 날 오전 여덟 시쯤 끝나죠. 그리고 집에 오면 아홉 시 반 정도고. 쪽잠 자고 한 시에 일어나서 두 시 수업 가고요. 장근석 씨 같은 경우에는 선생님들이 가고난 뒤에 순위 발표까지 마쳐야 했잖아요. 나중에는 근석 씨도 드라마 촬영까지 겹치니까 거의 시체가 돼서 오더라고요. 오전 일곱 시에 촬영이 끝났는데, 열 시까지 바로 〈프로듀스 101〉 찍으러 오는 거야. 그때 가희 씨는 뮤지컬 작품을 하고 있었고, 윤정 씨도 일주일에 다섯 개씩 안무를 짜야 하는 상황이었죠. 오죽하면 윤정 씨가 제작진 분들한테 "안무가 그렇게 쉽게 나오는 게 아니에요. 가사도 안 나왔는데 어떻게 안무를 짜요?" 이런 적도 있어요(웃음). 아무래도 다른 관계자분들은 안무 작업이 어떤 식으로 이뤄지는지 잘 모르시니까…. 으레 수월하게 나올 거라 여기셨던 것 같아요. 아무튼 매 미션이 그랬어요. 또 촬영 없는 날도 가서 수업하고, 수업 안 할 때도 작가님들하고 PD님께 메시지 보내고요. '어디어디 조 애들 녹음해서 저한테 보내라고 하세요' 하면 다시 메시지가 와요. 다른 데 가서 수업하다가 그거 듣고 저도 답장을 녹음해서 보내는 거예요. "거기 누구누구 화음 그렇게 넣으면 안 되고요. 코러스에는 '우우우' 이렇게 넣어주세요. 지금 이거 애들한테 들려주세요." 이런 식으로 6화 미션을 다 만들었어요. 이 와중에 선생님들 다 본래 직업까지 소화했으니 말 다 했죠.

대다수 시청자 입장에서는 그런 어려움까지 알아챌 수 없거든요. 안 보이는 부분까지 짐작하기가 어려우니까요. 이 말은 결국 아이돌 팀 하나를 탄생시키는 데 들어가는 스태프들의 노고가 감춰져 있단 뜻이잖아요. 대중은 모르는.

치타 씨는 당시에 앨범 녹음 중이었고, 제아 씨도 솔로 앨범을 준비하고 있었어요. 그때 근석 씨가 그러더라고요. "우리 이러다가 명 줄어, 명 줄어."(웃음) 프로그램 끝나고 나서 정신 차리고 나니까 벌써 한 계절이 바뀌어 있는 거 있죠. 처음에 시작할 때는 패딩 점퍼 입고 왔었는데 나갈 때는 반팔 티셔츠 입고 나갔어요. 저희끼리 "어, 계절 바뀌었네?" 이러면서. 스태프들이 다 이렇게 살죠.

〈프로듀스 101〉은 프로그램 자체가 워낙 화제였잖아요. 하지만 제작 과정에 참여한 분 입장에서는 아쉬웠던 부분도 있었을 것 같아요.

당시 〈Bang Bang〉을 비롯한 몇 곡은 애들 목소리로 다시 녹음을 했거든요. 국장님께서 좀더 고급스러운 걸 원하셔서 진행된 일이 있었어요. 갑자기 자다 말고 뛰어나가서 급박하게 수업하고, 리듬 정리도 싹 해주고, 그다음 날에는 바로 보컬 디렉팅까지 해냈어요. A&R_{Artist&Repetorie} 담당자 분과 많이 고생했죠. 그런데 정작 방송에는 아이들이 노래를 불렀다는 이야기가 자막으로 딱 한 번밖에 안 나온 거예요. 너무 아쉬웠죠. 들인 노력도 그렇지만 녹음이 굉장히 잘 나왔었는데….

댄스 미션이었죠?

네. 이미 원래 있던 AR에 맞춰서 녹화를 진행한 상태였어요. 나중에 아이들이 부른 버전을 씌운 거예요. 그런데 방송 끝나고 제가 댄스 페스티벌 심사위원으로 갔다가, 청하_{ChungHa}랑 소미_{Somi}가 부른 버전으로 〈Bang Bang〉이 나오는 걸 들었어요. 아쉬울 수밖에 없었죠. 괜히 저 혼자 '아, 저게 애들 목소리인 걸 알면 얼마나 좋을까?' 그런 생각을 했어요. 몰라요, 사람들이. 〈Say My Name〉도 그래요. 비욘

세_{Beyonce}가 부른 코러스 라인을 제가 그대로 따서 보컬 뒤에 넣어주고, 아이들 목소리가 최대한 부각되게 하려고 여러 가지로 신경을 많이 썼거든요.

아이돌 작업에서 유난히 그런 작업물들이 아쉬운 거죠. 이것저것 준비는 다 했는데 어쩔 수 없이 보여주지 못하는 것들이 많으니까. 콘셉트나 프로그램 미션 무대마다 포커스가 맞춰지는 부분이 다르니까요.

그래서 해도 티가 안 나죠. 과정은 뒤에 묻히니까. 익숙해서 상관은 없지만요. 저희 같은 경우에는 특별히 수당이 나오는 것도 아니고, 높은 관계자 분들이 오셔서 칭찬해주시는 것도 아니고. 그때도 밤 열두 시 반쯤 집에서 다 씻고 나와서는 감독님께 전화 받아 시작된 일이었거든요. 다음 날에 대학교 출강이 예정돼 있어서 안 된다고 했는데, 그래도 해야 되는 일이다 보니…. 바로 달려갔죠. 저 말고도 그 작업에 투입되신 다른 분들 스케줄도 다들 들썩했고요.

아이돌들과 작업하다보면 스태프, 팬들 요구 사항을 다 꼼꼼히 듣고 거기에 맞춰야 할 때도 많잖아요. 그렇다 보니 기본적으로 본인 스케줄이나 신변에 생기는 다양한 변수에 대해 그냥 받아들이는 수밖에 없는 것 같아요.

그렇죠. 한 번은 제가 방송에 민낯으로 펑펑 우는 장면이 나왔거든요. 물론 제가 봐도 그 장면이 좀 우습긴 했는데, 악플이 하도 달려서 혼자 답답해했어요. '아니, 내가 못생겼는데 왜 그걸로 사과를 해야 돼?' 하면서(웃음). 그다음 날로 감독님께 가서 "아니, 감독님은 저를 왜 이렇게 이상한 각도로 찍으셨어요?"라고 하니까 막 웃으시더라고요.

방송 출연에는 악플이 필연적으로 따라붙으니까요(웃음).
종종 본방 사수를 할 때가 있었어요. 스마트폰에 TV 어플을 깔아놨는데, 실시간 채팅이 올라오는 것도 볼 수가 있거든요. 보면 꼭 욕하는 몇 명이 있어요. 신기한 건 그런 사람들이 1회 때부터 마지막 회까지 본방 사수를 한다는 거죠. 제가 아이디를 외웠을 정도라니까요(웃음). 그냥 계속 욕해요. 그러면서 본방을 보고 있는 거야.

I.O.I 멤버가 최종 결정되고, 그 이후에 인터뷰를 진행하면서 그 팀만의 독특한 분위기를 느꼈어요. 많은 팀들을 만나지만, 그중에서도 유독 '날 것'의 느낌이 강했다고나 할까요.
맞죠. '날 것'의 느낌. 희한한 사례이긴 해요. 거기다가 그 친구들을 관리하게 된 회사가 애들에 대해 오랫동안 잘 알고 있던 원래 회사가 아니라 제3의 회사였으니까요. 과연 통제가 제대로 될까 했죠. 그런데 아이들이 착했어요. 특별히 문제를 일으키거나 하는 성격들이 아닌 게 무척 고마웠어요.

유독 잘 우는 친구들도 많았는데요.

수업할 때도 그랬어요. 도미노예요, 도미노. 한 명이 울기 시작하면 다른 애들까지 다 울어요. 춤은 울면서도 추지만 노래는 그럴 수가 없어서 걱정이었어요. 코 막히고, 목소리도 훅 가니까요.

I.O.I 뿐만 아니라 이전에 가르치신 팀들도 최근 들어 굉장한 상승세를 타고 있어요. 방탄소년단이 대표적이죠.

방탄소년단❹에서는 정국JUNGKOOK이와 석진(진JIN 본명)이를 가르쳤었어요. 크나큰❺이란 팀의 인성INSUNG이란 친구가 연습생 시절에 같이 배웠고요. 또 지금은 다른 팀에서 랩을 하고 있는 친구도 한 명 있었어요. 그 친구가 나가고, 나중에 태형(뷔v 본명)이가 회사에 들어오면서 합류했죠. 이렇게 넷을 가르치다가 정국이가 춤을 잘 춰서 미국에 연수를 받으러 갔어요. 태형이는 지방이 집이어서 왔다 갔다 했고요. 덕분에 제일 레슨을 많이 한 친구가 석진이와 인성이었어요. 그중에서도 석진이가 방탄소년단을 목표로 해서 가르친 친구 중에 가장 오래, 쭉 간 친구죠. 인성이는 막판에 팀 이미지와 안 맞는다는 이유로 회사를 나갔어요. 서로 불편한 부분 없이 좋게 나갔죠. 이후로도 계속

❹ **방탄소년단**BTS 랩몬스터, 슈가, 진, 제이홉, 지민, 뷔, 정국으로 구성된 7인조 남성 아이돌 그룹이다. 2013년 싱글 《2 COOL 4 SKOOL》로 데뷔했으며, 2017년 제26회 하이원 서울가요대상에서 최고앨범상, 댄스퍼포먼스상 등을 비롯해 총 4개의 상을 받았다. 제31회 골든 디스크 어워즈 글로벌 케이팝 아티스트상, Mnet 아시안 뮤직 어워드 올해의 가수, 베스트 댄스 퍼포먼스 남자 그룹상, 제8회 멜론 뮤직 어워드 앨범상 등을 수상하기도 했다. 2016년 발표한 정규 2집 《WINGS》는 미국 빌보드 차트 '빌보드 200'에서 진입 26위를 기록했는데, 이는 한국 가수 최고 기록이다. 2017년 5월에는 빌보드 뮤직 어워드에서 국내 최초로 톱 소셜 아티스트 상을 받아 화제가 되었다.

❺ **크나큰**KNK 박승준, 김유진, 김지훈, 정인성, 오희준으로 구성된 5인조 남성 아이돌 그룹이다. 2016년 싱글 《KNOCK》를 발표하며 데뷔했다.

연락하다가 크나큰 데뷔한다고 CD를 들고 왔더라고요. 데뷔가 좀 늦어진 건데, 사실 어린 친구라 방탄소년단이 잘되는 걸 보고 상실 감이 꽤 컸을 수도 있거든요. 그 시기를 잘 견뎌줘서 고마울 따름이 에요.

방탄소년단과는 어떻게 만나게 되신 건가요?

MBC 〈스타오디션-위대한 탄생〉 때 방시혁 씨와 같이 일했어요. 뒤 풀이 자리에서 "우리 회사 와서 레슨 좀 해줘"라고 말씀하셔서 빅히 트 엔터테인먼트❻에 가게 됐죠. 그런데 보통은 트레이너들이 회사 에 들어가서 수업하는 게 일반적이거든요. 이 친구들은 오히려 저희 연습실로 와서 했어요. 특이한 사례였죠. 그렇다 보니 회사 내부에 계신 분들은 저를 모르세요. 나중에 밖에서 만난 회사 분들이 "아, 애들이 밖에서 수업 받을 때 가르친 분이 선생님이세요?" 이러시는 경우도 왕왕 있어요. 아예 못 알아보시는 경우도 많고요. 하지만 당 시에는 그게 큰 장점이었어요. 회사에서 안 하기 때문에 한 시간 할 거 두 시간 해도 됐거든요. 안 되면 붙잡아놓고 될 때까지 하는 거죠.

돈 받은 만큼만 일 한다는 게 영 불가능하셨겠네요.

절대 그만큼 안 했죠. '조금만 더 하면 될 것 같다.' 이런 생각이 들기 시작하면 그만두기 진짜 힘들어요. 기획사 안에서 수업하는 애

❻ **빅히트 엔터테인먼트** 작곡가겸 프로 듀서 방시혁이 2005년 2월 설립한 엔터 테인먼트 회사로, 바나나걸, 임정희, 에이 트8EIGHT, 2AM 등의 음반 제작을 맡아 진행했다. 현재 옴므HOMME, 방탄소년단 BTS이 소속돼 있다.

들은 그다음에 수업 받을 애들이 기다리고 있으니까 제 시간에 가야 하는데, 이 친구들은 그게 아니잖아요. 아예 늦은 밤 스케줄을 이 친구들에게 맞춰놓고 안 되면 될 때까지 했던 거예요.

진 씨를 오랫동안 지도하셨다고 했는데, 사실 진 씨 같은 경우에는 방탄소년단 내에서 보컬 실력으로 주목 받는 멤버는 아니잖아요. 오히려 개성 있는 목소리로 곡에 포인트를 주는 역할이고요.

연기를 먼저 했던 친구니까요. 그런데 가르친 입장에서 보람이 굉장히 큰 친구였어요. 처음에는 연기만 해서 소리를 아예 내지 못했거든요. 멜로디 자체를요. 말소리 정도로 낮은 톤 밖에 못 냈어요. 덕분에 발성 연습을 어마어마하게 많이 했죠. 그런데 석진이가 성격이 좋아요(웃음). "아, 쌤, 왜 그러세요." 털털하게 겉으로는 신경 안 쓰는 것처럼, 연습 하나도 안 하는 것처럼 장난스럽게 굴어도 뒤로는 다 해가지고 오는 애예요.

한번은 석진이가 회사에서 호평을 받은 노래가 있어요. 어느 날엔가 그 곡을 녹음해서 보낸 거예요. 원래 따로 MR이 없는 노래였거든요. 찍어서 연주를 시켰는지, 아무튼 없던 MR을 만든 다음에 전문 스튜디오에 가서 녹음을 해 보냈더라고요. "쌤, 저 많이 늘었죠?" 하고. 연습생 때 불렀던 노래를 제대로 녹음해서 보내준 게 굉장히 감동이었어요. 그리고는 "쌤, 이것도 기억나지 않아요? 이거는요?" 하고 이것저것 불러서 또 보내주더라고요. 요즘도 컴백할 때마다 "오늘도 힘내라고 응원해주세요!"라면서 연락이 와요. 매번 콘서트 때마다 티켓을 보내주기도 하고. 참 고맙죠.

콘서트도 여러 차례 다녀오셨겠네요.

네, 시간 되는 대로 다녀왔어요. 참, 해외 공연을 하는데 석진이가 본인 스스로 그 순간이 무척 감격스러웠나 봐요. 무대를 막 돌아다니다 보면 관객들이 눈에 꽉 찬 게 보이는 순간이 있잖아요. 자기 시선에서 보이는 팬들의 모습을 사진으로 찍어서 제게 보냈더라고요. 하루는 "쌤, 오늘은 미국 어디에서 공연했어요" 하고, 그다음 날에는 "오늘은 또 어디어디에서 공연했어요"라고 메시지를 적어서요. 생각하는 게 참 예뻐요.

진 씨가 도와주신 분들에 대한 애착이 강한 편인가 봐요.

네. 정말로요. 한번은 석진이가 "저희 태국에서 공연하는데 오실래요?" 하는 거예요. 일정이 너무 빡빡해서 못 간다고 했더니, 그럼 한 달 뒤에 홍콩에서 공연이 있는데 오실 생각이 있냐고 다시 묻더라고요. 그때는 정말 가야 할 것 같았어요. 챙겨주는 마음도 무척 고맙고, 우리끼리 지켜온 의리도 있잖아요. 그래서 이번에는 가야겠다 싶어서 엄마 모시고 다녀왔어요.

SNS에서 홍콩에 다녀오신 사진을 봤는데, 방탄소년단 콘서트에 다녀오신 거군요.

네. 걔는 외국에서 공연을 하는 거니까, '외국이니까 당연히 못 오시
겠지?' 하고 초대를 한 걸 수도 있는데요. 제가 가버렸네요(웃음).

**시작을 함께 했던 선생님께 해외에서 공연하는 장면을 꼭 보여드리고 싶었던 게
아닐까요?**

그랬을 거예요. 마음을 알겠더라고요. 사실 가수가 되었다고 다 그
렇게 연락이 오는 건 아니거든요. 유명해져서도 연락이 오는 아이들
은 생각보다 많지 않아요. 그런데 석진이는 늘 한결같았어요. 그런
성격을 아니까, 거기 초대한 뜻도 알 것 같더라고요. 자기가 이렇게
큰 무대에서 공연을 하게 되었다는 사실, 그런 벅찬 마음을 사진으
로만 보여주고 싶지 않은 거야.

사실 놀랍고 신기한 사례네요.

무척 고맙기도 하고, 그 마음을 실망시키고 싶지 않은 거예요. 초대
받을 때마다 방탄소년단 노래를 듣고 가요. 제가 미처 못 들어본 노
래가 있을 거 아니에요. 옆에서 '아미'(방탄소년단 공식팬클럽 이름)들
이 응원도구 흔들 때, 하나 빌려서 같이 소리를 질러대죠. 실은 지
난 콘서트 때 제가 많이 아팠는데요. 그래도 갔어요. 석진이가 생각
해주는 게 무척 예쁘잖아요. 어딜 가나 제가 방탄소년단이나 트와이
스에 대해 이야기하는 건 그 아이들이 성공해서가 아니에요. 그렇게
해주는 애들이기 때문에 그래요. 매 공연 때마다 일일이 신경 써 연

락해주는 건 정말 어려운 일이거든요.

진 씨는 지금 노래가 굉장히 많이 늘었더라고요.

늘었죠. 이제는 자기 스스로 만들어가는 거죠. 음악도 듣고, 연습도 많이 하고, 또 공연도 많이 해봤으니까요. 그리고 이어서 석진이를 가르친 선생님께서 매우 잘 이끌어주신 것 같아요. 스타일도 잘 만들어주신 것 같고요. 저는 그냥 사람만 만들어서 보낸 것 같다고 해야 하나? 가수는 아니고 그냥, 사람만(웃음). 솔직히 제 수업은 재미가 없었을 거예요. 음악이 아니고 거의 체육 수업이니까.

트와이스 이야기가 나왔으니 말인데, 예전에 트와이스 정연JEONGYEON 씨 언니인 배우 공승연 씨와 인터뷰를 한 적 있어요. 그때 동생이 굉장히 독하다는 이야기를 하더라고요. 평가가 안 좋으면 집에 와서 펑펑 울고는 날 밝기도 전에 연습하러 간다면서 혀를 내두르더라고요.

그런 면이 있죠. 정연이는 어린 나이인데도 프로 근성이 있어요. 그러니까 그렇게 올라가는 거예요. 얼마 전에 트와이스가 1위를 했는데, 수상하자마자 제 이야기를 했더라고요. 일하고 있어서 본방송은 못 봤지만, 그걸 다른 제자가 들고 와서 보여줬어요. 그리고 나서 회사에서 만나자마자 애들이 와락 안기더라고요. 이런 소소한 경험들이 트레이너들 입장에선 너무 소중하고, 정말이지 의미 있는 부분이에요.

지난 활동 때는 방탄소년단과 트와이스가 동시에 1위 후보에 올랐었는데, 기분이 묘하셨겠어요.

네. "아, 왜 둘이 붙었어?" 그랬죠(웃음). 나는 누가 이겨도 좋긴 한데, 너희들은 어떠니…. 행복한 고민이죠.

킹 메이커

"리스펙트를 해주니 감사하죠.
저희가 하는 일이 얼마나 중요한 작업인지를 알고 있다는 거고."

시작으로 좀 거슬러 올라가야겠어요. 베이비복스 리브가 트레이너로서 가르친 첫 팀이셨던 건가요?

네. 하지만 베이비복스 리브❼는 제가 보컬 트레이너로서 만난 게 아니에요. 당시 저희 회사 대표님하고 그쪽 회사 대표님 사이에서 "네가 언니니까 좀 도와줘라." 이런 이야기가 나와서 도와주게 됐죠. 20대 때였는데, 당시에는 제가 쭉 앨범을 준비하고 있었거든요. 그런데 이상하게 제 앨범은 잘 안되고, 이후에 도와준 애들이 자꾸 잘 되더라고요.

킹 메이커로서의 자질을 갖고 계신 걸 수도 있죠.

그럴 수도 있겠네요. 만들어준 건 잘돼요. 제 거는 중간에 다 안 되고. 아무튼 보컬 트레이너 일은 종

❼ **베이비복스 리브**Baby V.O.X. Re.V
2007년 데뷔한 여성 5인조 그룹이다. 1990년대 후반부터 2000년대 초반까지 큰 인기를 누리며 활동했던 걸그룹 베이비복스의 명맥을 잇겠다는 의도 하에 만들어졌다. 1집을 발매했으나, 2009년 멤버 안진경과 양은지가 탈퇴한 뒤로 공식 활동이 전무했다.

종 가볍게 도움만 주는 식으로 하다가 어느 순간 아예 직업이 됐죠. 늘 이쪽에 있다 보니까 자연스럽게 왔어요. 그런데 당시만 해도 제가 "내 직업은 보컬 트레이너입니다" 하고 다니지는 않았어요. 오기로 더 그랬죠. 언젠가는 꼭 내 걸 하고 싶어서요. 차라리 내 것에 대한 욕심이 없는 상태에서 자연스럽게 트레이너를 했으면 더 즐겁게 했을 텐데…. 그런데 저는 내 것이 없는 상태에서 얼결에 시작하게 된 일이 트레이너였기 때문에 싫었죠, 왠지.

그래도 나름 계획이 있으셨던 게, 보컬 트레이너들을 모아서 회사를 만드셨잖아요. 팀을 꾸린 것도 10년 가까이 되신 걸로 아는데요. 그만큼 오래 해오셨으니까 트레이너들에 대한 처우와 관련해 좀 개선됐으면 하는 부분도 있을 것 같아요.
그럼요. 물론 어떤 회사들은 굉장히 정중하게 대우해주세요. 리스펙트가 있는 거죠. 그런데 안 그런 곳도 많아요. 소위 말해서 '갑질'이라고 하잖아요. '어차피 너희는 용역'이라고 생각하시는 분들이 있어요.

완전히 외부인으로 상정하고 있는 건가요?
아이들 수업을 책정된 수업료 정도로만 생각을 하시는 거죠.

아까 잠깐 나왔던 이야기이지만, 트레이너 분들은 원하건 원하지 않건 어린 친구들의 인생에 굉장히 중요하게 개입하는 사람이 될 수밖에 없잖아요. 여기서

회사와 선생님들이 동시에 고민해야 할 부분이 있다고 보는데요. 연습생들을 포함해서 '아이돌'이라는 입장에 놓인 친구들이 겪는 특수한 상황에 대해 함께 고민할 필요가 있다는 거죠. 그러니까 회사 입장에서도 같은 책임을 지닌 동반자로 생각할 필요가 있지 않을까….

저는 트레이너들이 아이돌들에게 여러모로 중요한 발판을 다져준다고 생각해요. 신인개발부서에 계신 분들의 역할이 중요한 것도 그래서죠. 부서 입장에서 봐도 거기에는 노래를 잘하는 애들만 모인 게 아니잖아요. 잘하는 애가 있는 반면에, 노래 실력이 꽝인 애들을 데려다 놓고도 우리가 힘을 합쳐서 가수로 만들어내야 하는 거예요. 따라서 처음 아이돌 한 팀을 기획했을 때, 보컬 선생님과 댄스 선생님이 없으면 돌아가질 않아요. 그런데 만약 그 부서에 계신 분들이 선생님들의 중요성이나 의미를 전혀 고려하지 않고 하나의 용역 취급을 하면 서글프죠.

보컬 트레이닝이든 댄스 트레이닝이든 간에, 이건 사고파는 물건이 아니잖아요. 그러니 '어떻게 잘만 하면 싸게 싸게 할 수 있다'고 생각하는 분위기가 좀 사라졌으면 좋겠어요. 그래도 지금은 큰 회사들을 중심으로 선생님들과 관련된 채용 시스템이 점점 잘 잡혀가고 있는 편이죠. 작은 회사들은 이런 시스템을 도입하려면 현실적으로 좀 어려울 거예요. 하지만 같은 목표를 보는 만큼, 같은 장점들이 잘 자리잡았으면 좋겠는 거고요.

트레이너의 자격

"큰 그림을 그리면서 접근해야 해요. 그 아이의 5년 후, 10년 후를 생각하면서."

단순히 저렴하다는 이유로 트레이너를 고용하는 경우도 있나요?

2013년쯤, 한동안 일이 많이 줄어든 때가 있었어요. 트레이너가 늘 어났다는 사실이 피부로 와 닿은 시기였죠. 실용음악과가 생긴 이후로 보컬 트레이너들이 우후죽순 쏟아져 나왔거든요. 수적으로 많으니까 기획사들 입장에서는 어디서든 저렴한 값에 고용할 수 있었던 거예요. 그러니까 원래 일을 하던 사람들이 설 자리가 없어졌죠. 헌데 1년 정도 지나서 다시 불려갔어요. 아이들 소리가 많이 망가져 있어서 깜짝 놀랐죠. '이건 완전히 재활치료 수준인데?' 싶더라고요. 예전에 일하던 선생님들이 다시 들어가서 수습해주기 시작했는데, 한 번 소리가 망가지면 되돌리기가 무척 어려워요. 고생을 많이 했죠.

트레이너가 되기 위해서 특별한 자격시험을 봐야하는 게 아니잖아요. 그래서 쉽

게 양산됐던 것 같아요.

개인적으로는 트레이너들의 실력을 검증할 수 있는 자격기준이나 테스트 같은 게 생겼으면 해요. 한 번 이렇게 피부로 느끼고 나니까, 트레이너들 실력을 검증할 수 있는 시스템이 필요하지 않나 싶더라 고요. 하지만 말이 쉽지 노래 실력을 검증한다는 게 실제로 어렵거 든요. 개개인마다 후두의 크기가 다 다른데다가, 노래 장르마다 후 두를 완전히 열고 불러야 하는 것과 열고 닫을 줄 알아야 하는 것이 있죠. 실제로 발성학이 박사학위가 잘 안 나오는 학문인 것도 그래 서예요. 물론 실제로 테스트를 도입하려면 당연히 어렵겠죠. 그래 도 시도는 해봐야 할 것 같아요. 안 그러면 정말 검증되지 않은 분들 이 트레이너가 돼요. 죄송한 얘기지만, 갓 대학교 졸업한 어린 친구 들이 트레이너로 들어오는 경우가 있어요. 그중에는 물론 좋은 분들 도 계시죠. 하지만 그렇지 않은 사례가 더 많거든요. 이건 정말 중요 한 문제예요. 연습생을 어릴 때 시작한 아이들이 소리를 잘못 배우 고, 음악을 잘못 배우면 이후에 고치기가 참 힘들어요. 저는 가르치 는 아이들에게 "발성은 왼손잡이가 오른손잡이가 되고, 오른손잡이 가 왼손잡이가 되는과정이야"라고 이야기하거든요. 머리로는 이해 해도 몸은 말을 안 듣는 게 발성이에요. 따라서 바르고 일관된 방법 으로, 시간을 충분히 갖고, 꾸준히 연습해야 하죠. 인내심도 많이 필 요하고요. 그 과정에서 끊임없이 감각을 예민하게 단련시켜줄 필요 도 있어요. 그런데 어떤 선생님은 이걸 "이러이러한 느낌이야, 알겠지?" 하고 굉장히 불분명하게 가르치는 거죠. 똑같은 내용을 가르쳐도 어떤 친구는 이상하게 배우게 되는 거예요. 충분한 자질을 갖고 있던 연습생 아이가 가르침을 받고서 오히려 안 좋아진다고 해보세요. 너무 아깝잖아요. 누구는 운이 좋아서 괜찮은 선생님을 만나고, 누구는 운이 나빠서 엉망으로 가르치는 선생님을 만나는 것. 그래서 결과가 달라지는 것. 이건 정말 안타까운 일이란 말이에요.

단순히 금액을 이유로 그런 일이 벌어질 수 있다는 사실이 안타깝네요.

실제로 그렇게 해서 소리를 버리는 사례들이 정말 많아요. 그러니까 억울한 사례가 생기지 않게, 가르치는 사람 입장에서는 말 그대로 '죽일 놈의 책임감'이 있어야 돼요. 제대로 가르치기 위해 공부도 엄청 해야 하고요. 아이들마다 성향이 다르기 때문에 같은 내용을 놓고도 받아들이는 태도가 달라요. 그런 부분에 대한 연구도 해야 해요. 저희가 트와이스 한 팀을 가르치면 선생님 셋이 움직여요. 특정 선생님이 가지고 있는 본연의 기질과 팀에 있는 어떤 아이가 서로 맞는 부분이 있어요. 그럼 제가 둘을 묶어주죠. 무조건 묶는 게 아니에요. 트레이너와 연습생의 성향, 거기서 오는 밸런스라는 게 맞아야 해요. 음악 한다면서 그냥 노래 몇 곡 카피copy하는 것만 도와주면, 그건 취미로 하는 노래교실이죠. 가수로 데뷔할 애들을 위한 보컬 트레이닝이 아니라.

아이돌 보컬 트레이닝을 쉽게 생각하시는 분들이 적지 않을 거예요. 녹음 과정에서 소리를 기계로 컨트롤할 수 있는 부분도 늘었고요.

쉽게 생각하는 분들이 많아요. "어차피 노래 못하는데, 뭐." 이런 식으로요. 와, 그런데 이건 너무 무책임한 이야기예요. 노래 자체를 떠나서, 한 개인으로서 그 친구들의 인성이 형성되는 과정과 앞으로의 잠재력을 모두 지켜봐야 하죠. 그게 어떻게 성장으로 이어질지 모르는 거거든요. 석진이처럼요. 석진이가 저렇게까지 깊게 음악을 듣고 연구할 줄은 저도 몰랐어요. 태형이도 그래요. 어느 순간부터 음악을 굉장히 진지하게 생각하고, 많이 듣고, 그렇게 변해가는 모습을 보게 되면 저는 제가 기억하는 철없던 시절의 아이들을 한편의 추억으로 남기는 거예요. 한 사람의 어른으로 대접하게 되는 거죠. 리스펙트가 그런 것 아닐까요? 이 친구들은 이제 연습생이 아니라, 사회 경험을 하면서 많은 걸 쌓아가고 있는 프로가 된 거니까요.

이렇게 잘 살아가고 있는 모습을 보면, 회사 분들과 제가 조금씩 노력한 부분들이 모두 합쳐져서 저 아이들을 자라게 한 거라는 생각이 들어요. 우리가 바탕을 잘 만들어주면 그걸 이어받아서 본인들이 가수란 자각을 갖고 공부를 하게 되겠죠. 이 친구들 입장에서는 얼마나 의미 있고 즐겁겠어요? 또 마침내 이 친구들이 우리가 처음 봤을 때는 상상할 수 없었던 여러 가지 일들을 해내게 되잖아요. 그게 바로 숨어 있던 잠재력과 가능성을 찾아낸 순간인 거죠. 그러니 탄탄해야 할 바탕을 연습생 때 잘못 만들면 문제인 거예요. 그 애들이 사

저는 가르치는 아이들에게
"발성은 왼손잡이가 오른손잡이가 되고,
오른손잡이가 왼손잡이가 되는과정이야"
라고 이야기하거든요.

머리로는 이해해도 몸은 말을 안 듣는 게
발성이에요. 따라서 바르고 일관된 방법으로,
시간을 충분히 갖고, 꾸준히 연습해야 하죠.
인내심도 많이 필요하고요.
그 과정에서 끊임없이 감각을 예민하게
단련시켜줄 필요도 있어요.

실 더 좋은 모습이 될 수 있었는데, 결국 거기서 끝나고 마는 거니까요. 큰 그림을 그리면서 접근해야 해요. 그 아이의 5년 후, 10년 후를 생각하면서.

트레이너들 스스로도 필사적인 책임감을 가져야 할 것 같아요.
네. 하지만 그렇게 열중할수록, 반대로 내 삶이 없어져서 허탈한 게 또 있고.

그러면 보컬 스킬과 관련된 부분을 제외하고, 수업할 때 중요하게 고려하는 부분에는 무엇이 있나요?
아이들이 학습하는 태도가 제각기 달라요. 습자지처럼 쫙 빨아들이는 아이들이 있고, 매뉴얼에 집착을 하다보니까 한 번 들은 걸 응용할 줄 모르는 아이들이 있죠. 어디선가 들었던 내용을 지금 제가 가르치는 수업에 끼워 맞추는 아이들도 있고요. 성격적으로도 그래요. 부모님과의 관계로 인해 애정결핍을 느끼는 아이도 있고, 자존감이 너무 강한 아이들도 있어요. 그렇다 보니 같은 내용을 가르칠 때도 표현을 각각 다르게 해주지 않으면 누구는 성과를 보고 누구는 떨어져요. 한 명 한 명 잘 관찰해야 하죠.

2010년대에 아이돌 그룹 숫자가 어마어마하게 늘었는데요. 이후 많은 팀이 해체되거나 활동이 뜸해지는 과정을 겪기도 했죠. 사실 그렇게 실패라는 과정을

겪게 되면 이 친구들은 10대 중후반에서 20대 초반에 벌써부터 인생의 2막을 열어야 하는 건데요. 자기 주변은 이제 막 사회생활을 시작할 무렵인데, 벌써 끝을 맛보게 된 거고요.

그러니까 조금이라도 더 신경 쓰고, 에너지를 쏟고, 내가 할 수 있는 것은 다 해주고 싶어요. 계속 더 해줄 게 눈에 보여요. 나는 다 했다고 생각하고 자리에서 일어나는데, 또 뭐가 보이면 집에 못 가는 것도 그래서고.

빛나지 못한 아이돌

"들어갈 때 전력을 다해서, 네 한계를 뛰어넘어야만
들어갈 수 있는 회사를 선택하라고 해요."

요즘은 아이돌들에게 '인성' 이야기를 강조하는 추세잖아요. 이걸 점수화하는
것에 대해 논란도 많죠. 인성을 점수로 매기는 방식이 문제가 되는 것은 둘째 치
고, 일단 이런 이야기가 자꾸 나오는 이유가 뭘까요?

워낙 어릴 때 회사에 들어오니까요. 사회성이라는 게 제대로 형성되
기 전이거든요. 기본적인 예의범절이나 사람들끼리 관계를 맺는 방
법까지 알려줘야 해요. 으레 알 거라고 생각할 만큼 많은 나이가 아
니에요. 그러니까 힘이 들죠.

그게 노래를 가르치는 것보다 더 힘든 일일 것 같은데요.
훨씬 힘들어요.

이렇게 여러 가지로 신경 쓰면서 팀을 만들어놨는데, 이 친구들이 잘되고 못 되

고는 내 능력 밖의 영역이죠. 열심히 가르쳤던 팀이 안타까운 결과를 맞았을 때는 기분이 어떠셨어요?

베이비복스 리브도 그렇고, 그 외에도 몇 팀이 잘 안됐어요. 이 팀들을 책임졌던 회사 중에 정말 싫어하는 곳도 있죠. 저 말고도 아주 많은 분들이 싫어해서, 그 회사와 함께 일했다는 사실을 어디 가서 잘 얘기하지도 않을 정도예요. 흠이 된다고 생각해서 언급을 안 하는 경우도 있고, 일하고 돈을 못 받았으니 피해자라고 먼저 나서는 경우도 있고. 저는 당시에 그 회사 소속 친구들과 거의 합숙하다시피 했어요. 사실은 제가 그 회사와 계약하지 말라고 말렸을 정도였는데…. 애들한테 "꼭 여기서 해야겠니? 여기 말고 다른 데 가서 해." 그랬죠. 네가 들어갈 때 전력을 다해서, 네 한계를 뛰어넘어야만 들어갈 수 있는 회사를 선택하라고 했었죠. 들어오기 쉬운 회사는 나가기가 힘들다고.

맞는 말씀이었네요.

그렇지만 어린 나이에는 그런 말이 안 들리죠. 빨리 데뷔하고 싶으니까. 그래서 결국 데뷔를 했는데 잘 안됐고. 저는 그 친구들이 너무나 아까워요. 포지션 정해준 것도 제가 한 거고, 사비를 들여서 레슨을 받게 했던 멤버도 있고요. 진짜로 더 잘될 수 있는 아이들이었어요. 하지만 회사가 업계에서 인심을 너무 많이 잃는 바람에 아무도 도와주지 않으려고 했어요. 한 번 누군가가 도와주면 그걸 이어서 제대로 된 연결고리를 구축해야 하는데, 그 회사는 그렇지가 않았죠. 모든 관계가 일회용인 거예요. 저는 그 와중에도 한 번 더 갔었어요. 오지랖이죠. 그건 정말 애들 때문에 간 거예요. 돈 못 받을 것도 알았고요.

실제로 좀더 마케팅을 잘하고, 기획이 좋았더라면 결과가 달라졌을지 모르죠. 그러면 뭐하나요. A&R팀을 뽑을 수가 없는데. 누가 그 회사에 가려고 했겠어요. 요즘은 A&R 싸움이잖아요. 좀더 좋은 콘셉트, 좀더 좋은 노래 이렇게 싸우는 건데, 그 중요한 인력들이 비어 있었죠. A&R 분들이 오셔서 실력 있는 퍼포먼스 디렉터 분들을 선택하고, 그렇게 능력 있는 분들이 참여하면 어떤 콘셉트라도 일단은 좋은 걸 뽑아낼 테고요. 그러려면 용병술을 잘 쓰는 사장님이 반드시 계셔야 하거든요. 제작자 분이 그걸 잘해야 한다고요. 그걸 못하면 애들만 불쌍한 거죠. 너희 1년 동안 얼마 벌었냐고 물어보면 눈물부터 나는 거예요.

이건 제가 언급한 팀한테만 해당되는 얘기가 아니에요. 다른 친구들 이야기 들어보면 똑같아요. 1년에 100만 원도 못 벌어요. 남자애들 중에 5년 동안 한 푼도 못 번 아이들도 있어요. 회사에서 나올 수 없냐고 물으면, 계약에 묶여 있어서 안 된다고 해요. 안타까운 사례들이 정말 많아요. 그런데 이런 건 저 한 사람이 들어가서 돈 안 받고 몇 번 일한다고 해결되는 문제가 아니잖아요. 무기력한 걸 느끼죠. 애들한테 큰 도움이 안 되는 것을 아니까.

아이돌의 수명

"아이돌의 수명이 가수의 수명으로 가면 안 돼요."

처음에도 잠깐 여쭸지만, 아이돌은 가수가 아니라고 보는 시선에 대해 어떻게 생각하세요?

그런 인식을 정말 바꿔놓고 싶어요. 아이돌은 하나의 장르인거지 분명히 가수예요. 이 친구들도 분명 음악인이라는 인식을 사람들 뇌리에 심어주고 싶어요. 요즘에는 그 역할을 잘해주는 친구들이 많이 나오고 있어서 기쁘기도 하고요.

아이돌 그룹 인터뷰를 하면서 종종 느낀 게 있는데요. 꽤 많은 친구들이 가수가 아니라 아이돌로서의 수명이 끝났을 때를 생각하면서 불안해하더라고요. 가깝게는 5년, 멀면 10년, 20년 뒤의 미래에 대해서요.

아이돌의 수명이 가수의 수명으로 가면 안 돼요. 아이돌 이후에도 이 친구들이 한 명의 음악인으로서 제 갈 길을 가게 해줘야 해요.

〈프로듀스 101〉마지막 방송 때 아이들에게 그런 말을 했었거든요. 최종투표로 몇 명이 떨어질 예정이었으니까, 함께 연습한 노래를 못 부를 친구들이 섞여 있는 상황이었어요. "이 노래를 누가 부르게 될 지는 모르겠어. 그런데 이건 너희 노래고, 노래 앞에서 자신의 곡을 마주 대하게 된 음악인의 자세를 보여주었으면 좋겠다"고 부탁했어 요. 그냥 지나가면서 신기하다고 부를 게 아니라, 내 노래라고 생각 하는 책임감과 사명감, 이런 것들을 꼭 알려주는 게 맞다고 봤어요. 음악을 하는 사람이 누구보다 음악 앞에서 가장 전문적일 수밖에 없 고, 스스로의 집중력이 가장 최대치가 될 때도 결국 음악 앞에서니 까요. 진지한 자세를 가르쳐주고 싶었죠. 그 정신없는 와중에도.

실제로는 가수란 타이틀에 크게 미련이 없는 멤버들도 있어요.

그래도 요즘 친구들은 태도가 많이 달라졌어요. 말씀하신 것처럼 처 음에는 가수라는 직업에 전혀 관심이 없는 것처럼 행동하던 아이가 요즘 들어 점점 바뀐 사례도 있고요. 최근에 부쩍 느끼는 게 있는데 요. 여러 회사를 다니면서 많은 연습생들을 만나잖아요. 이 친구들 사이에서도 나이 차에 따라 태도가 조금씩 달라지더라고요. 지금 열 아홉, 스무 살이 된 아이들이 어릴 때는 그렇지 않았는데, 요즘 들어 오는 어린 친구들은 정말 자신의 꿈에 대해서 진지해요. 애어른 같 아요. 너무 일찍 어른이 된 느낌을 받을 정도로.

아이돌 그룹이 포화상태에 이르렀다는 점을 어렴풋이 알고 있기 때문에 그런 자세가 나오는 것 같기도 해요. 오디션 프로그램에 도전하는 어린 친구들이 점점 더 필사적으로 자기 어필을 하는 것처럼.

맞아요. 일종의 생존 본능인 것 같아요. 하지만 그런 아이들이 많아진 만큼, 어려운 시기에도 좋은 음악인들이 나올 수 있을 것 같다는 생각이 들어요. 난세에 영웅이 나온다고 하잖아요. 전화위복이 돼서 음악이라는, 가수라는 범주 내에 당당하게 들어가는 아이들이 많아졌으면 좋겠어요.

이렇게 변화하는 과정 속에서 12년이나 보컬 트레이너로 일하신 거잖아요. 예전과 비교해서 한국 아이돌 시장이 많이 변했다는 사실을 매일같이 체감하실 것 같아요.

저는 피부로 느끼죠. 시스템이 없던 시절부터 일했으니까요. 어느 날부터는 회사가 학교처럼 돌아가더라고요. 옛날에는 말도 안 되는 게 많았어요. 1:1 레슨이 왜 필요한지도 회사에 한참 설명해야 했다니까요. 지금과 같은 퀄리티가 나올 수가 없었죠.

같은 팀에 속해 있어도 멤버 한 명 한 명이 다른 창법을 구사할 수도 있고요.

어떻게 보면 이전 세대 아이돌들이 실력이 없었던 게 아니에요. 환경이 안 받쳐줬던 거지. 아까운 사람들 많잖아요.

우리가 아는 1세대 아이돌들도 지금과 같은 환경에서 교육을 받았더라면 훨씬 오랫동안 사랑받았을지도 모르죠.

당연하죠. 분명히 그랬을 거예요.

정말 시대 변화를 체감하시겠네요.

계속 바뀌고 있죠. 사실 저는 꽤 오래전부터 '이제 아이돌의 시대는 끝났다'고 하는 소리를 많이 들었거든요. 그렇게 말씀하시는 제작자 분들 얘기를 들으면, 아이돌은 끝이고 당장 새로운 아이템으로 음악 산업에 뛰어들어야 할 것처럼 느껴져요. 하지만 정작 그 소용돌이 안에서 아이들을 보고 있는 저로서는 '왜 뭔가 항상 끝이 나기를 바라지? 현재 있는 것을 어떻게 하면 더 발전시킬 수 있을지 함께 생각하면 어떨까?' 이런 마음이 있거든요. 이미 잘 만들어진 포맷 안에서 더 좋은 것들을 개발하고, 그렇게 하다보면 또 트레이너로서 제가 할 수 있는 영역의 일들이 있을 것 같으니까요. 여성 배우들의 경우를 예로 들어도 그래요. 10년을, 20년을 연기해서 충분히 무르익었으면 그분들을 받쳐줄 수 있는 작품들이 나오면 되고, 그게 배우와 작품의 시너지로 피어나면 어마어마한 대작이 나올 수도 있는 거거든요. 하지만 그쯤 되면 이 배우는 나이가 너무 많고, 지는 꽃이고… 그런 이야기들을 하죠. 자꾸 새로운, 어린 배우들만 찾고요. 이흐름이 아무리 전 세계적으로 어쩔 수 없는 것이라고 해도, 이 사람들이 쌓은 경험과 연륜은 어마어마한 것인데 말이죠. 배우든 스태프든 사람들끼리 일하는 거잖아요. 그렇다면 이들을 잠깐 쓰는 아이템 으로만 바라볼 게 아니라, 흐름에 따라 경험과 가치를 쌓아가는 인간 자체로서 바라보고 존중해야 한다고 봐요.

소녀시대나 원더걸스가 롱런할 수 있는 것도 그들이 지닌 연륜을 대중이 지지했 기 때문이라고 생각해요.

10년차가 된 소녀시대❽에게 나이 얘기를 하면서 새로운 아이돌이 보고 싶다고 말할 게 아니라고 생각해요. 소녀시대가 원래부터 갖고 있던 아이돌로서의 면모를 계속 추구하는 것도 좋고, 그 이상으로 이들이 지닌 음악적인 능력, 또 여러 가지 다양한 재능을 실현시킬 수 있었 으면 좋겠다는 거죠. 그렇게 하고 있는 팀이라 꾸준히 사랑받고 있는 거고요. 원더걸스❾도 마 찬가지예요. 이 팀이 밴드로 나왔을 때 굉장히 지지했어요. 그때 마침 선미Sunmi를 도와주고 있 었는데, 제가 그랬죠. 아마 원더걸스가 아이돌 들에게 새로운 시작을 가능하게 해줄 것 같다 고. 아마 본인들은 너무 괴로웠을 거예요. 노래 부르고 춤추기도 바쁜데 악기까지 다루어야 했 으니까. 그런데 저는 "너희가 정말 좋은 일을 하고 있다"고 강조했어요. 그들이 아이돌이란

❽ **소녀시대**Girls' Generation 태연, 써니, 티파니, 효연, 유리, 수영, 윤아, 서현으 로 구성된 8인조 여성 아이돌 그룹이 다. 2007년 싱글 〈다시 만난 세계〉로 데뷔, 당시 원더걸스와 함께 투톱 걸 그룹으로 꼽혔다. 소녀시대 전 멤버였 던 제시카는 2015년에 탈퇴해 코리델 엔터테인먼트와 계약하고 솔로로 활 동 중이다.

❾ **원더걸스**Wonder Girls 유빈, 예은, 선 미, 혜림으로 구성된 4인조 여성 아이 돌 그룹이다. 2007년 싱글 〈The wonder begins〉로 데뷔했다. 당시에 는 선예, 예은, 소희, 선미, 현아로 구성 돼 있었으나, 일부 멤버들이 탈퇴와 재 합류를 반복하며 여러 차례 멤버 구성 에 변화를 겪었다. 2015년 위의 4인조 로 발표한 새 앨범 《REBOOT》가 좋은 반응을 얻었지만 2017년 2월 10일 정 식 해체했다.

정체성을 넘어서서 음악인으로서 새로운 기로에 선 거고, 새로운 시류를 만드는 포문을 여는 거니까요. 굉장히 좋은 결과가 나올 것 같다고 얘기했었죠.

당시 발표했던 《Reboot》는 앨범 퀄리티가 상당히 좋았어요. 음악적인 완성도에서도 그렇고, 콘셉트 측면에서도 마찬가지고요. 아이돌로서 할 수 있는 영역을 넘어서겠다는 포부가 보였죠. 상당히 도전적인 시도를 했어요.

처음에 트랙이 나오기 전까지 선미와 제가 농담처럼 얘기했거든요. 뭐 얼마나 대단한 트랙을 만들기에 6개월씩이나 걸린 거냐고. 그런데 막상 나온 거 듣고 "괜찮아. 이 정도면 그럴 만해" 하면서 박수를 막 쳤어요. 이렇게 연륜이 쌓인 친구들이 중요한 기로에서 제 역할을 해주면 돼요. '10년차 아이돌이라서 질리네?'가 아니라, '10년차 아이돌이니까 이 정도 하는 거야!'라는 걸 보여주는 거죠. 저 아이돌 수명이 끝나네 마네, 이럴 게 아니죠. 연륜을 갖춘 친구들이 아이돌 이상의 존재로 발전해가는 하나의 과정이라고 이해하면 될 것 같아요. 실제로 소녀시대 멤버들이 낸 솔로 앨범도 굉장히 좋았잖아요. 아마 이 친구들은 굉장히 프로페셔널하게 국가대표로서의 역할을 해내고, 이후에 자신들의 인생을 꾸려나갈 수 있게 될 거예요. 한철 왔다 가는 아이돌이 아니라, 재능을 가진 개개의 인간으로 존중한다면 이게 모두 중요한 과정이겠죠. 이런 모습을 대중이 당연하고 자연스러운 것으로 여기게 됐으면 해요. 이미 갖고 있는 좋은 콘텐츠, 그 친구들만이 할 수 있는 10년차의 콘텐츠들이 있을 거란 말이에요. 좀 적나라하게 말하자면, 그 친구들이 통기타 들고 청바지, 티셔츠 하나만 입고 나와서 노래를 해도 분명히 갓 데뷔한 친구들과는 다를 거란 말이죠. 인디 신scene 뮤지션들과도 분명 다를 거고요. 그렇게 쭉쭉 뻗어나갔으면 좋겠다는 바람이에요.

그 과정에서 트레이너들은 어떤 역할을 하게 될까요?

이들이 가수로서 새로운 도약을 준비하게 되면, 선생님들 입장에서도 나아갈 길이 생기겠죠?(웃음) 디렉팅은 또 다른 방식으로 흘러가겠고요. 그런 걸 기대하는 일이 무척 재미있어요. 다만 우리는 그런 흐름을 항상 따라가기만 해야 한다는 게 가끔은 씁쓸하죠. 그래서 트레이너들이 중간에 놓인 회색분자죠.

'신의 목소리', 나의 목소리

"노래할 때만큼은 이기심이 있어요."

SBS <보컬전쟁-신의 목소리(이하 신의 목소리)>에 출연하셨어요. 오랜만에 직접 플레이어로서의 역할을 하신 건데, 느낌이 어떠셨어요?

준비할 시간이 너무 없었어요. 미팅하고 그 주에 바로 찍어서 아쉬운 점도 있고요. 사실 노래하는 사람들은 노래할 때만큼은 이기심이 있어요. 일단 내가 행복하고 봐야하는 것? 무대에 서면 음악 하는 초심으로 돌아가서 즐기잖아요. 그렇다 보니 나중에는 내가 그 당시에 얼마나 몰입을 잘해서 충실한 공연을 했느냐, 거기에서 뿌듯함이 생겨요. '아이들 앞에서 당당할 수 있겠다' 싶죠. 제 만족감이 곧 프라이드가 되는 거예요. 열심히 노래하는 게 노래 선생으로서 부끄럽지 않은 태도라는 생각이 들었죠.

<프로듀스 101> 때 가르쳤던 제자들이 앞에 있었잖아요. 저라면 좀 묘할 것 같더

라고요. 무대를 본 제자들이 뭐라고 이야기하던가요?

애들은 잘했다고 하죠(웃음). 이번에 느낀 건데요. 정말 세대가 바뀌었다는 생각이 확 들었어요. 요새 제가 가르치는 친구들은 제 노래가 너무 옛날 음반이니까 못 들어봤잖아요. 애들이 신기하대요. 지난번에 앨범 냈을 때, 트와이스 지효JIHYO가 들어보고 좋았나봐요. 자기들 공식 SNS에 제 노래를 추천했더라고요. 그때 팬들이 "효뮤직 듣고 왔어요!" "믿고 듣는 효뮤직" 이런 이야기를 저한테 써서 보냈는데, 그것도 재미있는 경험이었어요.

오랜만에 방송 무대에도 서고 앨범도 내신 거잖아요. 혹시 예전의 내 모습과 많이 달라졌다고 느끼는 게 있나요?

〈프로듀스 101〉 때는 스타들이 옆에 있었잖아요. 그분들이 노래를 하면 애들이 꺅꺅 하고 난리가 나요. 작가님들이 아이들한테 그렇게 신기하냐고 장난스럽게 물을 정도였어요. 반면에 저는 그냥 평범한 트레이너로 가 있는 거였죠. 옛날에는 나름대로 방송활동도 하고, 작게 콘서트도 하고, 열심히 움직일 때가 있었잖아요. 그때는 가르치는 아이들 앞에서 저도 작은 스타였던 거죠. 유명세가 부러운 건 전혀 아니에요. 하지만 그때는 선생님이자 음악 하는 사람으로서 애들이 저를 찾아왔거든요. 지금은 정말, 오로지, 그냥 선생님이에요. 그런 게 약간씩 서러운 거예요. 애들 앞에서 저는 신기한 사람이 아닌 거예요. 선생님이니까. 노래를 잘 부르면 그냥 당연한 거지.

말 그대로 부모 같은 존재가 되어버린 거네요. 잘하고 능숙하면 당연한.

아이들 앞에서 제가 어떤 사람인지는 상관없어요. 하지만 애들이 데 뷔하고 나면 종종 허한 느낌이 몰려오거든요. 기획사 분들에게 간혹 느끼는 섭섭함이 거기서 출발해요. 처음에 아이들이 못할 때는 "선 생님!" 하고 애타게 부르시다가, 이 친구들이 점점 더 배우고 수준 이 높아질수록 나에 대한 리스펙트는 떨어져요. 어느 순간에 나는 '안 와도 되는 사람'이 되는 거예요. 〈신의 목소리〉 때 가수 분들께서 "이미 뭐 프로처럼 잘하시는데"라고 말씀하시니까 기분이 묘하더라 고요. 말씀하시는 눈빛과 마음은 좋다는 뜻이었기 때문에 그 순간에 는 전혀 개의치 않았어요. 그런데 나중에 생각해보니까 '우리는 그 렇게 생각되는 직업이구나' 싶더라고요. 그냥 선생님인데 프로보다 못한, 샌드위치처럼 중간에 낀 존재인 것 같았죠. 아닌데. 사실 우리 는 가수를 가르치는 직업이라 가수보다 못하면 안 되는데…. 그래서 제가 요즘에 헛헛해요.

〈신의 목소리〉 출연이 굉장한 고민거리를 안겨줬군요.

제가 아티스트로서 못 가졌던 것들을 트레이너로서 느끼는 보람으 로 채우고 있었거든요. 제 노래로, 가수로서 충분히 성공하지 못한 것에 대한 보상 심리 같은 거였겠죠. 아이들이 하나씩 좋아지고 가 수가 되어가는 것에 대해 굉장히 뿌듯하고 자부심도 있어요. 또 아 이들이 데뷔하고 나서도 누구보다 든든하게 받쳐줄 수 있는 존재,

사회생활을 하다가 힘들면 언제든 찾아올 수 있는 선배 같은 역할을 하면서 감정적인 교류가 이뤄지잖아요. 거기서 느끼는 기쁨도 있고요. 다만 여태까지는 그런 걸로도 충분히 행복했는데, 한 가지가 더 필요해진 거죠. 나는 이제껏 해왔던 선생님으로서의 역할을 계속 해주고 싶고, 그런데 이 커다란 공허함은 해결을 해야겠고.

함께 일하시는 선생님들 중에도 그런 고민을 토로하시는 분들이 적지 않으시겠어요. 검은색도, 흰색도 아닌 회색분자. 이 비유가 비로소 와 닿네요.

내 음악을 하는 사람도 아니고, 다른 직업을 가진 사람도 아니고. 음악을 하는 사람들은 "네가 감히 여기에 어떻게 들어와?"가 되고, 다른 쪽에서는 "우와, 전문가를 가르치는 전문가구나?" 이러죠. 중간에 딱 끼어 있어요. 이런 혼란이나 자기 삶이 없다는 슬픔이 우울증으로 오기도 해요. 클래식을 전공하다가 이쪽으로 오신 분들은 더하고요. 어디에도 섞이지 못한달까.

그래도 보컬 트레이너라는 직업을 사랑하시잖아요. 트레이너 입장에서 새롭게 꾸는 꿈도 있으신가요?

현재 회사에 저까지 다섯 명이 있어요. 실장 두 명은 함께한 지 거의 10년 됐고요. 저희가 2017년부터는 이것저것 구체적인 미래를 구상해보려고 하는데요. 그중 하나가 센터를 차리는 거예요. 그런데 막상 하려고 보니 센터를 차리는 일보다는 내실을 갖추는 게 먼저라는 생각이 들더라고요. 하드웨어가 생기면 아무래도 그걸 유지하는 과정에서 다른 여러 가지 고민들이 생기잖아요. 그래서 우선은 소속 트레이너들이 실력을 키우면서 소프트웨어를 탄탄히 다진 다음에 외적인 부분을 생각해보려고요. 지금은 다들 기획사로 출강하고 있는데, 이런 식으로 일을 꾸준히 해서 소프트웨어가 탄탄해지고, 어느 정도 수익도 창출되면 새로운 시도를 해볼 생각이에요.

하지만 저는 제가 차리는 센터가 '학원'이 되길 바라지는 않거든요. 학원이라고 오픈하면 그때부턴 사업이 되니까요. 그렇게 되면 수업 퀄리티에 대한 고민보다는 어떻게 하면 애들을 더 많이 데려올 수 있을지 고민해야 하잖아요. 그런 걸 추구하고 싶지는 않아요. 저는 가수로든, 트레이너로든 끝까지 음악인으로 남고 싶어요. 계속 음악 안에 있을 거예요. 할머니가 되어서도 정말 잘 나가는 보컬 트레이너이고 싶어. 우아함을 잃지 않는(웃음). 나이 먹어서까지 이 일을 한다는 것 자체가 상상만으로도 굉장히 재미있잖아요. 전례를 남기고 싶죠. 저와 동시대를 살아가는 트레이너들이 이런 걸 하나씩 해놓으면, 그 밑에 따라오는 후배들이 볼 매뉴얼이 생기는 거잖아요. 물론 현실은 한 발 한 발 가기도 어렵지만요.

사실 엔터테인먼트 업계에 대해서는, 이런 식으로 이야기가 진지하게 흘러가면 대중이 잘 들으려고 하지 않죠.

그렇죠. 그래도 계속 문을 두드려야죠.

보컬 트레이너의 미래

"선배들이 땅을 다져놓았다면, 제가 뼈대를 올리고 있는 거예요."

여러모로 〈프로듀스 101〉의 힘이 참 컸어요.

그동안에는 스스로 작품 활동을 하든 유명한 애들을 가르치든 간에 대중에 이런 직업들이 알려지질 못했죠. 전문직인데 전문직으로 인정받지 못했던 시간이 길었어요. 분명히 〈프로듀스 101〉이 그 물꼬를 터줬죠. 덕분에 요즘은 매번 여기저기서 인터뷰할 때마다 각각의 보컬 트레이너들이 얼마나 고생하고 있는지 이야기할 기회가 생겼고. 단, 저는 제가 〈프로듀스 101〉을 통해서 주목받게 되었지만, 그게 오롯이 혼자 조명을 받은 거라곤 생각하지 않아요. 수많은 보컬 트레이너 분들을 대표해서 대중에 비춰졌을 뿐이죠.

사람들은 "또 아이돌이야?" "또 서바이벌이야?" 할 수 있지만요. 그 덕분에 엔터테인먼트 산업 현장에서 일하고 있는 사람들이 이렇게 주목 받을 수 있게 된 거거든요. 진짜로 현장에서 일하는 사람들이 어떻게 살고 있는지, 어떤 사람들인지 알려질 수 있는 기회가 만들어진 거라고 보시면 돼요. 아마 한국 사회의 전체적인 분위기가 다양한 직업군에 대해 조금씩 유연해지고 있는 것도 한몫했을 거고.

전보다 일이 더 늘어나신 걸로 알아요.

엄청 늘어났죠. 그런데 저희 팀이 시장을 독식하는 구조로 가면 절대 안 되거든요. 사실상 저는 팀으로 움직이기 때문에 더 유리한 위치를 점할 수 있거든요. 이 산업 특성상, 회사나 팀으로 움직이는 보컬 트레이너들이 기획사들과 함께 일하기에 상대적으로 유리해요. 아이돌 멤버들이 많으니 보컬 트레이너들도 서로 잘 아는 사람들이어야 유기성 있게 팀을 끌고 가기 좋으니까요. 그걸 스스로도 굉장히 경계하고 있어요. 또 하나 신경 쓰는 부분은, 일부러 제 페이를 높게 책정해요. "15년 차쯤 된 사람에게는 이 정도 줘야 합니다"라는 기준을 제시하는 거죠. 솔직히 성사되는 것보다 안 되는 게 훨씬 많아요. 하지만 제 쪽에서 그렇게 해줘야 저보다 더 연차가 낮은 친구들 페이에도 제대로 된 기준이 생길 거 아니에요. 앞에 얘기했던 것처럼 아이돌 산업에 보컬 트레이너가 없으면 안 되는데도 값싸게 부르면서 리스펙트를 해주지 않는 사람들이 많으니까 이렇게라도 나서서 기준을 마련하려는 거예요. 만약에 제 강의료가 비싸서 하지 않겠다고 하면 바로 수긍하죠. 제 밑에 있는 후배들에게도 경험이 필요하니까 저는 조금 물러나 있어도 돼요. 그들 중에서 굉장히 뛰어난 자질을 가진 스타 강사가 나올 수도 있거든요. 몇몇 기획사 같은 경우도 제가 직접 안 가죠. 직접 가면 페이를 엄청 높여서 부르고요.

보컬 디렉터 일은 보컬 트레이너 일의 연장으로 하시는 건가요?

슬슬 다른 역할로 빠져주는 거죠. 물론 가르치는 일을 안 하는 건 아니고, 일단은 후배들과 제 역할을 구분 지으면서 보컬 트레이너 필드에도 후일을 위한 시스템을 좀 마련해보려고 하는 거예요. 옛날에는 저처럼 연차가 15년쯤 되면 엄청난 스타만 가르치는 쪽으로 갔는데, 이제는 보컬 디렉터로서 활동 반경을 넓히는 거죠. 그리고 제가 디렉팅 일을 잘할 수 있도록 밑에 있는 트레이너들이 기본 바탕이 되어주는 거고요. 그러니까 연차가 낮은 보컬 트레이너라고 해서 전문적인 지식이 없으면 절대 안돼요. 현장 경험은 아직 적은 편이라고 하더라도, 이론적으로는 빠삭해야 하죠. 저보다 젊은 세대들이니 아는 게 많아야 한다고 봐요. 전 그 지식을 어떻게 써야 하는지 알려주는 거고. 이렇게 보컬 트레이너들의 자질에 관련된 내용부터 산업에서의 가격 흐름까지 하나의 시스템화를 시키고 싶어요.

사실 보컬 디렉터 일도 꽤 오래하셨어요. 트레이닝 업무와 비교하면 어떤 차이가 있나요?

베이비복스 라이브 때부터 디렉터 일을 했으니 꽤 됐죠. 보컬 디렉터는 녹음실에서 생판 처음 본 사람도 리드할 수 있어야 해요. 제가 원래 트레이닝을 맡고 있던 애들한테서는 익숙한 만큼 더 좋은 결과를 뽑아내야 하는 거고요. 보컬 디렉팅은 사실 안무가의 작품처럼 제 2의 창작물이에요. 디렉터들이 잡은 방향으로 녹음이 진행되고, 그걸로 앨범이 나오니까요. 예를 들어서 이진아의 《RANDOM》 앨범을 전체적으로 들어보면, 그중 몇 곡은 기존의 진아 스타일과 다른 보컬로 불렀어요. 그런 변화가 필요했기 때문에 저한테 디렉터 역할을 요청하는 거죠. 트레이너처럼 노래를 가르치는 사람이 아니라, 그보다 한 발 더 나아가서 프로듀서가 원하는 콘셉트부터 가수의 변신까지 모든 걸 아우를 수 있어야 하죠. 그러니까 거꾸로 디렉터가 보컬을 가르치는 능력이 없으면 그것도 문제예요. 뜬 구름 잡는 얘기만 하거든요. 마치 옛날 작곡가들처럼요.

뜬 구름 잡듯이?

"자, 비 오는 거리를 생각해봐." 이런 거요(웃음). 물론 그런 감상적인 조언이 필요한 순간도 있지만, 노래 전곡을 다 그렇게 끌고 가면 앨범 흐름에 문제가 생기죠. 아티스트가 혼자 곡을 써서 노래까지 부르는 거면 스스로 어떤 방향으로 가든 상관없어요. 하지만 디렉터가 그러면 안 돼요.

여전히 노래라는 게 느낌에 의존하는 영역이라는 인식이 강해서 벌어지는 일이죠. 공명점을 설명할 때, 어떤 트레이너 중에는 "앞에 점 찍어놓고 노래해"라고 가르치는 사람도 있다니까요. 어떨 때는 제가 애들한테 설명하다 하도 답답해서 화를 내는 경우도 있어요. "너희가 악기를 배울 때 코드가 어려워도 그 열두 코드를 4성부까지 다 배우고, 자리바꿈까지 공부하잖아. 그런데 노래는 왜 그렇게 안 하려고 해? 내가 이걸 왜 너를 설득을 해 가면서 가르쳐야 하니?"라고. 트레이닝 때도 이런데, 보컬 디렉터는 어떻겠어요. 여전히 크레디트에 이름 한 줄 올리기 어렵죠.

대부분의 사람들은 노래를 그 '가수'와 '작곡가'의 작품이라고 생각하니까요.
작곡가들 중에 그 영광을 모두 혼자 누리려는 분들이 많아요. 저작권은 그들 것이 맞으니까. 당일에 디렉터들에게 페이를 주고 크레디트에 이름만 같이 올려주면 되는 거거든요. 그런데 그것도 잘 안 해주려고 하죠. 그나마 안테나는 영상물에라도 이름을 올려줘요. 한국 기획사들 중에서는 굉장히 드문 경우죠. 〈Pick Me〉도 저랑 제아 씨가 디렉팅을 봤는데, 역시 이름은 안 올라갔어요. 요즘 제가 소위 '물 들어온' 사람이라고들 하잖아요. 그 입장에서 여기저기 닦달을 해놔야 보컬 트레이너라는 사람들이 갖게 될 스펙트럼이 넓어질 거고, 그게 다 돈으로 이어져야 하고요. 제 세대야 아직 그런 게 아니라서 돈을 못 받을 때가 많지만, 밑에 있는 후배들은 꼭 제대로 자신의 가치를 인정받으면서 일할 수 있게 되길 바라요.

직업의 영역으로 들어가질 못해서 내가 하는 일의 가치를 못 느끼는 거죠.

보컬 트레이너든 디렉터든 간에 세금 낼 때 '연예보조'로 들어가요.
내가 선생이지 왜 보조야(웃음).

여전히 고민은 깊어지고만 있네요.
보컬 트레이너라는 직업이 무엇인지 알리기는 했는데, 걸 맞는 시스
템이 안 갖춰져 있으니까요. 답답해서 나서다 보니 제가 대단한 사
람도 아닌데 선구자 격이 되어가죠. 선배들이 땅을 다져놓았다면,
제가 뼈대를 올리고 있는 거예요. 아직 인테리어는 못 들어간 건물
의 뼈대를 올리는 작업 중이랄까. 아니, 그전에 뼈대부터 더 깊숙이
박아야겠네요.

댄스 트레이너, 안무가 이솔미

10대 때부터 방송국과 학교를 오가며 춤을 췄다.
손담비 〈Can't You See〉, 가희 〈One Love〉, 에프 엑스 〈Hot Summer〉, 소녀시대 태티서 〈Twinkle〉 등의 안무 작업에 참여했다. 이후 EXID 〈I Feel Good〉부터 본격적으로 자신의 이름을 알리기 시작했으며, 신인 걸그룹 오마이걸의 안무를 맡아 눈에 띄는 독특한 구성으로 주목받았다. 이외에도 제시카 〈Fly〉〈Love me the Same〉〈Big Mini World〉 안무를 제작했으며, 최근까지도 함께 작업을 이어오고 있다.

"손끝에
담는
아이돌의
에너지 "

Dance Trainer
Soul Me

오마이걸의 〈Closer〉 무대를 위에서 본 적 있는가?
안무가 이솔미는 신인 걸그룹 오마이걸의 안무를 맡으며
기존 걸그룹들에게서 보기 힘들었던 독특한 구성을 기획했고,
덕택에 오마이걸은 매 발표곡마다
개성 있는 안무로 화제에 올랐다.
자, 지금부터 그가 만든 안무를 찾아볼 예정이라면
가능한 한 시야를 넓게 써서 볼 것을 추천한다.
그가 10년 넘게 춤을 추며 겪은
행복하고, 서럽고, 즐겁고, 아팠던 경험이
거기에 고스란히 녹아 있다.
춤으로 감정을 그려온 이솔미,
그는 여전히 좋은 사람이자 좋은 안무가가 되기를 꿈꾼다.

제시카와의 인연

"SM 엔터테인먼트에서 제가 레슨을 하고,
소녀시대 안무 짜고 하면서 알게 된 사이예요."

최근까지 정말 바쁘게 지내셨어요. 오마이걸❶ 콘서트에서는 전곡 다 안무를 맡으셨던 거죠?

네. 안무 관련된 연출은 다 제가 했어요. 사실 개인적으로 이런 작업을 할 때 다른 분하고 함께 맡으면 오히려 진행이 어렵더라고요. 혼자 처음부터 끝까지 하는 게 편해요. 그런데 너무 힘들었어요. 죽는 줄 알았죠(웃음). 하지만 처음으로 제가 공연 안무 연출을 총괄한 거라 즐거웠어요. 뿌듯했고요.

오마이걸을 맡으셨던 것에 대해서는 쭉 알고 있었는데, 제시카 씨와는 어떻게 일하게 되신 건가요? 이전에 특별한 연이 있었던 건가요?

오마이걸 스타일리스트인 김정영 실장님께서 제시카 스타일링을 맡고 계셨어요. 어쩌다 제 이야기를

❶ **오마이걸**OH MY GIRL 효정, 진이, 미미, 유아, 승희, 지호, 비니, 아린으로 구성된 8인조 여성 아이돌 그룹이다. 2015년 미니 앨범《OH MY GIRL》로 데뷔했다.

하게 됐고, 저의 안무 영상도 보셨나 봐요. 그러다 제시카에게 소개 시켜주신 거예요. 그런데 원래 제시카와는 SM 엔터테인먼트❷에서 제가 레슨을 하고, 소녀시대 안무 짜고 하면서 알게 된 사이에요. 예전에 소녀시대 안무를 맡았었고, 그전에 제시카 동생 f(x)❸ 크리스탈Krystal이 연습생일 때부터 레슨을 맡아서 했어요. 그런 식으로 하나하나 연이 닿았죠.

그렇군요. 안무는 의뢰를 받자마자 바로 짜신 거예요?

네, 바로 짰는데 그게 벌써 2015년 9월이에요(웃음). 그때 처음 안무를 만들었다가 기존 걸 다시 한 번 뒤집고요. 가사 대로 다시 한 번 더 안무를 짜서 2016년에 나온 거죠. 작년 걸 올해 미국 가서 작업한 셈이에요.

시간이 꽤 오래 걸려서 나왔네요.

진짜 오래 준비했죠. 다른 사람들이 보기엔 짧게 준비했다고 생각할 수도 있겠지만, 댄서들 포함해서 다 2015년 9월부터 준비해 완성한 작품인 거예요.

<Fly> 뮤직비디오 촬영도 같이 하셨어요?

촬영도 다 같이 하고, 미국 가서는 제가 한

❷ **SM 엔터테인먼트** 가수 이수만이 창립한 연예 매니지먼트, 음반레이블, 콘텐츠제작사. 1989년 2월 SM기획에서 1995년 SM엔터테인먼트로 탈바꿈한 뒤 여러 개의 자회사를 설립하면서 사업 영역을 넓혔다. 1990년 데뷔한 현진영을 시작으로 본격적인 아이돌 제작에 나서 H.O.T.를 만들었다. 현재 강타KANGTA, 보아BoA, 동방신기TVXQ, 슈퍼주니어Super Junior, 소녀시대, 샤이니SHINee, f(x), 엑소EXO, 레드벨벳Red Velvet, NCT 등이 소속돼있다.

❸ **f(x)**에프엑스 빅토리아, 크리스탈, 엠버, 루나로 구성된 4인조 여성 아이돌 그룹이다. 2009년 디지털 싱글 《라차타LA chA TA》로 데뷔했다. 3집 《Red Light》까지는 5인조였으나, 2015년에 전 멤버 설리가 탈퇴하며 4인조로 재편됐다. 2014년 제28회 골든디스크 어워즈 음반부문에서 본상을 받았다.

국에 있는 동생 한 명만 데려가서 미국 댄서들에게 안무를 가르쳤어
요. 그런 식으로 함께 작업을 했죠.

당시 미국 댄서 분들은 회사 쪽에서 준비한 건가요?

저랑 같이 뽑았어요. 곡 이미지 상 너무 센 이미지는 어울리지 않겠
더라고요. 사실 제가 좋아하는 댄서가 있긴 했지만, 그 댄서의 이미
지가 곡에 어울리지 않게 너무 강했어요. 아쉽지만 그분은 패스하
고, 음악과 잘 어우러지는 댄서들을 찾아서 촬영했죠.

Oh, My Girls!

"일단 음악을 듣고 나서 이 친구들이 느낀 것에 대해 물어보는 과정이 중요해요."

오마이걸하고는 처음에 어떻게 시작하게 되신 건가요?

지금 제가 tKAA the Key Artist Agency에 속해 있거든요. 오마이걸 음악 프로듀서이신 최재혁 PD님이 대표로 계신 곳이에요. 그분과는 거의 10년 가까이 알고 지냈어요. 제가 손담비 안무 팀에 있을 땐데, 당시 재혁 PD님이 매니저로 오셨어요. 그런데 매니저 일만 하신 게 아니라 회사 안에서 모든 일을 다 하셨거든요. 음악에 관련된 것부터 시작해서 전반적인 업무를 다 보신 거죠. 그때 그 모습을 보면서 '우와, 진짜 많은 걸 하실 줄 아는 분인가 보다' 생각했는데, 일을 그만두셨고요. 그러다 2015년에 갑자기 연락을 하시더라고요. "여자애들이 있는데 네가 하면 잘할 거 같아서 추천했어. 음악 한번 들어볼래?" 하시는 거예요. WM 엔터테인먼트❹ 이원민 대표님이 한번 회사와 만나보는 게 어떻겠냐고 하셨대요.

꽤 많은 작품을 함께 한 팀이잖아요. 여러 번 함께 하다 보면 오마이걸 멤버들과도 호흡이 잘 맞았을 것 같고요.

8명이다 보니까…. 애들이 많죠(웃음). 근데 또 요즘 나오는 다른 팀들에 비하면 많은 것도 아니더라고요.

맞아요. 더 많은 팀도 있죠.

사실 처음에는 팀 안에 여러 명이 있다 보니 고생을 좀 했어요. 성격이 다 다르고, 생각도 다르고, 색깔도 너무 다르다 보니까. 그런데 그때보다 지금이 조금 더 어려운 것 같아요. 처음에는 아이들에 대해 아무것도 몰랐으니까요. 그냥 제 성격대로, 제 색깔대로 하면 됐죠. 하지만 점점 함께한 시간이 길어지다 보니까 각자의 성향, 성격 등 모든 걸 다 알게 되잖아요. 오히려 거기에 하나하나 맞추기가 어려워지는 거예요. 물론 아이들이 전보다 잘 따라와주니까 안무를 더 쉽게 만들어 줄 순 있었죠. 서로 대화가 통했으니까요. 이건 장점이었지만, 어려운 점도 나름대로 생긴 거죠.

안무를 짤 때 개개인의 성격도 고려하시나요?

네. 아이들 모두 끼가 있어서 연예인이 됐겠지만, 그래도 그중에는 부끄러움이 많은 친구들도 있고, 아닌 아이들도 있고, 다 달라요. 그리고 음악적으로 특출한 아이가 있을 수도 있고, 춤을 잘 추는 아이가

❹ WM 엔터테인먼트 2008년 설립된 엔터테인먼트 회사로, 2009년 태군이 데뷔한 이래 H-유진, 안진경 등의 앨범 제작을 맡아 진행했다. 현재 비원에이포B1A4, 오마이걸, 온앤오프ONF 등이 소속돼 있다.

있을 수도 있고요. 이렇게 다 나눠져 있으니까 그런 부분을 조금씩
고려해서 안무에 반영을 하죠.

안무를 짤 때도 멤버들하고 이야기를 많이 나누시잖아요. 주로 어떤 이야기를
하나요.

제가 음악을 아직 안 들어본 상태에서 이 친구들이 먼저 들어본 상
태라면 각자 느낀 것들이 있을 거 아니에요. 그걸 이야기해보라고
해요. 아니면 이 친구들이 듣기 전에 제가 먼저 들어볼 때도 있거든
요. 그럼 듣고 느낀 걸 속으로 생각해두고 다시 애들한테 물어보죠.
"너는 어떤 생각이 들었어? 어떤 느낌이었어?" 이런 식으로요.

과정에 참여하는 걸 중요하게 여기시는 것 같아요. 일단 그렇게 하면 멤버들 입
장에서 더 곡에, 또 무대에 집중할 수 있을 것 같고요.

네. 그렇기 때문에 일단 음악을 듣고 나서 이 친구들이 느낀 것에 대
해 물어보는 과정이 중요해요. 유아YooA 같은 경우에는 〈한 발짝 두
발짝〉을 듣자마자 울었어요. 반대로 굉장히 밝은 분위기라고 느꼈
던 친구도 있죠. 또 한 명은 그냥 가슴이 아팠단 친구가 있어요. 이
런 경우만 봐도 가슴 아픈 걸 지나쳐서 운 친구가 있는 거잖아요. 아
예 반대로 밝게 느낀 친구가 있고요. 같은 곡을 듣고 느낀 감정들도
이렇게 다르기 때문에 얘기를 많이 들어요.

통상적으로 안무가 만들어지는 과정과는 조금 다른 방향으로 작업하시는 걸로 알고 있어요.

그런 편이에요.

일반적인 경우에는 의뢰가 들어오면 콘셉트를 알려주고, 곡을 듣고, 시안을 넘기는 과정을 거쳐서 채택이 되잖아요. 다른 부분이 있다면 어떤 건가요?

사실 콘셉트를 미리 얘기해주는 경우가 드물어요. 아마 콘셉트를 알면 일단 그걸 토대로 구상할 수 있으니까 안무가 훨씬 더 쉽게 나오겠죠? 예를 들어서 '이번엔 귀여운 이미지니까 더 귀엽게 안무를 짜줬으면 좋겠다'고 얘기가 와요. 그러면 '아, 이런 이미지구나' 생각하고 안무 짜기가 쉬울 거예요. 그런데 보통은 연락이 어떤 식으로 오냐면, "귀여우면서도 그 안에 섹시함이 있어." (웃음) 뭔가 말씀들은 쉽게 하시는데, 저는 너무 어렵죠. 하지만 오마이걸 같은 경우는 우선 미팅을 해요. 제가 잡거나 이사님이 연락을 주시죠. 그 과정을 통해서 서로 생각하는 것들에 대해 이야기를 나누고, 콘셉트를 같이 잡아요. 그다음에 거기 맞춰서 안무를 짜는 거예요.

콘셉트를 처음 만들 때부터 들어가시는 거네요. 아무래도 그렇게 하면 훨씬 잘 나올 수밖에 없겠고요.

네. 이런 경우가 있어요. 안무를 굉장히 멋지게 짰는데, 거기에 러블리한 느낌으로 의상을 입히면 정말 안 어울리겠죠. 스타일리스트 쪽에서 생각하는 의상이 있고, 저도 제 나름대로 생각하는 안무가 있고, 거기에 또 회사는 회사 나름대로 생각하는 그룹 이미지가 있어요. 이 세 가지가 딱 맞아떨어지면 좋은데, 다 중구난방이고 어지럽게 섞인다면 이미지가 하나로 나올 수가 없죠. 그래서 의상 이야기도 미리 듣는 편이 안무 짤 때 편해요.

혹시 기획 회의에도 참여하시나요? 앨범 시작단계부터 참여하시는지 궁금해요.
아니요. 저는 기획 회의에는 끼지 않아요. 이후에 미팅을 하는 거죠. 이사님과의 미팅 후에 재혁 PD님에게 연락을 하죠. 이러이러한 곡이고 이러이러한 얘기를 나눴다고 전하는 거예요. 사실 재혁 PD님은 오마이걸 총괄 프로듀싱을 하시는 분이니까 보통은 제가 말씀드린 내용에 대해 이미 파악하고 계시죠. 또 WM엔터테인먼트 소속 안무 트레이너 분과도 따로 얘기하고요.
저는 개인적으로 좋은 게, 제가 연락을 드리는 분들이 다 회사 분들인 셈이거든요. 절대 바깥에 흘러나가지 않는 선에서 제 얘기를 할 수 있는 분들이 계신 거잖아요. 이사님. PD님 등등…. 서로 공유할 수 있는 것들이 있다 보니까 안무를 짤 때도 좀더 수월하긴 해요. 제가 이 회사의 직원은 아니라서 전체적인 일에 관여를 하는 건 아니지만, 그래도 다 연결이 돼 있어서 소통이 원활한 편이죠.

파트지 주세요

"구성이 없고 단순히 안무로만 작품을 만들 거면 굳이 왜 단체로 춤을 추겠어요."

예전 인터뷰를 본 적이 있어요. 파트까지 나와야 안무 구성을 한다고 하셨더라고요. 그게 신기하더라고요.

만약에 이 친구들이 솔로 가수라면 상대적으로 쉽게 안무 구성을 잡을 수 있겠죠. 그런데 현실은 솔로가 아니고 그룹이잖아요. 이미 나는 안무를 짜서 보냈는데, 나중에 파트가 다 달라진다면 또 다시 정리를 해야 해요. 이렇게 무의미한 일은 하지 않는 게 좋다고 생각해요. 그래서 저는 파트를 주면 그때 시작하겠다고 이야기를 먼저 하거든요.

다른 경우를 보니까 안무 시안을 낼 때 그냥 곡 처음부터 끝까지 1인 안무가 나오고, 그다음에 동선을 짜더라고요. 과정을 다르게 진행하신다는 게 흥미로워요.

사실은 제가 연락해서 "파트지 좀 주세요" 하면 알았다고 하고 잘 안

쥐요(웃음). 아니면 "파트지가 안 나왔습니다" 하는 경우도 있고요. 그런 경우에는 제가 일단 곡을 들어보고 목소리를 파악하죠. 그다음에는 대충 감으로 우선 구성을 잡아요. 이 과정이 필요한 게, 구성이 없고 단순히 안무로만 작품을 만들 거면 굳이 왜 단체로 춤을 추겠어요. 맞잖아요?

총체적으로 보는 거죠.
멤버들이 어떻게 움직이는지와 상관없이 그냥 안무만 관찰할 거라면, 특별히 구성을 고려할 이유가 없겠죠. 그러니 구성 단계부터 인원수를 고려해야 하고요. 만약 이런 걸 전혀 모르고 한다면, 정말 무의미한 일을 하는 거죠. 그래서 저는 파트지를 달라고 하고 거기에 맞춰서 하는 거예요. 안 주면 제 선에서라도 애를 써서.

자연스럽게 의상, 무대, 뮤직비디오 이런 부분이 모두 연결될 것 같아요. 혹시 뮤직비디오 작업 때도 같이 가세요?
네. 회사에서 봐달라고 요청을 하죠. 이런 경우가 있어요. 드라마처럼 내용이 이어지는데 그 안에 안무 장면이 들어가는 경우요. 물론 뮤직비디오 종류에 따라 다르지만, 그런 경우라고 가정했을 때는 아티스트가 저에게 원하는 게 있을 거 아닌가요. 자기가 표현하려는 게 조금 더 나왔으면 할 때요. 아니면 아티스트 혼자서도, 혹은 자기 팀끼리도 안무 장면을 소화할 수 있지만, 그래도 제가 옆에 있어주길 바라는 친구들이 있어요. 그럴 때 가죠. 아니면 갈 필요가 없죠. 왜냐하면 감독님이나 다른 스태프 분들도 많이 계시니까요.

이야기를 나누다보니 평소에 갖고 있는 아이디어나 의견이 많아야 가능한 작업일 것 같은데요. 평소에 보고 들은 것들이나, 특별한 경험이 있으신지.
저에게는 보는 것, 그러니까 시각적인 자극이 진짜 좋은 것 같아요. 최근에 음악에서 영감을 받는 건 솔직히 잘 모르겠고요.

다른 안무 영상도 많이 찾아보는 편인가요?
그건 아니에요. 대신 저는 많이 힘들 때, 아니면 안무가 안 나올 때 그냥 애니메이션을 봐요. 오프닝 타이틀을 보면 영상미를 느낄 수 있는 장면이 많이 나오잖아요. 예를 들어서 제가 어떤 애니메이션을 볼 때, 그 첫 번째 OST와 영상이 어우러진 게 정말 멋있다고 느끼는 경우가 있어요. 꼭 뮤직비디오처럼요. 그러면 저는 '아, 저렇게 뮤직비디오를 찍으면 좋겠다. 그리고 영상미가 이런 식으로 나오면 참 좋겠다'라는 생각을 머릿속으로 하죠. 이게 굳이 아티스트만 염두에 둔 게 아니고, 댄서들끼리여도 이렇게 해보면 정말 좋겠다는 생각을 하는 거예요.

"요즘엔 가수들이 많으니까 사람들 눈에 띄게 하려면 더 많이 신경 써야죠."

오마이걸 <Closer> 같은 경우에는 위에서 봐도 정말 멋있는 안무였어요. 덕분에 위에서 찍은 버전이 따로 나올 정도였죠. 이것도 그 자리에서 바로 고안하신 걸로 알고 있어요. 이런 경우엔 안무를 짤 때부터 위에서 보는 모습과 앞에서 보는 모습이 저절로 눈앞에 그려지는 건가요?

일단은 상상만 하죠. 그렇게 애들 안무를 짜다 보면 제가 우스운 표정을 짓고 있을 때가 있나 봐요. 애들을 쳐다보면서, 이는 다 드러내고 이상한 표정을 짓고 있죠. 그러면 애들은 멍 때리고 있는 거고. 이렇게 서로 멍하게 있으면서 저는 안무를 구상하고 있어요(웃음). 슬슬 만들고, 또 잠깐 생각해보고. 구성을 잡으면서 애들한테 차근차근 얘기해요. "내가 생각하는 게 이거야. 이렇게 해줬으면 좋겠어" 하고.

순수하게 몰라서 여쭤보는 건데요. 위에서 볼 때 나타나는 안무 대형은 실제로 안 보고 느낌으로 진행하는 건가요?

아니요. 위에서 볼 수밖에 없어요. 왜냐하면 앞에서 보는 것과 너무 다르니까요. 애들은 춤출 때 앞에 있는 거울을 보고 추겠죠? 그럴 땐 보통 거울을 등지고 멤버들부터 쭉 보는 게 먼저예요. 그런데 저는 그렇게 시작하지 않거든요. 의자를 뒤에다 두고 그 위에 올라가서 내려다봐요. 계속 그 상태로 구상을 하죠. 서 있는 자리에서 그대로 거울에 비친 애들을 보는 거예요. 스타트 지점부터 거의 이런 식으로 애들을 체크해 가며 만들었어요.

혹시 이렇게 구상하게 된 특별한 계기가 있으신가요?

학창시절에 친했던 오빠가 해준 이야기가 있어요. "왜 너희는 춤출 때 항상 거울만 보고 춤을 추냐? 양옆에도 거울이 있다고 생각하든가, 아니면 거울이 아니라 카메라가 있다고 생각하고 춰 봐. 아니면 관중이 너희를 보고 있다고 생각해." 그리고 왜 뒷모습은 신경을 안 쓰냐고. 당연히 뒤에도 사람이 있다고 생각해가면서 춤을 추라고 했죠. 제가 사실 부끄러움이 굉장히 많았거든요. 사람이 많으면 춤을 못 추는 성격이었어요. 누가 프리스타일 춰보라고 하면 얼어 있을 정도로. 그 모습을 보고는 오빠가 그렇게 조언을 준 거예요. 처음에는 불을 다 끄고 춤을 추게 했다가, 점점 하나씩 켜면서 완전히 밝아질 때까지 쭉 봐줬죠.

사실 관객이 뒤에서 보고 있는 상황은 얼마든지 있을 수 있잖아요. 하지만 예전 안무들을 보면, 대체로 앞에서 보는 것만 고려했기 때문에 보통 좌우 동선이 주를 이뤘고요.

네. 그때가 한창 왁스wAX, 스페이스A SPACE A가 활동할 때였거든요. 그때쯤 오빠가 조언을 해줘서, 솔직히 제 입장에서는 충격이었어요. 그 이야기를 아직도 해요. 제가 애들한테 똑같이 하고 있는 거죠.

중요한 부분이네요. 그렇게 해야 독특한 안무가 나오고, 또 더 재미있는 안무가 나오는 것 같아요. 물론 안무마다 다르겠죠. 단순함을 추구하시는 분들도 있을 거고요.

그렇죠.

안무를 보면 동작이 무척 예뻐요. 하지만 무엇보다 동선이 굉장히 아름답다고 생각해요. 파트가 나오고 작업을 하기 때문에 가능한 것 같기도 한데요. 실제로 동선을 많이 신경 쓰시는 편인가요?

많이 신경 써요. 그런 부분을 신경 쓰지 않으면 안무가 재미없거든요. 요즘엔 가수들이 많으니까 사람들 눈에 띄게 하려면 더 많이 신경 써야죠. 댄서들한테도 비슷한 이야기를 해요. 댄서들도 이제 한두 명이 아니고 굉장히 많아졌잖아요. 그 안에서 독특한 구성이 있는 것과 없는 것은 다를 수밖에 없어요. 이렇게 안무가 만들어지는 과정 안에서 다들 어느 순간에는 환호하기도 하고, 새로운 영감을 얻기도 해요. 저도 이제 그런 기쁨을 느끼면서 좀더 여러 방식으로 동작을 표현하려고 하는 편이죠. 그런데 이제는 오마이걸처럼 앉아서 하거나 누워서 하는 게 뻔해진 것 같기도 하네요.

하나 시작하면 또 유행하고 그러니까요.
그동안 남자 아이돌들은 쉽게 눕고 앉을 수 있었지만, 여자 아이돌들은 그런 게 거의 없었거든요. 그런데 그걸 한 번 시도하고 나니까 너무나 보편화된 느낌이라…. 요새 생각이 많아졌어요(웃음).

<Liar Liar> 같은 경우에는 발표 당시에 한 말씀이 기억나요. 전체적인 흐름을 중요하게 봐달라고 하셨죠. 안무를 짤 때 기승전결을 당연히 신경 쓰는 것처럼, 이게 스토리를 담는 작업이겠죠?
그럼요.

<Liar Liar> 같은 경우에는 가사에 충실했단 느낌이 많이 드는 것 같아요.
그럴 거예요. 손동작 보세요. 그게 L자로 'Liar'를 잡는 거잖아요. 사실 맨 처음에는 그 동작이 아니었어요. 이 곡 같은 경우에는 원래 다른 식으로 안무를 짰었는데, 그게 아이들 얼굴을 살짝 가리더라고요. 그래서 이사님이랑 다시 얘기 나누고, 동작을 뭘로 하는 게 좋을지 고민했어요. 원래 세 가지 버전 안무가 있었는데, 그중에 이게 나왔죠. 사람들이 제일 많이 기억해주더라고요. 가사를 춤으로 표현하

오마이걸의
M/V <liar liar>의
한 장면

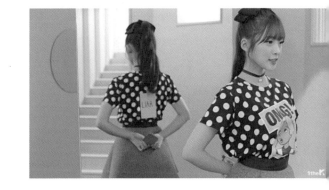

는 방식이, 좀 한국적이라고 해야 할까요? 그렇게들 많이 생각하시더라고요.

오마이걸을 보면서 느꼈던 게 있어요. 말씀하신 대로 춤도 잘 추는데, 무엇보다 강약조절을 잘하는 느낌이었어요. 안무도 곡처럼 강세를 줄 때가 있잖아요. 어쨌든 걸그룹 같은 경우에는 힘과 섬세함을 둘 다 가져가야 하는 측면이 있고. 그걸 고려하는 게 안무가 입장에서는 무척 어려울 것 같아요.

어려워요. 저는 안무를 짜면, 짜고 나서 바로 잊어요. 정말 리셋이에요. 그래서 안무 짠 내용을 나중에 사람들한테 다시 물어봐요. 예를 들어서 제시카 같은 경우에는 제가 팬미팅을 함께 가야 되는 상황이었어요. 그런데 제 안무를 제가 모르는 거예요. 그래서 여러 번 "여기 뭐였지? 여기는?" 하고 물어보곤 했죠. 오마이걸의 경우에도 비슷했어요. 제가 안무를 짜고 체크하고, 그 뒤로 일주일이 지났어요. 다시 애들을 만나서 동작을 정리하는데 "아, 이걸 내가 짰구나" 이럴 때도 있어요. 잠시만요, 원래 무슨 이야기였죠? (웃음)

안무가 어려운 것 같다고요.

네. 그전에는 잊어버렸다가 다시 춰보잖아요? 그러면 춤이 어렵더라고요. 그런데 사람들이 봤을 때 오마이걸 안무가 따라 추기 쉬워 보이나 봐요. 그렇게들 많이 얘기하더라고요. 하지만 그런 반응이 더 좋은 걸 수도 있죠. 왜냐하면 따라 하기 쉬워 보이기 때문에 관심도 갖게 될 거고, 더 많이 보게 될 거고요.

〈Closer〉는 좀 세심하게 볼 수밖에 없었어요. '아, 여기서 조금만 힘이 더 들어
가면 완전 다른 느낌일 것 같네' 싶다가도 '어, 여기서 조금만 더 힘이 없으면 또
완전 다른 느낌일 것 같다' 이런 생각이 들었거든요.

그래서 연습을 미친 듯이 했어요. 제가 연습시키는 것 이상으로 애
들이 굉장히 열심히 해왔거든요. 승희 SeungHee 와 미미 Mimi 가 제가 없
을 때 안무 정리를 참 잘해줬어요. 효정 HyoJung 이도 그래요. 안무 과
정이 1부터 10이라고 했을 때, 제가 그중 4를 고치라고 했어요. 그러
면 다시 처음부터 체크하면서 안 맞는 부분을 먼저 연습하죠. 그리
고는 "쌤이 4를 고치라고 했지만 2도 안 맞는 것 같아. 그러니 우리
1부터 다시 하자" 이러는 거예요. 거기서 끝이 아니에요. 1부터 다시
하다가 4가 고쳐진 것 같다 싶으면 또 1부터 4까지 계속 연습해요.
아주 끈질기게 하죠. 〈Cupid〉 도입 부분도 그런 식으로 열심히 진
행했어요. 어쩌면 그래서 오마이걸이 더 돋보일 수 있었다고 생각해
요. 제가 잡지 못하면 이 친구들이 알아서 잡아주니까요.

**곡 자체가 지닌 분위기에서 영감을 많이 받으실 텐데요. 처음 주어진 곡을 들었
을 때 이러이러한 비주얼이 어울리겠다는 생각을 하실 수 있을 거고요.**
오마이걸은 댄스 팀이 아니잖아요. 댄서 공연도 아니고 댄서 무대도
아니기 때문에, 이 친구들의 얼굴과 대중에 비춰지는 부분까지 신경

오마이걸의
M/V <Closer>의
한 장면

써야 해요. 예를 들어 치마를 입었을 때 이게 어느 정도까지 노출이 가능한지 등 기준이 있잖아요. 또 방송사마다 심의라는 게 있다 보니까 안무상 고쳐진 부분도 있죠. 그런 부분들을 많이 생각하게 돼요. 애들한테도 말하죠. 여기서 너희가 얼굴을 가리고 춤을 추면 내가 혼난다고(웃음). 농담이고요. 얼굴 가리지 마라, 서로 가리지 마라. 너희들은 연예인이라고, 이런 식으로 이야기를 하죠.

<Cupid>와 <Closer>, <Closer>와 <Liar Liar>사이의 분위기가 워낙 달라서 안무 콘셉트에 대해 크게 고민하진 않으셨을 것 같아요. 그래도 이 그룹하고 앞으로도 계속 작업을 해야 한다는 생각이 들면, '이번에는 어떻게 차이를 둬야겠다'는 식으로 시작 전부터 차별점을 두기 위해 노력하시는 부분이 있나요?

없어요(웃음). 노래가 다 달라서요. 그런 걱정은 없죠. 하지만 오마이걸이 먼저 시도한 안무를 가지고 타 팬들이 이 안무가 베낀 것 아니냐고 얘기할 때가 있어요. 심지어 제가 예전에 안무를 짜서 시안으로 보냈던 게 어떤 그룹한테 있더라고요. 그런데 대놓고 제 안무라고 얘기할 수 없으니, 할 말이 없죠. 그래서 저는 안무를 짤 때 영상을 많이 안 봐요. 혹시나 또 비슷한 게 나올까봐. 하지만 막상 안무를 짜다보면 저도 모르게 비슷한 동작이 나올 수 있을 거 아니에요. 그러면 애들이 이야기해줘요. "쌤, 이거 비슷한 내용 어디에 있는 것 같아요" 하고. 그러면 패스. 이런 식으로 정리를 하죠.

포인트 안무라고 하잖아요. L춤처럼요. '아, 이런 건 좀 눈에 띄겠구나' 싶은 부분에 대해서 고민을 많이 하는 편인가요?

아마 고민을 그렇게 했으면 안무를 아예 못 짤 거예요. 신경 쓰느라. 실제로도 다들 포인트 안무 때문에 자꾸 작품을 갈아엎거든요. 그런데 포인트 안무라는 게, 계속 보고 따라하다 보면 저절로 포인트 안무로 대중에 기억되는 거라고 생각해요. 하지만 다들 처음 보자마자 한번에 꽂히길 바라죠. 그래서 저는 아예 염두에 두지 않고 작업을 해요.

본인이 만든 안무를 타인이 습득해야 하잖아요. 그러면 자신이 만들었을 때의 느낌을 이해시켜야 하는 거고요. 이 과정이 쉽지 않을 것 같아요. 물론 기계적으로 연습을 많이 해서 몸에 익힐 수도 있겠지만, 처음에 동작을 알려주는 과정에서부터 가르치기 어려운 경우가 있나요?

느낌을 쉽게 이해하기 어려운 동작을 가르쳐주면 일단은 받아들이기 힘들어하죠. 그럴 땐 둘 중 하나예요. 이 친구들이 평소 좋아하는 분위기의 음악과 정반대의 음악을 틀어요. 완전 다른 팝송이나 힙합, R&B를 트는 거죠. 춤에서 전달하고자 하는 느낌을 낼 수 있을 법한. 아니면 아예 네가 좋아하는 노래가 뭐냐고 물어봐요. 그걸 틀어서 거기에다 동작을 하나씩 하나씩 맞춰서, 원하는 느낌을 낼 수 있게 해주죠. 그렇게 해주고 다시 본론으로 돌아와요. "자, 이게 아까 했던 그 느낌이야." 이런 식으로 하면 많이 도움이 되죠. 그래도 이해를 못한다? "연습해." (웃음) 그리고 모르겠으면 다시 오라고 하죠.

지금까지 만든 안무 대부분이 대개 여성 가수들 안무였던 걸로 알고 있어요.
여성 가수들 안무가 자주 들어오더라고요. 남자들 같은 경우에는 레슨을 했었죠. 그러고 보니 남자 그룹 안무는 저한테 딱히 들어온 게 없었던 것 같네요. 개인적으로는 딘Dean 씨나 주영 씨와 일해보고 싶어요. 제가 좋아하는 남성 아티스트와 함께 해보고 싶죠. 그런데 그쪽은 스트리트 댄서 분들과 함께 하거나, 이미 맡고 있는 다른 팀이 있더라고요.

어떤 남자 세 명

"양현석 대표님을 보면서 '와, 저렇게 춤출 수도 있구나' 생각했어요."

처음에 어떻게 춤을 추게 되신 건지 궁금했어요.

어릴 때, 동생이랑 단둘이 있을 때가 많았거든요. 오빠는 매일 친구들이랑 놀러나가고, 엄마랑 아빠는 직장을 다니셨어요. 그러던 어느 날엔가 동생이랑 TV를 보고 있었는데, 무대에서 어떤 남자 세 명이 길고 긴 계단을 "난 알아요!" 하면서 내려오더라고요(웃음). 서태지와 아이들이었죠. 그 모습을 보고 정말 놀란 거예요. 현재 양현석 대표님을 보면서 '와, 저렇게 춤출 수도 있구나' 생각했어요. 결국엔 동생이랑 같이 그 춤을 따라 추기 시작했죠. 학교 다닐 때는 카세트에 테이프 꽂은 다음에 뒤뜰에서 혼자 췄고요. 지금 생각해보면 진짜 웃기네요. 아무튼 그때부터 꿈이 이거였어요. '나도 저 사람들처럼 춤추는 사람이 되어야지.' 댄서라는 생각을 구체적으로 한 건 아니었고, 그렇다고 가수도 아니었고요. 그냥 춤추는 사람이 되고 싶다고 생각했죠. 솔직히 제가 노래는 못했어요.

그럼 댄서 일은 어떻게 시작하신 거예요?

초등학교 때, 옆 골목에 굉장히 친한 친구가 있었어요. 그 친구랑 항상 춤추며 놀러 다녔는데, 중학교에 올라가서는 방법을 영 모르겠더라고요. 그저 복도에서 되는대로 연습했어요. 그러다 하루는 무용 선생님이 제 꿈이 뭔지 물어보시더라고요. 춤추는 사람이 되고 싶다고 했더니, 선생님께서 팀을 한번 만들어보라고 권하셨어요. 그래서 진짜로 댄스 팀을 만들었고, 대회에 나가서 동상까지 받았어요. 그때 허니패밀리가 심사위원이었는데(웃음). 재미있는 기억이죠. 의상도 저희가 만들었어요. 사실 아빠가 옷 만드는 분이었거든요. 아빠가 도와주신 것 외에도 저희끼리 동대문에 가서 단을 떼어온 다음에 무대 의상을 만들어 입었죠. 그게 시작이었던 거예요. 그 뒤로 동대문 밀리오레, 두타 등을 다니면서 계속 무대에 섰어요. 거기 하우신(댄스 팀 프리픽스 리더)이라는 분이 있는데요. 하우신 오빠를 만나면서 본격적으로 춤을 추기 시작했어요. 기본기부터 배웠죠.

자연스럽게 직업으로 삼게 되셨겠네요.

그렇죠. 방송 팀에 들어가게 되고, 엄마 아빠한테 맞고(웃음). 새벽까지 춤 연습을 하고, 학교 갈 시간에 들어와서는 애가 옷만 갈아입고 가니까 이해가 안 되셨을 거예요. 안 그래도 공부 못하는 애가 뭐가 되려고 저러나? (웃음) 진짜 많이 혼났어요. 교복도 다 찢어졌고. 가지 말라고.

생각보다 엄청나셨네요.
그랬는데, 집에 와서 보니까 비디오테이프가 있더라고요. 한창 녹화해놓고 보고 그랬었거든요. 거기에 제가 있었어요. 알고 보니 아빠도 방송에 나온 제 모습을 녹화해두고 계셨더라고요. 막 혼을 내놓고서도 나중에 제가 나온 걸 틀어서 보셨던 거죠.

진짜로 교복 입고 방송국으로 바로 출근하셨고요?
네. 그러다가 팬인 줄 알고 잡히고. "저 진짜 댄서예요!" 이러면 그쪽에서 웃기고 있다고 그러는 거예요. 그래서 스태프 분께 전화해서 "언니, 저 잡혔어요" 하면 언니가 나와서 절 데려갔죠. 당시에는 생긴 것도 그냥 학생 같았거든요. 살도 많이 찐 상태였고요.

안무 팀을 하다 보면 레슨도 하게 되잖아요. 첫 레슨은 어쩌다 시작하셨어요?
맨 처음에 들어갔던 팀에서 오래 있었는데, 어린 나이에 정말 입에도 담기 어려운 언어폭력을 많이 당했어요. 제가 생긴 건 이래도 마음이 여려요(웃음). 무릎도 당시에 나갔죠. 몸이 너무 아픈 상황인데도 불구하고 계속 일을 시키는 거예요. 보수는 타당하지도 않고요. 한 달 내내 계속 무대를 돌아요. 하루에 하나를 하는 게 아니라 하루에 세

개, 네 개씩 밤무대까지 보내고 그래요. 아직 저는 중고등학생이었
고, 팀에서 막내였거든요. 돈이 안 되니까 막내인 저를 막 돌린 거죠.
어느 순간에 '이건 진짜 아니다' 싶더라고요. 결국 팀에서 나와버렸
는데, 그 뒤로 집안 사정이 상당히 안 좋았어요. 아빠가 뺑소니 교통
사고를 당하셔서 정말 힘들었죠. 옥탑방으로 세 식구가 한꺼번에 이
사를 했어요. 돈을 벌어야겠다는 생각이 들어서 여러 가지로 노력을
했는데 힘들더라고요. 제가 하고 싶은 일이 아니었으니까요. 호프집
에서 뻥튀기 나르면서 '지금 이게 뭐하는 짓이지?' 이런 생각도 들고.
단골손님들에게 수모도 많이 당했어요. 한참 그러다가 결국에는 다
시 춤을 추기 시작했죠. 그런데 저 무슨 이야기했죠? 제가 이렇게 삼
천포로 잘 빠져요.

레슨을 어떻게 시작하게 되셨는지 여쭤봤어요.
당시에 사귀던 남자친구가 팀을 소개시켜줬어요. 이런 댄스 팀이 있
는데 한번 들어가보는 게 어떻겠냐고. 잘할 거라고요. 그래서 그 팀
에 들어갔고, 거기서 레슨을 하게 해주신 거죠. 아이비IVY 언니도 그
때 만났어요. 쭉 개인레슨을 하게 되면서 그 팀에서도 나왔죠. 점점
일이 들어오더라고요.

처음에 누구 레슨했는지 기억나세요?
제일 처음이요? 주영훈님 와이프 되시는 분 아시죠? 그분이 원래 가

수였던 거 아세요? 그분이랑 같이 듀엣을 했던 언니가 있어요. 근영 언니라고. 그분 레슨을 맡았었거든요. 언니가 저와 나이 차이가 굉장히 많이 나는데도 불구하고 정말 잘 챙겨주셨어요. 아직도 기억해요. 그만큼 좋아했던 언니예요.

지금은 이쪽 일을 안 하시고 계신 거죠.
네, 안 해요. 연락이 두절됐어요.

오랫동안 많은 팀을 거쳐 오셨어요. 레슨 경력으로 보자면, 또 다른 아이돌들도 많이 하셨을 것 같은데요.

❺ **SM루키즈**SMROOKIES SM 엔터테인먼트에서 소속 연습생 들 중 일부를 택해 일종의 프리 데뷔pre-debut조로 꾸려 공개하는 팀이다. 레드벨벳Red Velvet, NCT 멤버들 중 다수가 SM루키즈 출신이다.

❻ **엑소**EXO 수호, 찬열, 카이, 디오, 백현, 세훈, 시우민, 레이, 첸으로 이루어진 9인조 남성 아이돌 그룹이다. 2012년 첫 번째 미니 앨범 《MAMA》로 데뷔했으며, 당시에는 12인조였다. 멤버들은 한국을 기반으로 활동하는 엑소-케이 EXO-K와 중국을 기반으로 활동하는 엑소-엠 EXO-M으로 나뉘어져 K, M 개별 활동과 엑소 완전체 활동을 병행했다. 중국인 멤버 크리스. 루한, 타오가 탈퇴해 현재는 9인조로 활동 중이다. 제28, 29, 30, 31회 골든디스크 어워즈 음반부문 대상, 제23, 24, 25, 26회 하이원 서울가요대상 대상 등을 받았고, 이로써 엑소는 두 시상식에서 국내 최초 4연속 대상을 수상한 그룹이 되었다.

SM 엔터테인먼트가 유독 재미있어요. 크리스탈이 있고요. SM루키즈❺ 중에도 있어요. 남자애들 중에 지금 엑소❻ 찬열 CHAN YEOL이가 가장 기억나요. 진짜 어릴 때부터 봤으니까. 요즘 보면서 '많이 컸다. 어유, 잘 컸다' 하죠(웃음).

찬열 씨와 있었던 에피소드 중에 특별히 기억나는 것 있으세요?
찬열이가 스트레칭을 정말 힘들어했어요. 스트레칭만 하면 얼굴이 새빨개져선

"쌤, 쌤, 죽을 것 같아요!" 그랬죠. 지금은 춤이 정말 많이 늘었어요. 대단해요.

또 다른 분들이 있다면 말씀 부탁드려요.

아까 말씀드렸던 아이비 언니나 길건 언니도 있어요. 씨스타❼ 효린 Hyolyn, 제시카, 현아❽, 지나G.NA···.

레슨을 할 때, 춤을 가르쳐주는 것 외에도 특별히 이야기하는 부분이 있나요?

딱히···. 다른 요소보다는 춤 자체에 먼저 포커스를 맞추려고 하죠. 왜냐면 아이들마다 성격이 다 다르니까요. 가르치다보면 내 의도와는 다르게 가는 부분이 있을 수도 있어요. 그래서 이 친구들이 처음에 춤을 배우려고 하는 의도와 배우려고 하는 춤이 무엇인지 물어봐요. 수업의 방향성에 대해 가장 많은 생각을 하게 되죠.

혹시 춤 장르 중에서 개인적으로 계속 공부했던 부분이 있는지.

탭 댄스요. 피터라고, 탭으로 되게 유명했던 친구가 있어요. 그 친구한테 탭을 배웠고요. 아직까지 활동하는 댄서 중에 효재라는 친구가 탭을 하고 있거든요. 효재한테도

❼ **씨스타**SISTAR 효린, 보라, 소유, 다솜으로 구성된 4인 조 여성 아이돌 그룹이다. 2010년 싱글《Push Push》로 데뷔했으며, 2016년 제30회 골든디스크 어워즈 디지털음원부문 본상을 수상했다. 2017년 6월에 공식 해체했다.

❽ **현아**HyunA 2007년 원더걸스로 데뷔했다. 이후 원더걸스를 탈퇴하고, 2009년 그룹 포미닛4MINUTE으로 새로운 그룹 생활을 시작했다. 2010년《Change》, 2011년《Bubble Pop!》, 2014년《A Talk》, 2015년《A+》, 2016년《Awesome》등 여러 차례 솔로 앨범을 발표했으며, 전 비스트 멤버 장현승과 함께 트러블메이커로 활동하기도 했다. 현아가 속해 있던 포미닛은 2016년 공식 해체했다.

느낌을 쉽게 이해하기 어려운 동작을
가르쳐주면 일단은 받아들이기 힘들어하죠.
그럴 땐 아예 네가 좋아하는 노래가 뭐냐고
물어봐요.

그걸 틀어서 거기에다 동작을 하나씩 하나씩
맞춰서, 원하는 느낌을 낼 수 있게 해주죠.
그렇게 해주고 다시 본론으로 돌아와요.
"자, 이게 아까 했던 그 느낌이야."

한 번씩 배우고 그랬었어요. 탭슈즈도 집에 있어요. 못한 지 굉장히 오래되긴 했는데, 그냥 운동화 신고 있어도 한 번씩 추긴 해요. 그걸 좀더 배워보고 싶기도 하고.

그러면 안무를 처음 제작하신 건 언제예요?

EXID❾의 〈I Feel Good〉을 했어요. 아, 그게 처음은 아니구나. 에프엑스 〈Hot Summer〉를 하긴 했었는데, 이건 제가 안무를 만든 게 아니에요. 일본 안무가 리노 나카소네❿ 씨가 보낸 시안을 제가 외워서 조금 수정을 보면서 가르친 거죠. 태티서 Girl's Generation-TTS 〈Twinkle〉은 안무 제작에 제가 참여했고, 그 외에는 소녀시대가 찍은 피자 CF 안무를 짰고요. 그러다가 EXID 안무에 본격적으로 들어갔죠.

가장 아끼는 작품과 가장 아쉬운 작품이 있다면요.

다 아끼는데? (웃음) 제일 아쉬운 건 〈Twinkle〉이에요. 정말 아쉬워요. 처음 짰던 느낌이랑 다르게 나와서요. 그리고 애착 가는 건 정말 많은데 제가 짠 안무들 다? 근데 단점이 뭔지 아시죠? 잘 잊어버린다는 거.

❾ EXID 이엑스아이디는 LE, 정화, 하니, 솔지, 혜린으로 구성된 5인조 여성 아이돌 그룹이다. 2012년 디지털 싱글 《HOLLA》로 데뷔했다. 데뷔 당시에는 6인조였으나 유지, 다미, 해령이 탈퇴하고 새 멤버 솔지, 혜린을 영입하며 5인조로 재편됐다. 〈위아래〉 공연하는 멤버 하니의 모습이 담긴 직캠이 큰 화제를 낳은 뒤 본격적으로 인기 걸그룹 반열에 올라섰다.
❿ 리노 나카소네 なかそねりの, Rino Nakasone 동방신기, 소녀시대, 샤이니, f(x) 등의 안무를 제작한 일본의 안무가이다. 과거 자넷 잭슨 Janet Jackson, 브리트니 스피어스 Britney Spears 등의 백업 댄서로 활동하다 2010년 그룹 푸시캣 돌스 The Pussycat Dolls 멤버가 되었다. 일본 아이돌 그룹 AKB48, SMAP 등의 안무를 제작하기도 했다.

시안비

"아직도 모든 회사가 다 챙겨주지는 않아요."

시안 얘기를 좀 더 해봤으면 해요. 예전에 시안으로 보냈는데 채택되지 않은 안무가 있었고, 그게 해당 아이돌 그룹 안무에 비슷하게 들어가 있는 모습을 봤다고 하셨는데요.

어쩌면 이런 걸 수도 있죠. 그쪽에서 제 안무 시안을 봤잖아요. 보고 무의식중에 비슷하게 나왔는데 하필 너무 똑같았던 거죠(웃음). 그쪽이 의식한 건 아닐 테지만 제 기분은 상하고…. 그런데 어디다가 말도 못하고.

한 팀을 진행하면서 다른 회사에 시안을 보내는 경우도 있으신가요?

그렇죠. 의뢰가 들어오니까요.

그럼 시안비는 어떻게 책정되나요?

솔직히 시안비라는 걸 받기 시작한 지도 얼마 안 됐어요. 그전에는 시안비라는 걸 아예 받아보지 못했죠. 아직도 모든 회사가 다 챙겨 주지는 않아요. 그런 경우에는 안무가가 자기 안무비에서 댄서들 페이를 떼주는 거죠. 예를 들어서 한 그룹이 다섯 명이다, 그렇게 시안을 빼달라고 부탁 받았어요. 그러면 댄서도 다섯 명 필요하겠죠. 이 친구들 페이를 뺀 게 제 안무비인 거예요. 그런데 정말 다들 너무한 게, 그런 부분은 생각도 안 하고 그냥 시안 보내는 게 다인 줄 알더라고요. 그리고 당연히 시안비에는 안무비만 포함이 될 거라고 생각을 하고.

나머지 댄서 분들은 생각하지 않고요.
왜 그렇게 되는지 솔직히 모르겠어요. 외국의 경우에는 아예 그 친구들이 서류를 작성해서 보내요. 댄서들의 페이를 일일이 계산해 넣어서 시안비를 책정하죠. 그런데 외국에서 안무 팀에 시안을 맡기는 경우엔 그게 시안이라기보다는, 거의 그 사람의 안무를 쓴다고 보면 돼요. 하지만 한국은 좀 달라요. 시안이 채택되지 않는 경우도 있죠. 게다가 시안비 자체에 모든 댄서들의 페이가 들어 있고. 안무가의 안무비 더하기 댄서들의 페이인 셈이죠. 여기에 시안비 적정선도 있더라고요.

암묵적인 기준이 있다는 거죠?

제가 그 적정선을 한번 넘게 불렀었죠. 멤버 인원수가 많은 그룹이었거든요. 금액을 이야기했더니, 어느 날 보니까 다른 팀에서 그 아이돌 그룹의 안무를 맡았더라고요. 뭐, '내 거가 아니었구나' 이러고 말죠.

그래도 시안비가 나오는 게 다행이라면 다행이네요.
예전에 시안비를 받기 위해서 한 회사에 연락을 했었어요. 정말 유명한 회사였어요. 모두가 다 알만 한 그런 기획사였죠. 시안 의뢰가 들어와서 찍어 보냈는데, 그다음부터 연락이 안 되는 거예요. 심지어 아는 사이인데요. 전화를 계속하고 문자를 계속 보냈는데 답이 없었어요. 전화를 계속 안 받으니까 나중에는 너무 화가 나는 거예요. 벌써 한 달이 됐는데, 어찌 되었건 저는 이 친구들의 시안비를 받아주기 위해서 총대를 메야 하는 상황이고요. 그런데 이렇게 대놓고 연락을 안 받아버리니 당황스럽더라고요. 아니면 '죄송하다. 지금 시안비를 드릴 수 없을 것 같다. 조금만 기다려달라' 이렇게 문자라도 주던가. 그러면 계속 기다려줬을 텐데, 아무 연락도 없이 그냥 무시하는 거예요.
그러다가 어느 날 그쪽에서 전화를 문자 메시지로 돌렸어요. '회의 중입니다'가 날아왔죠. 너무 화가 났어요. 결국 참고 참다가 다시 문자를 드렸죠. '진짜 너무 하시는 거 아니냐'고 보냈는데도 답이 없어요. 그래서 제가 '당황스럽다 못해 어이가 없습니다'라고 보냈더니 그제야 연락이 오더라고요? 저보고 자기가 사람을 잘못 봤대요. 어이없다는 이야기를 들어서 기분이 상한대요. 나중에 이 사람들은 또 나란 사람에 대해서 자기들이 말하고 싶은 대로 말하고 다닐 것 아닌가요. 그렇게 이야기해버리니 저도 진짜 화가 나죠. 거기다 대고 제가 뭐라고 그랬냐면요. 싸우자고 연락한 것도 아니고, 댄서들의 페이를 지급해줘야 하는 의무가 있다고 했죠. 모든 걸 제가 정리해줘야 하는 상황인데, 연락을 무책임하게 받지 않아버리는 상황이니 저도 그렇게 이야기할 수밖에 없었다고요. 그러니 전화가 와서 오늘 부쳐주겠다고 계좌번호 보내라고 하더군요. 그 뒤로도 며칠 못 받았어요. 정말 대단하지 않습니까? 저는 제가 그런 식으로 돌려받을지 몰랐어요. 사람 잘못 봤다는 이야기를 들으면서까지.

그 시안은 안 썼나요?

그날 전화가 와서 한다는 이야기가, 타이틀곡이 바뀌었대요. 그러면 미리 저에게 이야기를 해줬으면 좋았을 것 아닌가요. 지금 회사에서 회의 중이고, 타이틀이 바뀔 건지 안 바뀔 건지 아직 몰라서 그러니 조금만 기다려달라고요. 연락을 무작정 피하는 게 다가 아니잖아요.

이런 일을 겪다보면, 소속사에 들어가서 전속 안무가로 일하고 싶다는 생각을 할 때도 있을 것 같아요.

그런 생각은 예전에 많이 했죠. 그런데 전속 안무가 겸 트레이너가 되면 회사 일 말고 다른 일은 할 수 없게 되는 거니까, 그 부분이 아쉽더라고요. 제의도 여기저기서 많이 받았는데, 이런 이유로 혼자 일하고 있죠.

대신 에이전시와 계약을 하신 거고요.

네. 회사가 저런 상황에서 방패가 되어주더라고요. 이전까지는 제가 총대를 메는 경우가 대부분이었는데, 이제는 그렇게까지 하지 않아도 되는 상황이 된 거죠. 여태까지는 아무도 제 방패가 되어준 적이 없었으니까.

대기실=돗자리

"저는 방송국 가면 대기시간에 되도록이면 집에 갔다 와요."

아직도 음악방송 현장에 가면 댄서 분들이 대기실에 없고 돗자리 혹은 복도에 앉아 계시잖아요.

맞아요. 그런 것들 사진 찍어서 올리고 싶었어요. 근데 누가 올렸던 걸로 알고 있는데.

올리긴 올리는데, 그럼에도 불구하고 그런 문화가 잘 안 바뀌더라고요.

왜 그럴까요? 정말 왜 그럴까…. 돗자리가 참. 그래서 저는 방송국 가면, 대기시간에 되도록 집에 갔다 와요. 아예.

그런데 그것도 집이 가까워야 해결 가능한 일이니까.

그렇죠. 만약 그렇게 딴 데 갈 거 아니면 숨어 있어요. 왜냐하면 저희도 잠을 못 잤잖아요. 연예인들은 본인 차가 있고 대기실도 있지만 저희는 그렇지 않으니까.

대기할 공간이 없다는 게…. 진짜 부당하고 또 불쾌하다고 느낀 경험도 있을 것 같아요.
많은 댄서들이 느끼는 슬픔일 거예요.

안무에 대한 저작권 개념도 너무 없지 않나 싶어요.
그것 때문에 한국안무협회❶가 생겼잖아요. 그런데 여기도 아직 생소하죠. 이제 시작이니까요. 저작료 지불 기준이 어떻게 되는지도 정확히 모르고요.

안무가 개인이 직접 자기 프로필을 등록해야 하나요?
네. 직접 올려야 해요. 아직까지 이용해본 적이 없는데, 해야 한다는 생각은 갖고 있어요. 일단 음악 같은 경우에는 노래방에서 그 곡을 부르면 거기에 대한 페이가 나오는 거지만, 안무는 어디서 어떻게 쓰는지도 모르고…. 물론 지금은 일부 학원들에게서 저작권료를 한 꺼번에 받은 뒤에 나눠주기도 한다고는 들었어요. 그런데 자세한 건 여전히 잘 모르겠더라고요. 언제쯤이면 좋아질 건지….

아직도 당연히 받아야 될 부분을 못 받는 게 현실인건

❶ **한국안무협회**KCNCA 민법 제32조 및 저작권법 제105조에 근거, 안무가들이 안무 창작물 권리를 지키고자 서울특별시와 문화체육관광부가 손을 잡고 만든 사단법인이다. 2014년 11월에 출범했다. (한국안무가협회 홈페이지, http://kcnca.co.kr 참조)

가요?

네. 진짜 신기할 정도로 페이가 너무 안 나와요. 안 나와도 제일 안
나오는 게 댄서 페이죠. 어떤 분이 이야기해주시길, "댄서 페이는 제
일 나중에 줘도 돼" 그런대요. 먼저 챙겨줘야 하는 게 헤어, 메이크
업, 스타일리스트…. 이런 순서가 있더라고요. 왜 굳이 그렇게 정해
져 있는 건지 모르겠어요. 제 생각에는 댄서 분들 중에 공부하는 분
들이 늘어나는 것도 그래서인 것 같아요. 덕분에 선생님, 교수님들
도 많아졌고요.

오로지 사람

"여기저기서 좀 찾아주고, 자주 불러주면 좋겠어요."

지금까지 활동해오면서 원동력이 되어준 것들이 있다면요?

사람이요. 그냥 힘이 되었던 것도 그렇고, 아팠던 것도 그렇고. 아팠던 건, 마음이 아프고 머리가 아프고…, 그런 모든 게 포함되겠죠? 다 사람이었던 것 같아요. 딱 그 단어 하나인 것 같아요.

앞서 힘들었던 순간도 있었고 잠깐 쉰 적도 있었다고 하셨는데, 지금은 몸이 괜찮으신가요?

고등학교 때 무릎이 안 좋아서 수술을 해야 하는데 결국 못 했어요. 그게 아직까지 계속 아픈 부위로 남아 있죠. 목디스크랑 허리디스크가 있는데, 주사 맞으면서 그냥 그런 채로 지내고 있고(웃음). 요즘은 나이가 드니까 조금만 스트레스 받아도 위가 그렇게 아프더라고요. 얼마 전에는 급성위염이 온 거예요. 계속 속을 게워내고 갔더니, 의

사 선생님 말씀으로는 이게 스트레스와 연관이 없다 얘기할 수가 없
다고…. 조금 편하게 쉬고 잠을 자라고 하시는데, 결국 3일 누워 있
었어요. 제시카 컴백할 때 V LIVE❷ 방송을 아예 못 갔죠. 팀원 네
명만 보냈어요. 이제 건강은 스스로 잘 챙겨야죠.

그럼 쉬고 나서 다시 시작한 팀이 오마이걸인 거네요.
네. 좀 많이 아프고 정신 놓고 있다 보니 내가 계속 춤을 춰야 하나
말아야 하나 싶더라고요. 왜냐하면 몸도 몸이고, 일단 몸이 아프면
병원을 가야 하는데 병원비가 없는 거죠. 건강보험료를 내야 하는
데 돈을 못 내고, 밥 사 먹을 돈도 없고, 교통비도 없으니 걸어 다니
고…. 그러면서 오만가지 생각을 다했거든요. 그런데 정말 하늘에서
빛이 촤악, 밧줄이 촤악, 오마이걸이 촤악(웃음). 재혁 PD님이 제게
손을 촤악. 그러면서 다시 시작했죠.

**과거보다는 사람들 사이에서 '춤' 자체에 대한 인식이 좋아졌잖아요. 아카데미
도 많이 생기고요. 댄스 아카데미 수업은 계속 하고 계세요?**
수업은 계속 하고 싶어요. 좀 많이 불러주셨으면 좋겠어요. 그리고
그분들이 절 아는 선에서 끝내지 마시고, 아
직 수면 위로 나오지 않은 친구들까지 많이
불러주셨으면 좋겠죠. 유명하지 않지만 잘
하는 사람들이 정말 많아요. 물론 저부터 잘

❷ **네이버 V LIVE** 2015년부터 포털사이트
네이버NAVER에서 시작한 셀럽 실시간 라이
브 방송. V LIVE앱을 통해 볼 수 있으며, 전
세계 동시 시청이 가능해 팬들로부터 큰 호
응을 얻고 있다. 무료로 시청할 수 있으나,
V LIVE 플러스 코너는 유료 서비스로 제공
된다.

해야겠죠. 저도 그랬으면 좋겠어요. 여기저기서 좀 찾아주고, 자주 불러주면 좋겠어요.

예전에는 우리가 흔히 말하는 '방송댄스'라고 해서, 커버 댄스 같은 분야가 있었 잖아요. 요즘에는 많이 바뀌었더라고요. 댄스 수업을 위한 안무도 생겨나고, 커 버하는 식으로 가면서 새로 안무를 더하는 경우도 있고요. 그런 작업도 하세요?

네. 특히 학원 수업 같은 경우에는 제 안무로만 진행해요. 제가 머 리가 나빠요. 만든 안무도 바로 잊어버린다고 이야기를 했잖아요(웃 음). 그래서 안무 따는 건 진짜 못하겠어요. 우선 남의 안무 따는 걸 못하니까, 차라리 내가 안무를 짜서 내 안무로 가르치는 거죠. 그걸 로 그들이 오디션을 보든 어쨌든, 저는 그렇게 하는 게 더 좋거든요. 예전에 알던 댄서 동생이 있는데, 저는 그 동생을 '캠코더'라고 했어 요. 그냥 눈으로 바로 찍어서 자기가 추더라고요. 눈으로 찍고, 한 번 보자마자 딱 추고. '와, 이런 천재가 다 있나?' 했죠. 그렇다고 춤 을 못 춰? 아니죠. 춤도 정말 잘 춰요. 단점은 키가 작았다는 건데… (웃음). 농담이에요. 저도 키 작은데요. 그런 건 상관없죠. 어쨌든 그 친구를 보면서 많이 부러웠어요. 나도 저렇게 바로 멀티 플레이어가 되면 좋겠다는 생각을 했죠.

본인의 안무를 보고 사람들이 어떤 생각을 하길 바라나요?

〈Closer〉 하고 가장 많이 들었던 칭찬 중에 첫째가 '선이 예쁘다'는

애기였고요. 다음이 '노래와 잘 어울린다' 그리고 '다른 안무와 다르
다'였어요. 이 셋 중에 가장 좋았던 건 역시 다르다는 말이었어요.
"다른 안무와 달라서 좋았어. 그런데 정말 네 것 같더라." 이 칭찬이
정말 행복했어요. 계속 그런 이야기가 듣고 싶어요.

**누구에게든 '본인만의 것'을 갖는다는 게 쉬운 일은 아닐 것 같거든요. '이게 내
거야'라는 걸 보는 사람으로 하여금 느끼게끔 만드는 게 쉽지 않다는 거죠.**
그 욕심이 생기더라고요. 욕심이 안 생긴다고 하면, 그건 거짓말인
것 같아요. 진짜로. 아니라고 할 사람이 있을까요? 가수들도 그렇잖
아요. 안무가들도 마찬가지죠. 분명 어떠한 위치로 올라가다 보면
더 강렬한 성취감을 원하게 될 텐데, 그 과정에서 저도 저만의 색깔
에 대해서만큼은 욕심이 생길 수밖에 없는 것 같아요.

아이돌 그룹 안무 이외에도 만들어보고 싶은 안무가 있나요?
연극이나 뮤지컬 안무를 해보고 싶어요. 감정이 풍부하게 담긴.

이 일을 하고 싶어 하는 사람들에게 하고 싶은 말이 있으실 것 같은데요.
주변 분들이나 한두 번씩 봤던 분들이 상담을 요청할 때가 있어요.
"춤을 추고 싶은데 돈이 되나요?" 첫 질문이 이거예요. 그다음에 "제
가 집에서 지금 위치가 이렇고, 형편은 이래요"라고 쭉 말씀하시죠.
물론 당당하게 얘기해줄 수 있어요. 당장 돈이 되는 건 말이 안 되지

만, 언젠가는 될 수도 있다고요. 사실 처음이라면 큰돈을 벌 수 없는 게 맞죠. 스타일리스트 분들도 그렇잖아요. 일반적인 직장도 그렇고요. 일단 열심히 하다 보면 수입이 늘어나는 것 아닐까요? 제가 겪었던 상황도 솔직하게 말씀드리는 편이에요. 1년 전만 해도 굉장히 힘들었다고요. 지금 모습만 본다면 제 상황이 좋아 보일 수 있겠지만, 당장 겉모습만으로 모든 걸 판단할 수는 없다고 조언하죠.

돈을 생각한다면, 춤을 시작하지 않으면 좋겠어요. 그냥 정말 좋아서 시작을 한다면 '강추'죠. 하지만 금전적인 이득을 생각하고 온다면 '비추'예요. 덧붙이자면 본인의 능력도 능력이지만, 일하면서 맺는 인간관계를 보면 돈이 되고 안 되고의 여부가 판가름 나는 거라고 말씀드릴 수 있을 것 같아요.

적어도 춤을 출 때, 우리가 생각하는 '전공'은 중요하지 않은 거네요.
그럼요. 다만 기본기를 어떻게, 얼마나 제대로 배웠느냐가 중요한 거죠.

자신의 안무에 담고 싶은 특별한 가치가 있을 것 같아요.
제 안무 안에 모든 감정이 담겨 있었으면 좋겠어요. 사람들이 좋은 노래를 들으면 감정에 북받쳐서 마치 이 노래가 자기 노래 같다고 느끼면서 울잖아요. 똑같이 그럴 수 있으면 좋겠어요. 제 안무를 보고 그런 벅찬 감정이 느껴진다면 좋겠죠. 내가 느끼는 이 감정 모두를 표현할 수 있다면…. 춤이 '보는 음악'으로 느껴졌으면 해요.

그렇게 다가왔던 작품이 있나요?

'SYTYCD Season 5 Kayla Kupono Contemporary Gravity Addiction'라는 제목의 동영상이에요. 보고 굉장히 많이 울었어요. 처음 이 곡을 들었을 때는 영어 가사를 모르니까 '대체 이게 뭘 표현하는 거지?' 싶었거든요. 그런데 이들의 표정, 동작을 보니 감정이 모두 느껴지는 거예요. 그 공허함과 숨 막히는 공기 같은 것들이. 그래서 같이 울 수 있었던 것 같아요.

작곡가 겸 프로듀서
범주

누소울 Nusoul 이라는 이름으로
언더그라운드에서 노래를 시작했다. 이후
Mnet 〈슈퍼스타 K4〉에 출연해 대중에게
'계범주'라는 이름을 알렸다. 현재는
플레디스 엔터테인먼트 소속
가수 겸 작곡가, 프로듀서로 활동하고 있다.
애프터스쿨, 오렌지캬라멜, 뉴이스트,
세븐틴 등 플레디스 엔터테인먼트 소속
아티스트들을 위해 곡을 쓰고 프로듀싱을
하며, 블락비, 종현 등과도 함께 작업했다.
세븐틴 〈아낀다〉〈예쁘다〉〈아주
NICE〉〈붐붐〉〈울고 싶지 않아〉,
뉴이스트 〈Love Paint〉〈여왕의 기사〉,
애프터스쿨 〈화장을 하다 울었어〉,
프리스틴〈WEE WOO〉〈WE LIKE〉
외 다수 곡의 작사 및 작곡에 참여.

"아이돌
리시를
앨범에
담는 법"

Songwriter · Producer
Bum Zu

interviewee
Bum Zu

가수, 작곡가, 프로듀서.
범주를 이야기할 때 주어지는 선택지는
세 가지 정도다.
그러나 이 모든 것을 포괄하는 선택지를
하나 더 제시한다면,
그것은 이제 막 도약을 시작한 '젊음'이다.
무대에 서는 황홀함에 젖어 있던
20대 초반의 청년이 이제는 무대 뒤에서
강한 짜릿함을 느끼고 있다.
그래서다.
녹음실 구석구석 숨겨놨던 파릇한 에너지를
아이돌 그룹에게 탈탈 쏟아 붓는 까닭.
범주는 오늘도 반짝이는 음악을 쓰면서 소망한다.
젊으니까,
우리 모두 함께 빛났으면 좋겠다.

한영애 밴드

"제가 배운 건 음악을 하는 태도, 음악 하는 사람들을 존중하는 태도였어요."

이 많은 아이스 커피를 혼자 드신 거예요?

아니에요. 워낙 들락날락하는 애들이 많아서…. 와서 녹음하고 그러다가 죄다 놓고 가요. 과자에 자기들 가방에, 아주 여기가 창고예요. 세븐틴❶과 뉴이스트❷의 합작품인데, 이제는 플레디스 걸즈❸까지 오기 시작했어요. 아휴.

정말 어마어마한 숫자가 동고동락하는 곳이네요. 사실 처음에 언더그라운드에서 활동할 때만 해도 아이돌 그룹과 함께 작업하게 되실 거라곤 상상을 못했던 게 사실이에요. 게다가 Mnet

❶ 세븐틴SEVENTEEN 에스쿱스, 정한, 조슈아, 준, 호시, 원우, 도겸, 민 규, 디에잇, 승관, 버논, 디노, 우지로 구성된 13인조 남성 아이돌 그룹이다. 2015년 미니 앨범 《17 CARAT》으로 데뷔했다. 세븐틴이라는 팀명은 '13명의 멤버가 3팀[힙합, 보컬, 퍼포먼스]으로 함께해 1개의 완전한 팀이 된다[13+3+1=17]'는 의미를 담고 있다.

❷ 뉴이스트NU'EST JR, Aron, 백호, 민현, 렌으로 구성된 5 인조 남성 아이돌 그룹이다. 2012년 첫 번째 앨범 《FACE》로 데뷔했다. 2017년에 다시 연습생 신분으로 돌아가 Mnet 〈프로듀스 101〉 시즌2에 참가해 화제가 되었고, 멤버 민현이 워너원WANNA ONE 멤버로 합류하며 잠시 팀을 떠나 있게 되면서 4인조 유닛 뉴이스트W로 활동하고 있다.

❸ 플레디스 걸즈PLEDIS GIRLZ 강경원, 강예빈, 김 민경, 김예원, 박시연, 배성연, 임나영, 정은우, 주결경, 카일라 10인으로 구성된 플레디스 엔터테인먼트 소속 여성 프리 데뷔pre-debut 그룹이었다. Mnet 〈프로듀스 101〉에 출연했던 연습생 7인, 당시 방송에 공개되지 않았던 연습생 3인이 포함돼 있다. 2016년 프리 데뷔 싱글 《WE》를 발표했다. 플레디스 걸즈는 2017년 3월 프리스틴PRISTIN으로 정식 데뷔했다.

〈슈퍼스타 K4〉에 출연했을 때에도 아이돌과는 전혀 관련 없어 보였고.

〈슈퍼스타 K4〉도 우연찮게 나간 거였어요. 그전에 Mnet 〈쇼 미 더 머니Show me the money〉에서 주석 형 피처링featuring을 하면서 무대에 섰고, 그 이후에 섭외전화 비슷한 걸 받았죠. "한번 나와 볼래요?" 하셔서 제가 그랬어요. "아뇨. 저 언더그라운드인데요."(웃음) 그때는 소위 '언더 부심'을 부리던 때였죠. 그런데 문득 그런 생각이 들더라고요. "아, 저기 출연하면 굉장히 재미있을 것 같은데? 한번 붙어? 그럴까?" 스물두 살 때니까 패기 넘치는 나이잖아요.

그럼 한영애 〈누구 없소〉를 부르게 된 특별한 이유라도?

제가 한영애 밴드 출신이거든요. 한영애 선생님은 '선생님'이라는 호칭을 안 좋아하셔서 저희가 '나무님'이라고 불렀어요. 아무튼 그때 나무님께서 듀엣 무대도 서게 해주시고, 그분 밑에서 백업 코러스를 하면서 차근차근 음악을 배웠어요. 덕분에 영향을 많이 받았죠. 저는 나무님 무대 하시는 걸 항상 뒤에서 보고, 합주도 매번 했잖아요? 곁에서 보니 정말 멋진 분이신 거예요. 나무님 모습을 저에게 담고 싶더라고요. '아, 진정 예술하는 사람이라면 저런 모습이겠구나…' 사람의 형상을 한 예술의 신 같은 느낌이었어요. 그러다가 〈누구 없소〉란 노래를 무척 좋아하게 됐고, 자연스럽게 부르게 됐죠. 저는 〈누구 없소〉가 오리지널로 부르는 모습을 항상 보고 살았잖아요. 방송 나온 걸 따로 말씀 드리지 않는데, 주변에서 하도 제

이야기를 하니까 그 영상을 보셨나봐요. 잘 부른다고 칭찬해주셔서 너무 부끄러웠죠. 원곡 가수잖아요.

본인에게 좋은 영향을 주는 분들과 음악을 시작한 거네요. 한영애 밴드와는 어떻게 연을 맺게 된 건가요?

실용음악과를 다녔는데, 그때 송홍섭 교수님께서 한영애 밴드 마스터를 하고 계셨거든요. 어느 날 교수님께서 "밴드 와서 코러스 좀 해라" 하셔서 갔죠. 한 2년 정도 했는데, 굉장히 재미있었어요. 거기서 제가 막내였거든요. 심부름도 열심히 다니고, 배우고, 그게 정말 즐거웠어요. 지금도 물론 작업하면서 배우는 게 많죠. 동생들에게 배우는 것도 많고요. 하지만 그때 나무님께 가장 중요한 부분을 배운 것 같아요. 음악이나 예술을 대하는 태도, 시각 같은 거요. 또 그런 부분에 대해서 겸손해지는 모습 같은. 스스로도 그분 정도의 나이를 먹어서 선배님, 선생님이라고 불릴 즈음이 되면 어떨까 궁금하긴 했었거든요. 이런 부분에서 제게 최고의 선생님이셨던 것 같아요. 사실 제 친구들이 음악하면서 안 좋은 일을 당한 경험이 정말 많았고, 그래서 음악을 하는 기성세대들이 실제로 어떤 모습일지 너무 궁금했어요. 그런데 저는 진짜 좋은 사례였던 거죠. 좋은 것만 보고, 좋은 것만 배웠어요.

나무님이 얼마나 세심하시냐면, 한여름에 저희 먹으라고 아이스크림을 냉장고 가득 채워 놓으세요. 또 여자친구 있으면 데리고 오라고 하셔서 직접 삼겹살도 구워주시고요. 그런 모습을 계속 보다보니 저도 어린 친구들이 저한테 선생님이라고 부를 정도가 되면 그 모습이고 싶은 거예요. 그분은 젊은 세대의 음악도 계속 들으려고 노력하세요. 요새 어떤 노래 듣냐고 항상 물어보시고, 그러면 저는 힙합을 좋아하니까 힙합, R&B 장르로 가져가서 들려드리고. "어, 이거 특이하네?" 하면서 꾸준히 들으시더라고요.

음악인으로서의 정체성을 심어준, 어찌 보면 누구보다도 가장 큰 영향을 끼친 분이네요. 유행을 놓치지 않으려 하셨던 것도 놀랍고요.

억지로 그러신 건 아니었어요. 그냥 '요즘은 어떤 음악이 나오고, 어떤 느낌이구나' 이런 부분을 궁금해 하셨던 것 같아요. 한번은 마이클 잭슨Michael Jackson 새 앨범이 나왔을 때였는데, 한창 음악 하는 사람들 사이에서 마이클 잭슨이 화두일 거 아니에요. 그 앨범을 제일 먼저 사 오셨어요. 같이 고기 구워먹으면서 그걸 듣는데, 느낌이 어떻고, 어떤 생각이 들었는지 물어보시더라고요. 음악에 대해서 평가를 하는 게 아니었어요. 함께 들은 사람들끼리 교감하고, 본인은 어떤 감동을 받았는지, 그런 것들에 관해 자유롭게 이야기를 나눈 거죠. 어디서는 음악을 평가하도록 강요받을 때가 있거든요. 물론 그런 게 필요할 때도 있죠. 하지만 그때 제가 나무님을 통해서 배운 건 음악을 하는 태도, 음악 하는 사람들을 존중하는 태도였어요. 나무님은 이걸 말로 가르치는 게 아니라 직접 태도로 보여주셨죠. 자연스럽게

듣는 사람의 감정, 기분처럼 인간의 아주 기본적인 부분을 건드릴
수 있는 방법을 배웠어요.

아이돌리시 로망

"제가 힙합을 하고 있지만, 아이돌리시에 대한 로망이 있어요."

사실 오늘 인터뷰는 작곡가, 또 음악 프로듀서로서의 범주를 조명하는 건데요.
그렇다 보니 세븐틴과 뉴이스트 이야기가 태반일 수밖에 없거든요. 플레이어로
서의 이야기를 이렇게 열심히 했는데 조금 섭섭하지 않으세요?

스스로는 그렇게 섭섭하지 않아요. 회사에서 저를 담당하는 형 입장
에서는 조금 섭섭할 수 있지만…. 지금은 프로듀서나 작곡가로서 할
말이 더 많거든요. 동생들을 통해서 약간의 자아실현을 하는 느낌이
있어요. 저도 한국에서 태어났으니까 한국의 아이돌 문화를 보고 자
랐잖아요. 유치원에 다니고 초등학교에 다니면서 그때 나오는 걸그
룹들을 보고 "와!" 하면서 커온 거죠. 그래서인지 제가 힙합을 하고
있으면서도 아이돌리시idolish에 대한 로망이 있어요. 현실적으로 제
가 아이돌을 할 수 없다는 건 알지만, 아이돌이 지닐 수 있는 매력적
인 부분에 관해선 약간의 이상을 갖고 있었던 거죠. 스스로 아이돌

이 하고 싶었던 건 전혀 아니지만 아이돌 개념에 대한 이해의 발판이 깔려 있는 거랄까. 또 이쪽 작업 자체가 정말 재미있고요.

아무래도 가수일 때 스포트라이트를 받잖아요. 하지만 아이돌을 만들 때는 그룹 뒤에서 묵묵히 받쳐주는 사람이어야 하고.
오히려 제가 퍼포먼스를 할 수 있는 입장이다 보니까 괜찮은 것 같아요. 저도 이제 곧 싱글을 내거든요. 그러니까 내가 플레이어일 때와 아닐 때로 분리가 좀더 잘 되는 것도 있고, 사실상 제가 하고 싶은 건 플레이어로서 직접 시도할 수가 있으니까 괜찮죠. 그런 면에 대한 부정적인 생각은 없어요.

분리가 된다고 하셨는데, 각자 입장에 서 있을 때 전혀 다른 느낌인가요.
아뇨. 연결은 되어 있는 것 같아요. 물론 애들이 서는 무대와 제 무대 분위기는 다를 수 있죠. 그렇지만 애들 앨범 하면서도 제가 무대에 계속 서고 싶어 하는 게, 저희가 분위기 자체가 다르긴 해도 중요한 공통점이 있거든요. 관객과 소통하고, 팬들과 소통하고, 또 무대에서 에너지를 전달해야 하는 입장인 건 똑같잖아요. 그런데 스스로 그런 감을 잃어버리면, 애들이 제가 만든 노래를 들고 나가서 발산할 수 있는 에너지에 대한 감이 사라지는 거나 마찬가지잖아요. 그러면 저라는 작곡가와 함께 일하는 장점이 없어지는 거니까. 국내에 정말 훌륭한 작곡가, 프로듀서 분들이 많기 때문에 저도 제 입장에서 스스로가 지닌 개성과 장점을 부각시켜야 할 테니까요. 그래서 생각한 게 바로 이런 부분인 거죠. 플레이어로서 가지고 있는 메리트merit가 있으니까, 애들하고 작업을 하더라도 제 경험을 살려 무대에 중점을 둘 수 있다는 거요. 제가 맡은 부분에서만큼은 오디오를 포함해서 무대 자체까지 초점을 맞출 수 있는 게 재미있어요.

세븐틴과 뉴이스트

"세계관도, 거기서 비롯된 음악적 분위기와 비주얼 콘셉트도 다르니까."

세븐틴 음악 프로듀서이기도 하고, 뉴이스트 같은 경우에는 좀더 폭넓은 부분을
담당하고 계시는데, 어쨌든 두 팀 모두 타이틀곡부터 쭉 작업하실 정도로 음악
적으로 깊이 관여하고 계시잖아요. 그러면 콘셉트에도 어느 정도 자신의 의견이
들어갈 것 같은데.

뉴이스트는 콘셉트 정하는 것부터 제가 같이 들어가요. 공식적으로
제가 음반 프로듀서로 참여하고 있기 때문에 그렇죠. 앨범 텍스트까
지도 관여해요. A&R도 같이 하고 있고. 덕분에 외부 프로듀서, 작
곡가들도 많이 만나고, 같이 작업도 하고요. 그런데 세븐틴은 우지
WOOZI가 있잖아요. 그래서 공동으로 음악 프로듀싱에만 들어가는 형
태죠. 구체적인 콘셉트 같은 경우는 회사와 멤버들 사이에서 정해
지는 것들에 제가 양념을 추가하는 정도예요. 보통은 이렇게 진행이
돼요.

결과적으로 플레디스 엔터테인먼트(이하 플레디스) ❹ 안에 있는 아티스트들을 각기 다른 방식으로 만나고 계신 거네요.

다 다르죠. 분명히 세븐틴과 뉴이스트, 이 두 팀 다 제가 아끼는 동생들이에요. 하지만 팀끼리 봤을 때는 세계관도, 거기서 비롯된 음악적 분위기와 비주얼 콘셉트도 다르니까요. 당연히 끌어가는 방식도 달라야 한다고 생각해요. 세븐틴 같은 경우에는 우지의 의견도 매우 중요하고, 뉴이스트 같은 경우에는 그와 다르지만 또 뉴이스트라는 팀만의 방식이 있거든요. 팀과, 또 그 팀이 발표하는 앨범을 튼튼하게 만들기 위해 사용하는 방식이 다른거죠. 그런 걸 선호해요. 같은 스태프가 붙었다고 해서, 팀은 다른데 같은 결과물이 나오면 안 되니까요.

그래서인가? 실제로 각 팀 앨범들마다 "어, 이건 범주 음악이네!" 찍어도 가끔 틀릴 때가 있어요(웃음). 대신에 "아, 이건 세븐틴하고 정말 어울리네?" 이런 얘기는 대번에 나오죠.

저는 그걸 원해요. 계속해서 좀더 디테일하고 완성도 있게 가려고 노력하는 중이에요. 제가 이 회사에 들어온 게 한 3~4년 전 쯤인데요. 뉴이스트에게 처음으로 곡을 줬고, 애프터스쿨 ❺ 의 곡도 쓰게 됐죠. 그리고 어쩌다가 세븐틴 애

❹ **플레디스 엔터테인먼트** 2007년에 설립된 엔터테인먼트 회사로, 현재 애프터스쿨After School, 오렌지카라멜Orange Caramel, 뉴이스트, 한동근, 세븐틴, 프리스틴Pristin 등이 소속 돼 있다.

❺ **애프터스쿨**After School 레이나, 나나, 리지, 이영, 가은으로 구성된 5인조 여성 아이돌 그룹이다. 2009년 싱글《New Schoolgirl》로 데뷔해 멤버 졸업, 탈퇴 등 여러 과정을 거쳐 현재의 모습으로 재편됐다. 오렌지카라멜은 애프터스쿨 레이나, 나나, 리지로 구성된 유닛이다.

139

들의 보컬 트레이너가 됐어요. 회사에서 "야, 너 형이니까 쟤네한테 노래 좀 가르쳐라." 하셨거든요(웃음). 그러다 곡도 쓰게 되고, 자연스럽게 여기까지 온 거죠.

사실 세븐틴 음악은 제가 굉장히 편하게 만든 것들이었어요. 〈아낀 다〉 〈만세〉 〈아주 NICE〉도 그랬고요. 아, 〈예쁘다〉는 좀 어려웠지만요. 그래도 어떤 곡이든 간에 제가 가장 신나게 할 수 있는 음악들이었어요. 그게 애들 기호와도 맞았나 봐요. 서로 맞아떨어져서 톱니바퀴처럼 움직인 거죠. 그렇다 보니 회사에서도 "어, 이거 괜찮은데?" 하셨던 건데, 그 이후에 수정은 20~30번씩 하고…(웃음). 근데 가장 좋았던 게 뭐냐면요. 저는 이 친구들 프로듀서이면서 회사에 속한 아티스트이기도 하잖아요. 그냥 막 올라가서 "누나, 컨펌confirm 좀 빨리요!" 하고 내려올 수 있었죠. 회사가 가족 같은 분위기라, 저나 애들이 작업하거나 연습하느라 늦게까지 안 가고 있으면 위에 계신 직원 분들도 퇴근을 안 하세요. 본인들이 굉장히 공들인 아티스트들이라는 마인드를 갖고 계신 거죠. 그래서 작업이 보다 빠르게 진행되는 편이에요. 세븐틴은 그렇게 마음 편하게 했어요.

뉴이스트는 총괄 프로듀싱에도 참여하셨는데, 특별한 계기가 있었나요?
세븐틴 〈아낀다〉가 끝나고 뉴이스트가 한국에서 새 앨범을 내야 할 시기가 온 거예요. 회사에서 갑자기 "뉴이스트는 네가 한번 해봐." 이렇게 말씀을 하시더라고요.

뉴이스트는 이 앨범부터 팀 아이덴티티identity를 포함해 전반적으로 재설계가 필요한 시점이었는데, 제 입장에서는 드디어 애들하고 작업을 깊게 할 수 있는 타이밍이 온 거죠. 음반을 만드는 과정에서 시스템적으로 많은 변화를 주려고 했어요. 애들 생각도 굉장히 많이 듣고, 매주 회의도 했어요. 그러다 보니까 제가 몰랐던 뉴이스트의 아이돌리시가 또 있었던 거예요. 예를 들면 세븐틴이 갖고 있는 에너지가 힙합 쪽에 가깝다면, 반대로 비주얼 콘셉트 쪽이 부각되는 뉴이스트는 제가 그 부분을 공부하지 않으면 안 되겠더라고요. 그때부터 보지도 않던 패션 잡지를 막 뒤적이기 시작했어요. 주변에 있는 모델 친구들, 디자인하는 친구들부터 시작해서 아이돌 좋아하는 제 친구들, 저와 친한 외부 A&R까지 만나서 터놓고 얘기했어요. "난 이 부분에 대해서 잘 몰라. 좀 도와줘. 내가 요즘 이게 고민이고, 공부가 하고 싶어." 그렇게 해서 나온 앨범이 《Q is》죠. 제 입장에서도 공부를 많이 한 시간이었어요. 아주 뜻 깊었고요. 덕분에 세븐틴 앨범만큼이나 뉴이스트와의 작업도 정말 보람찼고 행복했어요. 애들도 예전과 달라진 걸 느꼈죠. 앨범에 자기들이 직접 곡을 쓰든 가사를 쓰든, 이 앨범이 어떻게 돌아가는지에 대한 걸 알게 되니까 무대에서도 더 열심히 해주고요.

《Q is》 앨범이 더 주목받지 못했던 것은 매우 아쉬워요. 음악적으로도 그렇고, 비주얼적인 요소들도 퀄리티가 굉장히 높다는 평이 이어졌죠.

그런 이야기를 들으면 정말 보람차요. 그 앨범부터 제가 애들의 음반을 끌고 간 거니까. 저에게는 도전이었는데 진짜 즐거운 도전이었죠. 세븐틴과 작업할 때와는 또 다른 행복감을 느꼈어요. 세븐틴과 작업할 때는 제 작업실 안에서, 말 그대로 '작업'을 하면 되는데, 뉴이스트를 하기 위해서는 이 친구들을 위해 내가 밖에 나가서 직접 미팅을 해야 하고, 원하는 것을 찾아와야 하고, 찾지 못하면 만들어야 하고, 만들고 싶은 것도 만들어야 하고. 그런데 이 과정이 모두 즐겁고 좋은 거예요. 제가 먼저 신나서 하니까 애들도 밤새서 가사 써오고, 다른 부분도 많이 찾아보고 오고, 미팅 갈 때 응원도 해주고요. 팀 상황에 대해서 계속 체크를 하는 거죠.

아, 이런 건 있어요. 뉴이스트나 세븐틴은 세계관도 다르고, 앨범을 제작하는 방식도 달라요. 하지만 저에게 가장 중요한 건 이거예요. 두 팀 모두 친동생 같은 친구들이고, 따라서 이 친구들이 어떤 컨디션인지를 잘 체크하는 게 가장 필요한 일이죠. 작업할 때나 기타 여러 프로세스를 진행할 때 애들이 어떤 생각을 가지고 있고, 요즘 기분은 어떤 상태고, 어떤 삶을 살고 있고.

이건 '형'이기 때문에 가질 수 있는 관심이네요.

그래서 이렇게 된 것에 매우 감사하죠. 일로 만나서 일로 끝나는 건 싫어요. 물론 저는 애들의 형이면서 스태프이니까, 그 경계를 지키는 건 중요하고 또 매우 어려워요. 하지만 그렇게 살 수 있는 것 자체가 굉장히 감사한 부분이에요.

선을 지키는 게 쉬운 일이 아닐 텐데요. 가장 어려울지도 모르고요.

처음에는 굉장히 어려웠어요. 이제는 많이 안정됐죠. 세븐틴과는 1년
반 정도 됐고, 뉴이스트와는 3년 정도 됐고요. 그전에 세븐틴 보컬 트
레이너일 때는 애들한테 정말로 엄했어요. 고래고래 소리도 지르고
(웃음). 하지만 저는 놀이터에 나가서 제 동생이 누구한테 맞고 오는
게 싫어요. 때리라는 소리는 아닌데, 맞고 오지는 않았으면 좋겠어요.
특히 메인보컬인 승관SEUNGKWAN이와 도겸DK이 같은 경우에는 어디 가
서 노래 못한다는 소리는 듣게 하고 싶지가 않은 거죠.

**메인 보컬들 역량을 가늠해보기 위해서 라이브, 레코드 모두 주의 깊게 들을 수
밖에 없거든요. 두 사람은 보컬이 유난히 깔끔하다는 특징이 있어요. 어느 곡에
나 잘 변형할 수 있는 무난한 스타일을 갖고 있고, 보컬에 치명적일 수 있는 나쁜
습관도 거의 눈에 띄지 않고요.**

스스로 가수다 보니까 신경 쓰이는 부분이 있어요. 지금은 제가 이
친구들의 곡을 쓰는 입장이다 보니 저만의 색깔이나 노래하는 방식
자체가 애들에게서 묻어나지 않을 수 없겠죠. 그렇다고 다른 노래를
부를 때도 제 스타일처럼 부르기를 바라는 게 아니거든요. 따라서
여러 가지를 소화할 수 있는 근본적인 보컬 스타일을 찾기 위해 애
들하고 같이 노력했던 것 같아요. 한 2년 정도는 이 노래, 저 노래 꿍

장히 많이 불러봤어요. 장르고 뭐고 안 가리고. 함께 고민했던 게 몇 가지 있는데요. 우선 제 입장에서는 '너무 나 같지 않았으면 좋겠다' 라는 것이었고요. 또 이 친구들이 기초를 잘 습득하되, 여러 가지 상황에서 어떤 노래든 할 수 있는 가수가 되길 바랐고요. 결코 완성 단계는 아니에요. 하지만 굉장히 잘 성장해나가는 중이라고 생각해요. 물론 저와 어떤 고민을 했던 간에, 승관이와 도겸이가 스스로 열심히 해준 게 두 아이들이 성장할 수 있었던 가장 근본적인 이유예요.

실제로 데뷔 연차에 비해 성장 속도가 굉장히 빠른 게 느껴져요. 한창 정신없이 활동에만 매진할 때인데도 연습을 꾸준히 하는 그룹으로 잘 알려져 있고.

저도 그 점이 고마워요. 믿음이 가고요. 사실 〈예쁘다〉 앨범부터는 승관이에게 그냥 보컬 디렉팅을 맡겼어요. 〈아낀다〉 어쿠스틱 버전을 가지고 "이 곡은 코러스까지 다 네가 알아서 해. 형이 이따 올라와서 체크만 할게" 했죠. 그리고 저는 내려와서 다른 작업을 하다가 올라갔거든요. 보니까 승관이가 정말로 알아서 코러스까지 싹 다 해놓은 거예요. 그때는 솔직히 진짜 놀랐어요. 결국 〈아낀다〉 어쿠스틱 버전에 대해서는 제가 아예 터치를 안 했어요.

당시에 제가 승관이한테도 그랬죠. "승관아, 너 일단 알아서 하고 싶은 대로 해봐. 형이 이상한 건 나중에 뺄게." 승관이라고 안 놀랐을까요. 걔도 당황한 거죠. '갑자기 이 형이 나한테 왜 이래?' 이런 표정을 짓더니, "일단 해볼게요" 하고 들어갔어요. 녹음실에서 열 시간

넘게 걸렸나? 그 시간 내내 승관이가 애들을 데리고 이것저것 해본 거예요. 딱 올라와서 들어보는데, 솔직히 정말 잘 만들었더라고요. "부승관. 오, 짱인데?" 그렇게 말해줬죠. 살짝 수정을 본 것 이외에 는 거의 손 댈 게 없었어요. 고맙고 감동받았죠. 아, 코러스 같은 경 우에는 제가 하나도 손대지 않았어요. 다 승관이 작품이에요.

보컬 디렉팅과 코러스를 책임지고 진행할 수 있는 아이돌 멤버는 흔하지 않은데 요. 따로 가르친 부분인가요?

승관이를 데리고 녹음을 정말 많이 했거든요. 세븐틴을 위한 가이드❻ 곡도 이것저것 많이 만들어봤고, 둘이 여러 작업을 함께 하면서 설 명을 계속 해줬어요. 어떻게 보면 수업의 연장이었죠. 그런데 이제 승관이는 프로의 위치가 됐잖아요. 그러니까 가수로서 만든 자신만 의 위치를 리스펙트해줘야 하죠. 다만 승관이나 석민(도겸 본명)이, 이 둘이 보컬 디렉터로서의 능력까지 갖추길 바랐어요. 또 자기 앨 범 코러스는 자기들이 할 수 있는 정도의 능력도 저에게서 가져가길 원했고요. 그런 의도로 〈만세〉 활동이 끝난 뒤에 승 관이와 데모 작업을 엄청 많이 한 거예요. 그렇게 며 칠을 내리 밤샘을 하면서 보냈더니, 곡을 받아들이 는 속도가 엄청나게 빨라진 거예요. 습득을 한 거죠.

작곡가와 프로듀서, 어느 쪽 입장에서든 일거리가 좀 줄어드

❻ **가이드**Guide 통상 가수들이 정식으로 녹음을 하기 전에 노 래를 미리 들어보고 숙지할 수 있도록 도와주는 샘플곡을 일 컫는다. 작곡가나 따로 기용한 가이드 보컬이 부르는 경우가 많으며, 작사가에게는 멜로디 진행 및 박자 등을 알려주기 위 해 작곡가 또는 작사를 의뢰한 소속사 측에서 전달한다.

니 고마울 수밖에 없는 상황이었네요(웃음).

정말 얼마나 고마웠던지. 솔직히 세븐틴은 열세 명이잖아요(웃음).

예전에 인터뷰로 만났을 때, 호시 씨가 유독 춤에 대한 열정이 굉장하다는 인상을 받았거든요.

순영(호시HOSHI 본명)이는 정말 춤을 좋아해요. 제가 《Love&Letter》 앨범 같은 경우에는 순영이에게 영향을 많이 받았어요. 그리고 순영이는 노래의 느낌을 춤으로 설명해요.

소리를 시각화하는 건가요?

그런 셈이죠. 예를 들면, "형, 이런 거 있잖아요. 쿵쿵짝" 하면서 동작을 앞에서 해요. (작업실 문 앞을 가리키며) 여기 서서. 그럼 저는 그걸 가지고 드럼을 찍어서 들려줘요. "야, 이런 느낌 맞아?" 하고 물어보면, 순영이가 "네. 그 느낌 맞는 것 같아요" 이러고. 그럼 제가 또 다르게 찍어서 들려주고, 순영이는 "완전 좋아요, 그거예요!" 하고 좋아해요.

독특한 방식이네요.

진짜 특이해요. 작업방식에 제한이 없어요. 아무튼 애들이랑 있으면 희한한 영향을 많이 받아요. 버논VERNON이는 래퍼잖아요. 그런데 의외로 성격은 평화주의자예요. 하루는 애가 엄청 씩씩대면서 작업실 문을 쾅 열고 들어오는 거예요. 자기가 고민이 있대요. 그러면서 하는 얘기가, 그날 뉴스에서 사람들이 싸우는 내용을 봤다고 하더라고요. "형, 제가 정말 생각을 많이 해봤는데요. 그냥 다 같이 사이좋게 양보하고 잘 지낼 수는 없을까요? 그냥 서로 칭찬해주고! 그렇게 지내면 좋은 거잖아요!" 이러더라고요. 자기는 모두가 사이좋게 웃으면서 아껴주고 양보하고 이러면서 사는 게 좋대요. 그게 되게 귀엽죠. 신선하고요. 또 《Love&Letter》 준비하면서 정한JEONGHAN이에게 무척 감동 받은 순간이 있어요. 애들이 앨범 녹음을 하다보면 한 번씩 엉엉 울고 올 때가 있거든요? 돌아가면서…. 그때 정한이가 울었어요.

녹음이 마음처럼 잘 안 나오니까 그런 거죠?

그렇죠. 한 번은 정한이가 힘들어하면서 우는데, 그게 고마웠어요. 제가 그 곡을 작업한 사람이잖아요. 가수가 저 정도로 욕심을 내서 해주고 있다는 게 고마운 거예요. 신기한 건, 애들이 한 번씩 그렇게 울고 나면 실력이 확 늘어서 와요. 다음 작업을 할 때는 더 늘어서 오고요. 그럼 제 입장에서는 곡 안에서 다른 시도를 해볼 수 있게 되고, 또 다른 방식으로 보컬을 이용할 수 있는 방식이 뭐가 있을지 적극적으로 접근할 수 있거든요. 아, 외국인 멤버인 디에잇The 8은 한국어 발음이 많이 좋아져서 그 점도 대견하고요.
가끔 이 친구들을 보면 그런 생각이 들어요. '뭐 이런 팀이 다 있나?'

싶죠. 세븐틴이나 뉴이스트나 다 그래요. 뉴이스트 같은 경우는 앨범 제작 방식 자체가 아예 바뀌면서 굉장히 당황해할 거라고 생각했거든요. 그래서 제가 얼른 익숙해지라고 친분을 무기 삼아 아무 때나 숙소로 막 쳐들어가곤 했어요. 그 덕분인지 작업하면서 짜증도 안 내고 제 말을 잘 따라줬죠. 요즘도 백호_BAEKHO와는 새벽까지 매일 함께 작업해요. 오늘도 아침까지 작업한 다음, 쌈밥 먹고 방금 또 나온 거예요.

친한 사이라는 게 느껴져요. 작업기 자체가 리얼리티 프로그램을 보는 것 같이 생생하네요. 세븐틴 같은 경우에는 멤버인 우지 씨와 함께 음악 프로듀싱을 하고 계시잖아요. 이때 우지 씨는 프로듀서로서 어떤 부분에 가장 중점을 두고 작업하나요?

우지는 멜로디와 가사 작업에 가장 공을 들여요. 프로듀서로서 세븐틴 이미지를 구상하고 거기에 맞춰서 가사와 멜로디를 생각하는 작업이 우선이죠. 그리고 자기 자신이 세븐틴 멤버이기도 하니까, 멤버들에게 가장 어울리는 것들을 찾는 일에 열심이에요.

프로듀서로서 조망해야 할 큰 그림이 있는 거죠. 그런데 세븐틴 타이틀곡을 듣다 보면 공통적으로 레트로❼ 사운드가 강조되고, 거기서 타 아이돌과 차별점이 느껴질 때가 있더라고요. 유난히 그 부분에 신경 쓰고 계신다는 생각이 들었어요.

사실 회사 분들은 잘 모르시는 부분이 있는데요. 〈아낀다〉는 다른 작곡가 형과 편곡을 함께 했고, 이후에 제가 〈아주 NICE〉까지 끌고 오면서 곡마다 사심을 조금씩 넣었어요. 애들이 레트로 사운드와 참 잘 맞아요. 레트로 장르를 가지고 장난을 좀 세련되게 치면요, 올드 하지 않으면서도 구수한 느낌을 낼 수 있어요. 그게 세븐틴을 대중에게 좀더 친근하게 다가가게 할 수 있는 사운드가 될 수 있겠다 싶더라고요.

사심이라고는 해도… 일단 회사에서 모두 오케이 사인을 주셨으니 넘어가도록 해요[웃음]. 어쨌든 세븐틴과 뉴이스트는 사운드 면에서 차이가 있어요. 뉴이스트는 거의 모든 곡이 퓨처 사운드로 진행되잖아요.

네. 다 퓨처 베이스❽ 쓰고, 혹은 딥 하우스❾고요. 레트로는 웬만하면 쓰지 않아요. 뉴이스트만의 세계관에 어울리는 게 있으니까요. 지난 앨범에 딱 한 곡에서 레트로 사운드를 사용하긴 했는데, 거기서도 일렉트로닉 느낌을 주기 위한 효과를 강조하는 일에 힘썼죠. 반면에 세븐틴은 레트로 사운드를 정말 많이 가져왔고요. 거기에 그 사운드를 어떻

❼ **레트로**Retro '복고풍'의 요소들을 통칭한다. 음악적으로도 복고 회귀 성향을 뜻하는데, 샤이니 5집 《1 of 1》, 원더걸스 3집 《Reboot》, 원더걸스 미니앨범 《Why So Lonely》 등이 대표적이다. 샤이니와 원더걸스는 음악 콘셉트뿐만 아니라 앨범 아트워크 및 아티스트 스타일링에 있어서도 1980년대와 1990년대를 표방했다.

❽ **퓨처 베이스**Future Bass 일렉트로닉 뮤직 중 베이스가 주를 이루는 음악, 즉 베이스 뮤직bass music의 한 분파로 여겨진다. 몽환적인 분위기가 특징이며, 실질적으로 장르적 기원에 대해서는 의견이 분분하여 명확한 정의 자체가 쉽지 않은 상황이다. 인터넷 서브컬처에 해당하는 사운드클라우드soundcloud와 같은 음악 공유 플랫폼을 바탕으로 성장했다는 특징을 지닌다. 덥스텝dub step, 앰비언트ambient, 트랩trap 등 다양한 장르의 특성을 보유하고 있다. 국내 아이돌 음악 중에서는 종현 〈좋아She is〉, 방탄소년단 〈Save Me〉 등이 퓨처 베이스를 가미한 곡으로 알려져 있다.

❾ **딥 하우스**Deep House 일렉트로닉 하우스 뮤직의 한 분파로, 기본적으로 하우스 뮤직의 전형적인 틀을 따르면서 재즈, 소울, 펑크 등의 요소가 결합돼 있다. 국내 아이돌 중에서는 샤이니와 f(x)가 딥하우스 음악으로 주목받았다.

게 특이하게, 어떻게 돋보이게 풀어낼지가 제일 관건이었고.

사운드 소스는 혼자 고민하시는 편인가요.
제가 그런 거에 '덕후'라서, 매일 샘플 팩, 사운드 소스 새로 나온 것 있으면 바로 사고 그래요. 그중에서도 드럼 사운드를 제일 중요하게 생각해서 드럼 사운드 만드는 데 돈을 좀 많이 써요. 번 돈을 죄다 거기다 쏟아붓는 것 같아요.

세븐틴의 경우에는 데뷔곡부터 최근 곡까지 모두 두드러지는 드럼 사운드를 특징으로 하고 있는데, 그것도 역시 '덕질'의 결과인가요?
알아주시니 감사합니다. 기쁘네요. 답답하지 않은 드럼 소리를 들려드리고 싶었어요. 〈아주 NICE〉도 그렇고, 정말 신나게 갔으면 했죠. 그 곡도 작업 과정에서 드럼 사운드를 너무 많이 찍었어요. 나중에 믹스할 때 데이터 정리가 힘들 정도로요. 믹스하시는 실장님께 허리 굽혀 죄송하다고, 이번만 살려달라고 빌었죠. 〈만세〉 같은 경우도 많이 신경 썼고요. 제가 송폼⑩을 하도 복잡하게 꼬아놔서 드럼 소스도 거기에 맞게 다 차이를 둬야 했어요. 그렇게 복잡하면서도 곡 전체는 하나의 색깔을 유지해야 하니까 그걸 다 고려하느라 시간이 많이 걸렸죠. 수정하는 일에.

⑩ **송폼**Song-form 통상 하나의 곡을 구성하는 시간순의 구조를 의미하는데, 여기서는 멤버별 파트 분배의 개념도 포함해 이야기하고 있다.

우지 씨가 그러더라고요. 자신은 세븐틴의 색깔을 항상 고

민하고 있다고.

저와 같이 고민하는 부분도 많고, 각자 생각도 있고요.

많이 도움을 청하는 타입인가요.

우지는 굉장히 무뚝뚝해요. 《Love&Letter》 앨범을 작업할 때, 우지와 편한 관계를 넘어서서 이제 정말 가까워졌다는 느낌을 확 받았어요. 먼저 농담도 하고 개그도 하기 시작하더라고요. 그 친구가 개그 욕심이 정말 많은데, 원체 굳은 얼굴로 하니까 사람들이 당황하고 정작 웃지 못한다는 단점이 있지만요(웃음).

사실 〈예쁘다〉가 탄생하기까지 어마어마하게 힘든 과정을 거쳤어요. 우지와 제가 한 몸이 되지 않으면 해결할 수가 없을 법한 난제였죠. 타이틀곡이 일고여덟 번을 거절당했어요. 곡이 좋으면 애들 콘셉트와 안 맞고, 또 반대로 콘셉트에는 맞는데 곡이 만족스럽지 않고. 그런데 그때 저희가 세븐틴 데뷔 때부터 비장의 카드로 갖고 있던 곡이 하나 있었어요. 일단 그걸 예비로 놓고는, 제가 너무 힘든 마음을 안고 일본에 갔거든요. 거기서 아예 일본 노래 같은 곡을 하나 써왔어요. 와서 그 곡을 들려드렸더니, 대표님께서 새로 만든 곡과 예비로 남겨뒀던 곡을 섞었으면 하시더라고요.

정말 죽을 뻔했어요. 일단 잠을 못 잤죠. 3일에 두세 시간 자는 생활을 거의 한 달 가까이 했어요. 그 한 곡 때문에 우지랑 이 방에서 계속 밤을 샜거든요. 두 곡을 뜯어서 한 곡으로 편곡을 다시 해야 하는 상황이니까 진짜 암담하잖아요. 일단 첫 번째 예비곡의 아이덴티티에 대해서는 그 곡을 만든 우지가 가장 잘 알고 있고, 합쳐야 하는 두 번째 곡은 제가 쓴 곡인 거고. 이러니까 둘이 하나가 되지 않으면 정말 안 되는 상황이었던 거죠. 그 과정을 거치면서 서로 느꼈어요. '아, 우리가 잘 맞는구나. 그동안도 정말 잘 맞았구나.' 그렇게 동고동락하면서 우지가 저에게 많은 이야기를 해준 것 같아요. 그전에 작업할 때도 세심하게 일 이야기를 나눴지만, 그보다 몇 배는 더 신중을 기한 자세로 한 달 가까이 일했으니까요. 작업실 구석에서 는 승철(에스쿱스S.COUPS 본명)이, 버논, 민규MINGYU가 좁은 와중에 막 겹쳐 누워서 자고 있고…(웃음). 우지뿐만 아니라 애들 다 굉장히 노력했죠.

녹음실 밖에서 안 나왔다는 이야기를 했는데, 바로 이 방이었군요.
네. 여기였어요. 굉장히 많은 수정을 거치고는 둘이서 "야, 우린 진짜 형제다" 했죠. 진정한 형제의 의미를 찾은 순간이었다고나 할까. 대표님이 항상 하시는 말씀이 있거든요. '끝날 때까지 끝난 게 아니다.' 진짜로 그렇더라고요. 앨범 나오기 직전까지도 믹스, 마스터링 전부 다시 하는 상황도 있었고요. 끝나고 나서 보니 정말 그 말씀이 맞더라고요. 꼼꼼히 체크해주셔서 좋은 결과가 나왔다고 생각해요.

한 대표님이 연습생 뽑는 일까지 관여할 정도로 꼼꼼하시다 들었어요.
가끔 대표님 방에 가서 이야기를 나눌 때가 있는데, 저에게 이것저

것 보여주시거든요. 그럴 때 '와, 대표님이 이런 것들까지 보시나?' 하고 놀라요. 애들도 그걸 알죠. 그래서 아무리 즐겁게 작업한 곡이 라도 회사에서 엎자고 하면, 다들 반발 없이 무조건 신뢰하는 편이에요. 대표님께서 항상 결과로 보여주셨으니까요.

역시 최근에 작업한 팀이다 보니 세븐틴 이야기가 길어질 수밖에 없네요. 예전에 범주 씨 콘서트 현장에서 세븐틴 팬분들이 찍은 영상을 봤는데요. 단순히 프로듀서와 가수의 관계라기보다 그 이상의 거대한 시너지가 난다는 생각이 들었거든요. 지금까지 이야기를 종합하면 왜 그런지 잘 알 것 같고요.

애들이랑은 같이 시작했고, 쭉 함께 결과를 만들어낸 입장이라 그런 것 아닐까요? 새로 준비할 때는 안무도 구경하러 가요. 뉴이스트 같은 경우에는 구경을 넘어서 제가 체크해야 할 것들을 보러 가는 느낌이거든요? 그런데 세븐틴은 정말 구경만 하러 가도 돼요(웃음). 가서 안무 따라하고 장난치고요. 이러니까 매일 보면서 함께 하는 거나 마찬가지죠. 서로 가까울 수밖에 없어요. 뉴이스트나 세븐틴이나, 같이 있으면 마치 시트콤 찍는 기분이에요.

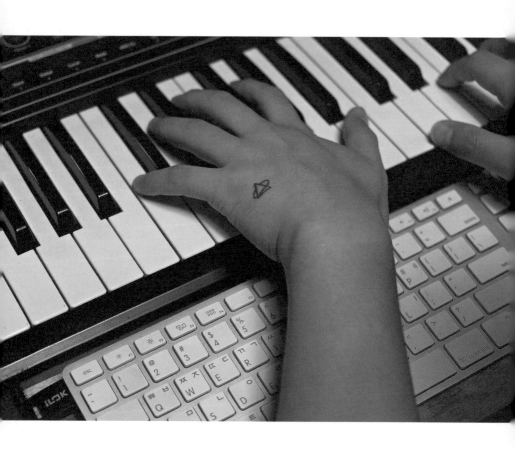

BUMZU STYLE

"제가 여기서 안주해버리면 애들한테 피해가 가는 게 싫어요."

블락비 지코 씨, 박경 씨와도 오랫동안 친분을 유지해오셨잖아요. 두 분과도 종종 코러스나 여러 작업을 같이 하고 계시고요. 아무래도 세븐틴이나 뉴이스트와는 다르게 일할 것 같은데.

블락비❶ 앨범은 대체로 지코ZICO와 팝 타임POP TIME 형이 같이 작업을 하잖아요. 팝 타임 형이 예전에 긱스Geeks 앨범에 트랙을 썼는데, 그때 지호(지코 본명)가 랩 피처링을 하러 들어온 거예요. 당시 저랑 팝 타임 형은 같이 팀이었고요. 자연스럽게 섞이면서 친해졌죠. 그러다 〈닐리리 맘보〉에서부터 같이 이것저것 작업하게 됐어요. 사실 저희끼리는 바빠서 자주 못 보거든요. 그래도 필요할 때는 너 필요하다고 대놓고 연락해요(웃음). 지호가 처음에 〈너는 나 나는 너〉 녹음할 때도 여기서 했어요. 갑자기 연락 와서는 "형,

❶ **블락비**|BLOCK-B 지코, 태일, 재효, 비범, 피오, 박경, 유권으로 구성된 7인조 남성 아이돌 그룹이다. 2011년 싱글 앨범 《Do U Wanna B?》로 데뷔했다. 지코, 박경, 태일 등이 솔로 가수로 활동 중이며, 팀 내 유닛으로는 블락비 바스타즈가 있다.

나 지금 가도 돼?" 그러기에 오라 그랬죠. 대뜸 와서는 "형, 일단 이거 받아" 하고는 선금이라며 운동화 한 켤레를 주고 간 거예요. 재미있죠. 분명 일인데 일 같지 않아서 좋아요.

일도 편한 관계 속에서 하는 걸 선호하시는 것 같아요.

네. 제가 그런 게 있어요. 물론 완전히 일로 대하는 것들도 있죠. 하지만 블락비와 뉴이스트, 세븐틴 같은 경우에는 저에게 일보다 인간적인 관계가 우선인 사람들이잖아요. 박경 **Park Kyung** 같은 경우에도 갑자기 다음 주에 뭐 하냐고 묻고는 메신저로 음원 파일을 하나 틱 보내 놔요. 그리고는 "ㄱㅅ" 이렇게. 아휴. 그렇게 〈보통연애〉도 코러스 하러 가고, 〈자격지심〉도 했고.

일이 너무 많아서 힘드실 것 같아요. 또 회사 안에서는 바깥의, 그러니까 회사 일 이외의 것을 한다는 사실 자체를 불편해할지도 모르고요.

저도 사람인지라⋯. 매일매일 녹음을 하다보면 가끔 목이 쉬어요. 이제는 지나치게 무리하지 않는 선까지만 해요. 처음에 일을 시작하면서 저를 찾아주셨던 분들, 그 영역 안에서만 하려고 하죠. 그 이상이 되면, 또 그러다 제가 지쳐버리면 정작 저에게 가장 중요한 뉴이스트와 세븐틴이 피해를 볼 거고요. 그래서 외부에 데모 만들어서 주는 일도 하지 않아요. 송 캠프❷ 들어가고 코러스도 하지만, 절대 데모를 밖에 주지 않는 이유는 하나예요. 중요한 게 나오면 일단 우리 애들부터 챙겨야 하잖아요. 다른 데다 신경 쓸 겨를이 없죠.

부수적으로 밖에 나가서 하는 활동들은 스스로가 성장하기 위해 하는 일들이라고 생각해요. 물론 일을 하는 거지만 배우는 계기이기도 하니까요. 제가 성장해야 동생들에게 떳떳해지고 더 좋은 퀄리티의 음악을 제공할 수 있게 되는 거죠. 여기서 안주해버리게 되면 애들에게 피해가 가는 게 너무 싫어요.

저를 포함해 엔터테인먼트 업계에 종사하는 사람들은 말 그대로, 사람 대 사람으로 일을 하는 거잖아요. 사람끼리의 관계가 비즈니스에 한정되면 금세 지칠 수밖에 없고.

맞아요. 영혼 없이. '소울리스souless'라고 하죠. 저도 그게 무슨 느낌인지 잘 알아요. 하지만 음악을 하는 사람들은 서로 교감이 되니까 조금 나은 면도 있죠. 다행이에요.

이제껏 작곡가로 많은 곡을 쓰셨잖아요. 본인에게 가장 영향을 준 아티스트가 있다면 누구인가요. 아, 나무님을 제외하고요.

힙합 아티스트들에게서 가장 영향을 많이 받아요. 최근에는 트래비스 스콧Travis Scott 이나 타이 달라 사인Ty dolla $ign요.

⑫ 송 캠프Song Camp 특정 기획사의 요청으로 국내외 여러 작곡가들이 모여 일정 기간 동안 합숙하듯 곡 작업에 매진한다. 다른 말로는 라이터스 캠프writer's camp라고도 한다. 스웨덴 작곡가 안드레아스 오버그Andreas Oberg가 웹진 《아이돌로지》 인터뷰(<엑소, 레드벨벳, 빅스의 작곡가 안드레아스 오버그>, 인터뷰 김영대, 2016. 10. 1)에서 밝힌 바에 의하면, 샤이니 온유와 싱어송라이터 이진아가 함께 부른 <밤과 별의 노래Starry Night>, 엑소의 <Stronger> 등이 SM 엔터테인먼트 요청으로 개최된 송 캠프에서 만들어졌다.

요즘 만드는 음악과는 크게 관련이 없는 것 같은데요(웃음).

맞아요. 그런데 〈아주 NICE〉 같은 음악에도 몰래몰래, 아무도 못 느끼게 그런 느낌을 심어놨어요. 저만 알 수 있게요. 그렇게 넣어놓고 저 혼자 신이 나 해요(웃음).

사운드 소스뿐이 아니네요. 이렇게도 본인의 사심이 들어갔군요.

(웃음) 네. 〈아낀다〉 같은 경우는 애들에게 최고의 데뷔곡을 써주고 싶어서 만들었던 노래거든요. 그런데 〈아주 NICE〉 같은 경우는, 저희끼리 말로는 '머리 흔든다'고 얘기하는데, 그 말처럼 아주 신나게 놀 수 있는 음악을 만들어주고 싶었어요. 첫방송 무대를 봤는데 정말 만족스럽더라고요. 애들이 신나서 퍼포먼스를 하고 있는데, 예전부터 그 곡을 하고 싶어했던 게 느껴지는 거예요. 첫 방송부터 소리지르고, 굉장히 즐거워하더라고요. 보통 그런 건 막방(마지막 방송)이나 시상식 때 하잖아요? 처음부터 막 "Come On!" 하고. 보면서 엄청 웃었죠.

곡이 텐션을 확 끌어올리는 곡이다보니까(웃음). 어쨌든 세븐틴과는 정말 어울려요. 실제로 〈예쁘다〉의 경우에는 쇼케이스에서 보자마자 "와, 이거 세븐틴이네" 했거든요. 〈아주 NICE〉도 마찬가지고. 이렇게 세븐틴 같은 경우에는 모든 앨범을 통틀어서 공통적으로 언급할 수 있는 분명한 키워드가 있어요. '밝은' '힘찬', 또 우지가 강조하는 '청량한' 이런 말들이요. 그 키워드들 안에서 변주되는 느

낌이죠. 그런데 지루하거나 지겹다는 생각이 드는 경우는 아직 없었어요. <아주 NICE> 같은 경우에는 <아끼다> 때 보여 주려던 느낌을 확실하게 다시 가져온 생각이 들었는데, 역시 지루하지는 않았고.

네. 〈아끼다〉와 〈만세〉 약간요. 사실 저희끼리 이야기할 때는 〈아끼다〉의 연장선을 〈예쁘다〉로 봤고, 〈만세〉의 연장선을 〈아주 NICE〉로 생각해요.

오, 의외예요.

막상 내고 나니까 이걸 반대로 보시는 분들이 많더라고요. 또 〈예쁘다〉를 별개로 생각하시는 분들이 제일 많았고요. 저도 나중에 쭉 들어보면서 그렇게 생각할 수 있겠다 싶더라고요.

세븐틴 음악은 뉴이스트와 다르게 굉장히 극적이잖아요. 곡 구성도 그렇고, 무대 연출도 이 구성에 따라서 무척 빠르게 바뀌고요. 그런 부분은 특별히 신경 쓰시는 거죠?

네. 정말 많이요. 애들이 데뷔할 때부터 제가 제일 신경 썼던 부분이에요. 물론 앞으로는 어떻게 될지 모르겠어요. 하지만 언젠가는 이걸 단순화시킬 필요가 있다고 생각해요. 이 점에 대해 대표님께도 항상 말씀을 드리죠. 그렇지만 일단 현재로서는 파트 체인지에 적극적일 수밖에 없는 이유가 있어요. 멤버가 많잖아요. 같은 편곡 가지고는 멤버가 눈에 다 안 들어오니까. 대중이 TV로 애들 무대를 보면 그냥 '복사' '붙여넣기'로밖에 안 보이겠더라고요. 저는 그게 너무 싫었어요. 다들 개성 있고 하나하나 빛나는 애들이잖아요. 거기다 애도 내 동생이고, 쟤도 내 동생이죠. 그러니 제 입장에서는 대중이 애도 예뻐해주고, 쟤도 예뻐해줬으면 싶은 거예요. 얘를 쟤로 알면 싫잖아요. 그렇게 시작된 거죠. 아이들이 자기 개성을 보여줄 수 있도록 송폼을 다 바꾸기 시작했어요. 모든 파트가 빠르게 전환되는 쪽을 택했죠.

다소 복잡해지는 결과를 낳긴 했어요. 하지만 말씀하신 대로 멤버 한 명 한 명이 눈에 확실히 들어왔죠.

그걸 위해서 시도했던 거죠. 누구는 '과연 대중음악에서 그런 게 가능할까?' 생각할 수 있잖아요. 하지만 이미 소녀시대 〈I GOT A BOY〉 같은 곡이 나왔잖아요. 저도 처음 그 곡을 들었을 때, 어렵다고 느꼈지만 한편으로는 굉장히 멋있다고 생각했어요. 거기 수많은 노래들이 섞인 느낌이 있었잖아요. 이런 장점을 갖고 가되, 저는 특별히 고민한 부분이 더 있었어요. 형식을 모두 다 틀되, 한 곡처럼 들리도록 교묘하게 틀어져 있어야 한다는 것. 거기에 많이 집중했죠. 예를 들어서 〈I got a boy〉는 멤버별 파트마다 곡이 굉장히 극적으로 변하잖아요? 그런데 세븐틴은 아직 신인이니까, 우선은 하나의 팀으로 각인되는 게 필요하다고 생각했어요. 따라서 애들이 보여주는 연결성에 있어서 자연스러움이 우선시되어야 한다고 봤죠. 잘

못하면 너무 억지스러울 것 같았거든요. '자연스러움'을 추구하는 게 생각보다 굉장히 어려운 일이더라고요. 하지만 이제는 하다 보니까 도가 트는 것 같기도 하고(웃음). 정말 재미있어요.

그럼 단순화시킬 수 있는 시점은 언제쯤으로 보세요?

애들이 어느 정도 대중적인 입지가 생기고, 더 이상 파트 체인지를 위해 송폼을 틀지 않아도 되는 때. 그때는 지금보다 조금 단순하게 가고 싶어요. 또 지금도 멜로디에 굉장히 신경을 많이 쓰고는 있지만, 나중에 변화가 좀 이루어지면 지금보다도 멜로디에 더 집중할 수 있겠죠. 틀어지는 것, 바뀌는 부분들보다는 하나의 연결성을 갖고 끝까지 가는 일에 더 집중할 수 있게 될 테니까. 그런 생각을 일단 머리로만 갖고 있어요.

말씀하신 대로라면, 매 앨범마다 유닛 곡들이 따로 있되, 전체 무대로 했던 곡들을 다시 편곡하는 것도 개별 포커싱focusing과 유기성을 동시에 갖기 위한 노력이겠네요.

그렇겠죠. 유닛으로 나뉘어 있다는 장점을 살려 개별적인 포커싱을 유도하려는 거죠. 이제는 애들이 보컬 실력이 늘면서 가창 파트는 어느 곡에서든 얼추 다 소화하잖아요. 그러니까 회사에서도 그렇게 준비를 할 수 있는 거고요. 애들이 해외 투어에 나서면 저와 제 친구들은 또 편곡작업에 들어가겠죠? 그때도 이 부분을 중요하게 고려할 거고요.

작업했던 팀이나 멤버 중에 본인 색깔과 가장 비슷했던 친구가 있을까요.
승관이요. 제가 멜로디를 가지고 장난치는 것에 대해서 굉장히 잘
받아들이고, 저만의 알고리즘을 잘 이해해줘요.

**자신과 똑같아지길 바라는 건 아니지만, 앞에서 말씀하셨던 것처럼 노하우를 가
져갔으면 좋겠다는 의미죠?**
네. 그런 건 정말 다 가져갔으면 좋겠어요.

음악안에서

"어차피 음악 안에서는 다 똑같잖아요."

혹시 제작자가 되고 싶은 마음도 있으세요?

아뇨. 전혀 없어요. 하지만 프로듀서가 되고 싶은 마음은 있어요. 지금은 계속 성장해나가는 과정이라고 생각하지만요. 쉽게 말하면 사장님이 되고 싶은 마음은 없는 거죠.

사업을 하고 싶은 건 아니네요.

네. 그런 마음은 전혀 없고. 말 그대로 총괄은 해보고 싶어요.

비주얼 쪽은요? 이번에 공부 많이 하셨으니까 직접 해보실 의향도 있으실 것 같아요.

그런 부분은… 저와 같이 해주실 수 있는 전문가에게(웃음).

아이돌 산업이 아닌 언더그라운드에 있다가 오셨잖아요. 스스로도 '언더그라운 드 곤조'가 있었다고 하셨고. 누군가가 지금 범주 씨에 대해 상업적으로 변했다 며 비판하는 걸 들은 적도 있을 텐데요.

의외로 아무 생각 없었던 것 같아요. 그냥 자연스럽게 마음이 몸이 가는 대로 했어요. 음, 이제 와서는 모두가 Mnet 〈쇼 미 더 머니〉에 나왔고, 아이돌과 피처링도 하고, 작업도 많이들 하고 했으니 더 괜 찮은 상황이죠. 언더그라운드의 마지막 자존심이라고 불리시는 딥 플로우 **Deepflow** 형도 엑소 〈Overdose〉와 〈Monster〉 랩 가사를 쓰셨 잖아요. 그런데 들어보면 랩이 딱 상구(딥플로우 본명) 형 스타일이죠.

어디서 발표하든, 누구와 작업했든 간에 자신의 색깔이 녹아든 결과물이라는 점 이 변하는 건 아니니까요. 실제로 딥플로우 씨의 경우에는 그런 작업을 하면서 도 2015년 최고의 앨범 중 하나로 꼽히는 〈양화〉를 발표하셨죠. 2015 한국대중 음악상에서 올해의 음악인으로 선정됐고.

그 앨범은 저도 최고라고 생각해요. 그러니까, 이제는 공존이 가능 해진 것 같아요. 자신의 아이덴티티와 그라운드는 별개죠. 그런 시 기가 온 것 아닐까요? 다양성이나 변화 자체를 받아들이는 사람들 이 늘었고, 그래서 굳이 누군가가 변했다고 욕하지 않아도 되는 세 상, 뭐가 잘못된 게 아닌 세상, 굳이 옛날처럼 '똥 곤조' 안 부려도 되 는 세상. 그래서 좋아요. 좋은 건 좋은 거죠.

종종 코러스도 하시잖아요.

가끔 "넌 플레디스에서 작곡가도 하고, 프로듀서도 하는데 왜 밖에서 코러스를 하니?" 이런 이야기를 듣거든요. 전 음악하는 사람들은 모두 동등하다고 생각해요. 코러스든 세션이든 작곡가든 간에요. 왜 세션맨보다 작곡가가 좋은 거죠? 어차피 음악 안에서는 다 똑같잖아요.

이 산업에 속해 있는 사람으로서, 이런 건 내가 일하는 분야에서 좀 나아졌으면 좋겠다고 생각하는 부분이 있나요?

있죠. 어린 작곡가들에게 나쁜 짓 하는 사람들, 아니면 꼰대 짓 하는 기성 작곡가 아저씨들이 간혹 있어요. 제가 이 얘기를 왜 하냐면, 어제 저랑 같이 음악 하는 동생 한 명이 외부에서 도와달라는 요청을 받고 일하러 갔다 왔거든요. 그런데 그 친구를 부른 한 작곡가 분이 술을 주시면서 영 납득하기 힘든 이야기를 꺼냈나 봐요. '너 그렇게 하면 성공 못 한다' '내가 띄워주겠다' 등등. 그 이야기를 듣고 전 한숨만 쉬었어요. 그나마 다행인 게, 그 동생도 성격이 좀 있어요. 저한테 그러더라고요. 자기가 실력으로 보여주고 오겠다고.

범주 씨 입장에서는 현실적으로, 최대한 평화롭게 싸움에서 이길 수 있는 길이 뭐가 있을지 고민되겠네요.

이제는 동생들이나 누가 부당한 대우를 받으면 제가 좀 나설 수 있게 됐고, 덕분에 개선이 되긴 했거든요. 하지만 여전히 나이 차신 분들이 이제 시작하는 친구들에게 뜬금없이 이런 이야기를 하죠. "작곡가는 말이야, 어? 내가 너 입봉시켜주고 어쩌고저쩌고…." 자기들이 필요해서 소개 받아놓고는 저러는 거예요. 세븐틴, 뉴이스트 앨범 작업에 함께 참여하고 있는 친구들인데 자꾸 이런 분들한테 괴롭힘을 받아요. 속상해요.

고스트라이팅[13]도 일어난다고 하던데….

처음 시작했을 때 저도 당한 적이 있어요. 예전에 팝 타임 형하고 팀으로 일할 때, 그걸로 굉장히 고생했죠. 제가 그런 일을 겪어봤으니까 동생들이 비슷한 일을 당하면 못 참아요. 아, 그래도 팝 타임 형은 생각하고 움직이는 타입인데, 저는 일단 움직여요(웃음). 어디서 동생들이 돈을 못 받고 오면 참을 수가 없어요. 이 산업이 계속 발전하려면 그런 어르신들이 좀 없어져야 해요. 아휴.

주변에서 그런 사례를 계속 보시나봐요. 씁쓸하네요.

제가 아는 형들 중에는 그런 사람이 하나도 없어요. 그런데 일하면서 여러 사람을 만나다보니까, 꼭 그런 사람들이 이 분야 어딘가에는 숨어 있더라고요. 숨어서 혼자 잘난 척해요. 그러면서 애들한테 너 어디에 꽂아주고, 키워주겠다고 그러죠. "야, 내가 너 키워줄

[13] **고스트라이팅**Ghostwriting 대필代筆. 여기서는 작사, 작곡에 자신이 참여하고도 정식 저작권자로 인정받지 못하는 경우를 가리킨다. 보통 크레디트에 명시된 창작자를 대신해 실제 작업에 투입된 사람을 '고스트라이터'라고 한다.

게!" 이렇게. 대체 왜 그러시냐고 물어보고 싶어요, 정말.

술자리에서 선배에 대한 복종을 강요하는 문화가 있나요?
아까 말씀드린 동생 같은 사례가 딱 그거죠. 그런 사람들 있어요. 사기꾼 같은 사람도 있고요. 그분이 제 동생한테 그랬어요. "난 꼰대가 아니야. 나 너 페이도 줄 거다."

페이요? 그건 너무 당연한 건데요?
그러니까요. 일을 했으면 당연히 돈을 줘야 하는 거죠. 일한 만큼 돈을 준다는 게 어째서 자기가 꼰대가 아니라는 증거가 되는 걸까요? 듣고서 제가 말했죠. "그래? 자기 입으로 그런 이야기를 했으니까 그 사람 꼰대야." 그런 사람들이 가진 생각의 알고리즘을 이해할 수가 없어요. 밤새도록 술 먹이고, 인사불성 되게 만들고, 일 시켜놓고 페이를 준다 안 준다 운운하고.

그럼 나이 차이가 나는 어린 친구들하고 일하면서 갖게 된 특별한 작업 마인드 같은 것도 있나요?
사실 저는 가만히 있다가 "야, 너 몇 살이지?" 하고 묻고, 그래야만 나이 차이를 실감해요. 디노DINO도 저랑 두 살 차이 나는 동생 같아요. 실제로는 여덟 살 정도 차이나지만(웃음). 에스쿱스도 네 살 정도 차이가 나는데, 전혀 그렇게 안 느껴져요. 뉴이스트 애들도 마찬가지고요. 제가 친한 형들이랑 그렇게 지내는 것에서 오는 영향도 있는 듯해요. 뉴이스트 애들은 제가 친한 작곡가 형들과도 친분이 깊은데, 그중에는 애들하고 열 살씩 차이 나는 형도 있거든요. 그런데 둘이서도 똑같이 친구처럼 지내요. 나이는 그렇게 중요하지 않은 것 같아요. 이 사람이 어떤 사람인지가 중요하죠. 나와 잘 맞는 사람인지도요. 어떻게 보면 제가 복 받았어요. 나와 맞는 팀을 만났고, 맞는 동생들을 만났다는 것 자체가요. 이건 안 맞으면 굴러갈 수가 없는 일이니까.

나이 차이를 못 느끼는 것 자체가 시너지 요인일 것 같은데요.
축복이에요. 좋아하는 것도 비슷하고, 음악 취향 비슷하고. 뉴이스트 백호는 완전 '베프'거든요. 좋아하는 옷도 거의 비슷하고요. 회사에서 둘이 형제라고 해요. 우연찮게 만나도 같은 신발을 신고 있을 때가 많고, 지갑도 브랜드만 다른 똑같은 디자인이고, 모자도 같고, 듣는 음악은 완전히 비슷하고. 세븐틴 애들은 말할 것도 없죠. 음악은 특히 버논이요. 힙합을 아주 좋아하니까.

인터뷰를 하다보면 음악을 정말 좋아하는 아이돌 멤버들이 있어요. 이 친구들이 막상 일상에서는 음악 자체를 좋아하는 사람 만나기가 어려운 것 같더라고요. 그래서 인터뷰 중에 음악 이야기로 대화의 물꼬가 트이면 아주 신나하죠.
그러니까요. 저도 그래요. 동호(백호의 본명) 차에 타면 항상 힙합 음악 틀고 소리를 질러요. 이 친구들은 음악 좋아하는 사람이 반가울 수밖에 없어요. 그리고 음악 이야기를 포함해서 일상적인 취향 이야기까지 한번 시작되면 정말 재미있어요. 자기들끼리도 좋아하는 게 결국 비슷하니까 대화도 자주 하게 되고요.

이제는 공존이 가능해진 것 같아요.
자신의 아이덴티티와 그라운드는 별개죠.
그런 시기가 온 것 아닐까요? 다양성이나
변화 자체를 받아들이는 사람들이 늘었고,

그래서 굳이 누군가가 변했다고 욕하지
않아도 되는 세상, 뭐가 잘못된 게 아닌 세상,
굳이 옛날처럼 '똥 곤조' 안 부려도 되는 세상.
그래서 좋아요. 좋은 건 좋은 거죠.

뉴이스트, 새로운 시작

"허투루 안 만들길 잘했다는 생각이 들었어요."

\<프로듀스 101\> 시즌 2에 참가한 이후로 뉴이스트의 상황이 많이 바뀌었어요. 특히 뉴이스트 음악에 관심을 갖는 사람들이 많이 늘었죠.

정말 놀랐어요. 솔직히 오디션 프로그램이라는 특수성에 힘을 입은 애들이 갑자기 황금날개를 달게 된 거고, 이런 반응은 예상도 못했던 일이라서.

처음에 음원이 차트에서 다시 주목받는 걸 보고 어떤 생각이 들던가요.

기쁜 것도 기쁜 건데, 무엇보다도 그 당시에 앨범을 허투루 안 만들길 잘했다는 생각이 들었어요. 물론 어떤 앨범이든 공들여 만드는 건 당연한 일이죠. 하지만 정말 하나하나 신경 써 만들길 잘했다 싶더라고요. 그러니 지금에 와서도 부끄럽지 않을 수 있는 게 제일 좋아요. 뿌듯하고 동시에 떳떳하고.

솔직히 다음 작업에 관해서 부담이 더 많이 생길 것 같아요.

앞으로 뉴이스트의 방향에 관해서는 회사에서 멋진 부분을 쭉 잡아 나갈 거잖아요. 하지만 저도 애들이랑 계속 작업을 해나가는 한, 할 수 있는 부분에서 최선을 다해야죠. 사실 뭐가 퀄리티가 좋은 거고, 뭐가 나쁜 건지 절대적인 기준은 없는 것 같아요. 물론 어느 정도 전문적인 기준은 있겠지만. 하지만 살짝 다르게 생각하면, 그 기준이 무조건 완벽한 것만은 아니지 않을까요? 다만, 마지막에 앨범이 나오는 순간까지도 끊임없이 고민을 하며 무엇이 가장 좋은 소리인지, 좋은 퍼포먼스가 나올 수 있는 구조인지 고민하는 건 필수죠. 그렇게 만들어낸 결과물이 담긴 앨범이 나오는 순간이 되면 비로소 저희가 원하는 '퀄리티'가 담보되는 것 같아요. 그게 뉴이스트 애들하고 제가 같이 만들어갈 수 있는 부분일 거고요. 그리고 저는 뒤에 있는 사람이잖아요. 노래도 애들이 하는 거고, 무대에도 애들이 서는 거잖아요. 제가 가장 성심성의껏 해낼 수 있는 역할은 이런 부분에서 제가 할 수 있는 한 신중을 기하는 거예요.

뉴이스트는 원래 판타지적인 요소를 많이 차용한 팀이었잖아요. 그런데 <프로듀스 101> 이후로는 그런 콘셉트보다 현실적인 이미지로 팬들에게 어필해야 한다는 과제가 생겼어요.

저는 그 부분이 제일 재미있어요. 새롭게 준비에 들어가자는 얘기가 나오기 전부터도 혼자서 가볍게 머리를 써봤죠. 나중에 회사에 있는 제작팀 분들과도 꾸준히 아이디어 교류를 하는데, 굉장히 신선하고 재미있었고. 그리고 지금은 엄밀히 말하면 뉴이스트W인 상태잖아요. 작업을 하다보니 그 점이 상당히 정확한 정체성으로 다가오더라고요.

민현 씨가 있을 때의 뉴이스트와, 없을 때의 차이 같은?
그렇죠. 민현MINHYUN이가 있고 없고의 차이가 확실해요. 처음에는 고민스러웠는데, 막상 뚜껑을 열어보고 나니까 민현이가 없는 네 명의 모습으로 보여줄 수 있는 메시지와 이미지가 확실하더라고요. 반대로 민현이가 있을 때 우리가 할 수 있는 것도 확실하다는 걸 느끼게 됐고요. 멤버들이 따로 떨어져 있다 보니, 콘셉트를 짜고 음악을 만들 때 각자의 역할이 무엇이었는지 훨씬 눈에 잘 보이는 거죠.

그때와 상황이 달라지면서 멤버들과도 의견을 나눌 텐데.
이전에는 만화처럼 신기하고 동화적인 것들에 대한 아이디어가 많았을 거 아니에요. 그러니 애들도 자연스럽게 재미있는 생각을 얘기했죠. 저야 매일 동호랑 붙어 있으니까 동호 이야기를 가장 많이 들었는데, 동호가 굉장히 현실적인 애거든요. 그런데 콘셉트 부분에 있어서는 나름대로 판타지와 관련된 아이디어를 던져주는 경우가 꽤 많았어요. 단, 성격이 현실적인 편이다 보니 그런 말을 하는 것 자체를 좀 쑥스러워 해서 자기 식대로 표현하는 거죠. 그걸 알아든는 건 제 몫이고요(웃음). 지금은 그때보다 자연스럽게 본인의 이야기를 풀어놓아서 콘셉트로 승화시킬 수 있다는 장점이 있고요. 어쨌든 그때는 그때였기 때문에 할 수 있던 것들이 있다면, 지금은 지금이기 때문에 할 수 있는 것들을 만들어내야 할 때가 아닌가 싶어요. 그게 뭔지에 대해 다 같이 고민하는 과정이 바로 뉴이스트이자 뉴이스트W인 지금 이 순간인 거예요.

사실 정말 궁금했던 건, 형으로서 〈프로듀스 101〉을 봤을 때 범주 씨의 기분이 어땠냐는 거예요. 앞에도 우리가 얘기했지만 범주 씨는 뉴이스트와 비즈니스 파트너이면서 너무 긴밀한 관계를 맺고 있다 보니 심정적으로 꽤 힘들 수 있을 것 같았고.

그게 사실…. TV에 나오는 동호는 말짱해 보였잖아요. 그런데 이면에서는 애가 많이 아파서 신경이 쓰였어요. 다행이었던 건, 〈프로듀스 101〉 담당 PD님이 저 〈슈퍼스타 K〉 때 PD님이셨거든요. 그래서 동호가 아프거나 컨디션이 급속히 나빠지면 저한테 직접 연락을 주셔서 어떻게 해야 할지 물어보시더라고요. 종현(제이알**JR**의 본명)이, 민기(렌**REN**의 본명), 민현이 다 잘하고, 1등도 하고, 심지어 민현이는 워너원**⑭** 멤버가 되었잖아요. 그래도 일단 아

⑭ 워너원 Wanna One 강다니엘, 박지훈, 이대휘, 김재환, 옹성우, 박우진, 라이관린, 윤지성, 황민현, 배진영, 하성운으로 구성된 11인조 남성 아이돌 그룹이다. Mnet 〈프로듀스 101〉 남자버전이었던 시즌 2에서 탄생한 그룹으로, 데뷔 앨범 《1X1=1》을 발표함과 동시에 초동(첫주 앨범 판매량) 40만 장 이상을 기록하며 한국 아이돌 산업에 전례 없는 반응을 이끌어냈다. '워너원 현상'이라는 말을 탄생시켰을 만큼, 아이돌 시장을 비롯, 광고, 방송 시장 등을 거의 점령하다시피 하며 2017년에 한국 사회를 뒤흔든 주요 키워드라고 불려도 손색이 없을 정도다. (박희아, 〈워너원 현상〉, 《ize》 참고)

픈 멤버가 있으니까 그게 너무 속상했죠. 형으로서, 스태프로서 속상한 게 두 배가 되는 거예요. 다른 스태프 분들과 대표님도 얼마나 많이 걱정하셨는지 몰라요. 특히 저는 형으로서 걱정하는 마음이 큰데, 오랫동안 애들을 지켜보시고 응원해 오신 대표님은 오죽하셨겠어요. 그런데 그때부터 변화를 좀 느꼈어요. 이전까지는 애들이 대표님을 좀 어려워한다는 느낌이 있었는데, 확실히 가까워졌다는 느낌을 받았거든요. 몇 년에 걸쳐 조금씩 가까워지고 있던 사이가 이번 기회로 확 좁혀졌달까. 이제는 뉴이스트 애들도 다 어른이 되었잖아요. 그러다 보니 대표님의 입장을 한 명의 사람으로서 이해하기 시작한 것 같기도 하고요.

세븐틴의 성장

"세븐틴이 자라나는 과정을 보여주고 싶었어요."

참, 그사이에 세븐틴도 음악 스타일에 변화를 꾀했어요. 〈울고 싶지 않아〉가 그 시작이고.

처음으로 EDM 사운드를 사용했고, 바운스 감이나 그루비한 느낌을 좀 덜어내려고 했고요. 음역대도 최대한 낮게 가려고 했어요. 물론 모든 파트를 그렇게 갈 수는 없지만, 되도록 그걸 기조로 삼고 가려고 했죠.

세븐틴은 애들이 저기서부터 우르르 달려와서 한 마디씩 툭툭 던지고 가잖아요. "형, 우리 이거 이렇게 하면 안돼요?" "형, 이거 해주세요!" 하고 가요. 이번에도 마찬가지였고요. 그래도 〈울고 싶지 않아〉는 우지, 에스쿱스와 제 감성을 통일하는 과정이 좀 빠른 편이었어요. 그런데 작업 과정이라는 게, 하루가 걸리는 게 아니라 몇 날 며칠이 걸리잖아요. 그날그날 이 노래의 감정에 가장 가까운 사람한테

기대는 거죠. "오늘은 너다" 이러면서(웃음). 솔직히 작업을 계속 하다 보면 유난히 좋은 기억밖에 없는 프로젝트들이 있거든요. 개인적으로는 세븐틴 작업 중에서 〈만세〉 〈아주 NICE〉 〈울고 싶지 않아〉를 꼽아요. 그렇다고 작업이 쉬웠다는 건 아니에요. 하지만 어렵건 쉽건 모든 작업이 재미있을 수도 없는 일이잖아요. 아무튼 《Al1》은 저희끼리 앨범을 작업하는 방향도 그렇고, 스태프들과의 커뮤니케이션도 그렇고, 전체적으로 진행이 원활했던 앨범이었어요.

이전부터 세븐틴 곡에서 송폼을 단순화시키고 싶다고 했고, 그 목표도 이뤘어요. 전체적인 구성을 심플하게 가보는 게 이전까지 세븐틴의 목표였잖아요. 그걸 드디어 시도해본 거죠. 다행히 곡 자체를 만드는 시간은 오래 걸리지 않았는데 다듬는 데 좀 걸렸어요. 좀더 쉽게 우리의 감성을 표현할 수 있는 방법이 없을지 계속 찾아다녔거든요. 저희가 다들 걱정했던 건 이거죠. 일단은 세븐틴만이 보여줄 수 있었던 청량함이라는 부분을 갖고 가되, 깊고 서정적인 감성도 표현해야 했으니까. 우리의 마음속 깊이 있는 감성을 음악으로 꺼냈을 때도 대중에게 정확히 전달이 돼야 하는데, 자칫하면 종이 한 장 차이로 너무 다른 그룹처럼 보일 것 같은 거예요. 안무도 그 느낌을 주기 위해서 신경을 많이 썼어요. 이게 어렵게 들릴 수도 있는 말인데요. 많이 바뀌었지만 많이 안 바뀌었다고 얘기하고 싶었죠. 뭐랄까, 간장 베이스로 만든 볶음밥과 야끼소바의 차이라고 해야 하나? 약간의 재료가 다른 거요. 변화를 시도하는 건 분명한데, 그걸 요리해서 내놓는 사람이 변하지 않았다는 걸 알려야 했거든요.

성장 과정을 보여주고 싶었던 거네요.

네, 세븐틴이 자라나는 과정을 보여주고 싶었던 거죠. 예전에 제가 이 곡을 가지고 "완전 '중2병'이네!"라고 농담을 자주 했거든요. 이게 무슨 의미냐면, 제가 보는 세븐틴의 아이덴티티란 청량하고 패기 넘치는 소년들이었잖아요. 하지만 걔들이 어느 순간 센치해진 거죠. 소년이, 때로는 그럴 수 있는 거거든요. 언제는 쾌활하고 밝다가, 달빛을 보면서 감성에 젖을 수도 있는 거니까. 이런 이야기들로 막 수다를 떨다가, "야, 이거 중2병 같잖아!"라고 소리치면서 웃었어요. 그러다 가이드 녹음까지 다 끝냈는데 딱 한 부분의 가사를 너무 바꾸고 싶은 거예요. '우리 다시 볼 때' 여기. 그런데 진짜 아무리 애를 써도 안 나오는 거죠. 사실 노래 가사라는 게 엄청난 단어를 꺼내야 하는 것도 아니고, 사람들 마음에 닿고 안 닿고의 미묘한 차이를 갖고 있잖아요. 우지랑 에스쿱스랑 왔다 갔다 하면서, "와, 이거 하나만 바꾸고 싶은데 어떡하지?" 그러고 있는데, 정한이가 "우리 다시 볼 때" 이러고 쓱 작업실을 스쳐 지나가는 거예요. 그렇게 완성된 가사예요.

점점 해가 가면서 해야 될 게 많아지고, 염두에 둬야 할 부분이 늘어나는 건 사실이에요. 하지만 계속 새로워지려고 다들 노력해요. 애들도 저도, 회사도 잘됐으면 좋겠고, 서로가 '좋은 무대를 보여줬으면 좋겠다' '좋은 앨범을 만들었으면 좋겠다'라는 생각은 진짜 꾸준히 갖고 있으니까 가능한 일일 거고요.

아, 최근에 세븐틴 서울 공연과 해외 공연을 쭉 보고 오면서 느낀 게 있거든요. 각 유닛별 색깔이 굉장히 뚜렷해졌더라고요. 세븐틴은 세븐틴인데, 세 팀의 공연을 보고 있는 느낌이 들었어요.

그 안에서 세븐틴이라는 팀의 통일성도 계속 유지하는 게 꽤 어려운 일 같아요.

이 친구들은 열세 명이 모였을 때 자기들이 뭘 해야 하는지 정확히 알기 때문에 걱정이 안 돼요. 분리와 통합이 전혀 부자연스럽지 않죠. 모든 시작점은 다 같이 하는 거거든요. 세븐틴이라는 하나의 팀이 우선이고, 그다음이 유닛별, 또 그 이상의 새로운 조합을 구현하는 거예요.

Forever Young

"성인으로서 또 한번 사춘기를 겪는 것 같아요."

같은 소속 사이긴 하지만, 그중에서도 한동근 씨와의 조합은 매우 의외였어요.

예전에 제가 첫 콘서트를 했을 때 동근이가 게스트로 와줬어요. 원래 저희가 볼 때마다 같이 뭔가를 해보자고 얘기했었는데, 갑자기 이 친구가 너무 잘된 거죠. 그러니까 제가 같이 해보자고 말하기가 좀 민망한 거예요(웃음). 그러다 다행히 서로 해볼 의지가 넘친다는 걸 알고 나서, 드디어 〈Forever Young〉으로 만났어요.

사이먼 페턴Simon Petern과 작업했더라고요.

스웨덴에 거주하시는 유명한 프로듀서 겸 세계적인 엔지니어인데, 최근에 여러 번 함께 작업했었거든요. 세븐틴 〈입버릇〉, 프리스틴 〈Black Widow〉에도 함께 한 분이에요. 동근이랑 이분이랑 셋이 모여서 스튜디오를 잡고 이것저것 해보기 시작했죠.

가사를 보면 요즘 범주 씨가 어떤 생각을 갖고 있는지 유난히 잘 드러나요.

그때 저와 동근이 사이의 접점이 뭔지 계속 고민을 하다가 찾은 게 〈Forever Young〉이었어요. 이 곡의 주제 자체도 그렇잖아요. 어릴 때로 돌아가고 싶고, 계속 어리고 싶은 마음이 핵심이죠. 제가 커가고 있다는 사실을 실감하게 되면서 계속 어린 상태로 살아가고 싶다는 생각이 들었어요. 막내 자리를 뺏긴 것 같은 느낌 있죠? 성인의 사춘기 같은 거요. 그 내용을 가사로 쓰고 싶었고, 요즘 따라 행복이라는 게 뭔지, 어떻게 살아야 즐거운지에 대해 이야기를 많이 했거든요. 사실 그래서 동호랑 여행도 많이 다니는 거고, 같이 음악도 하는 거고요. 그런데 솔직히 모르겠더라고요. 지금은 행복한데, 앞으로 행복하려면 무슨 일을 해야 하나 싶기도 하고요. 그런 고민을 담고 싶었어요.

범주 씨는 이른 나이에 자기가 하고 싶은 일을 찾아서 좋은 결과를 얻은 사람이에요. 그런데도 하고 싶은 일을 계속 찾고 있네요.

이제 내가 뭘 해야 행복할까⋯. 그 답을 아직 못 찾았어요. 정말이지 너무 어려워요. 그래서 마냥 '이거 재미있겠는데?'라고 생각했던 일들을 하나씩 해보고는 있어요. 계속 도전은 하고 있는데, 제가 어릴 때 일단은 음악이란 걸 선택한 사람이잖아요. 그러니 이제부터 제가 선택하는 일들이 그만큼의 행복을 가져다줄지, 또 제가 생각한 그림 안에서 행복을 가져다줄 수 있는지 모르겠는 거죠. 그 고민을 계속

하는 단계인 것 같아요. 원래는 과연 '적당함'이라는 말이 진짜로 행복에 가까운 게 맞는지 의심하고는 했거든요. 그냥 내가 편하게 살기 위해 세상과 타협하는 게 아닐까 싶었어요. 하지만 요즘은, 반대인 것 같다는 생각을 해요. 적당한 게 행복할 수도 있다는 거죠. 예전에는 "적당한 건 행복한 게 아니야"라고 말하며 살았는데, 거꾸로 보니 굳이 이걸 행복이 아니라고 할 이유가 없는 거예요. 매일 복잡한 마음이 엎치락뒤치락 하는 과정을 겪고 있는 것 같아요.

복잡한 마음 가운데에서도, 범주 씨에게는 새로운 목표가 생겼나요?
작업하고 있는 것들을 꾸준히 해나가면서, 쭉 잡혀 있는 여러 가지 스케줄들을 무사히 소화해내는 게 목표예요. 작년까지는 스케줄이 좀 급하고 빠듯하긴 해도 '이 정도는 할 수 있는데?'라는 여유가 있었거든요. 그런데 올해의 스케줄은 저뿐만 아니라 협업하는 모든 작곡가, 편곡가 분들이 하나가 돼서 잘 움직여야 소화할 수 있겠더라고요. 그래야만 아티스트들이 피해를 안 입으니까 신경이 많이 쓰일 수밖에 없어요.

여전히 다른 아티스트들을 더 걱정하는 위치에 있어요.
그렇게 살고 있죠. 저는 뭐든지 열심히 하고 있고, 그게 재미있어서 행복해요.

마지막으로 작곡이라는 작업에 대한 본인의 생각을 정리한다면요?
인생의 회전목마에 함께 돌아가는 친구 같은 존재요. 인생의 회전목
마를 설명해주는 존재이기도 하고.

동화적이고 예쁜 표현이네요. 인생의 중심을 지탱하는 축 같은 건가요?
음, 축이라기보다는 그 회전목마에 담긴 과정이라고 말하고 싶어요.
또 저 혹은 누군가의 회전목마가 담겨 있는. 언젠가 이 말을 꼭 쓰겠
다고 생각했었는데 지금 쓰게 되네요(웃음). 친한 사람들 사이에 일
종의 유행어예요. 제가 요즘 인생의 회전목마를 아주 세게 돌리고
있다고 얘기하거든요. 열심히 살고 있다는 뜻이죠.

작사가
마플라이

🎤

태연 〈I〉〈Rain〉, 소녀시대
〈Check〉〈Show Girl〉, 소녀시대
태티서 〈Holler〉〈아드레날린 Adrenaline〉,
동방신기 〈샴페인 Champagne〉,
규현 〈멀어지던 날〉 등
SM 엔터테인먼트 소속
아티스트들의 곡을 다수 작사했다.
이외에 몬스타엑스 〈Be Quiet〉,
에이프릴 〈Muah!〉, 여자친구
〈찰칵 Click〉, 뉴이스트 〈여왕의 기사〉 등
다수 아이돌 그룹을 비롯,
인순이, 엄정화, 세븐, 수란, 손호영 등
여러 아티스트들과 호흡을 맞췄다.

"글로
쓰는
아이돌의
이미지"

Songwriter
Mafly

마플라이는 차갑고 냉랭한 세상을
따뜻하게 데울 방법을
'매일같이', 그리고 매일 '같이' 고민하는 사람이다.
작업실을 함께 쓰는 서너 명 남짓한 사람들과 함께
매일같이 희망이 담긴 글이 무엇인지 의견을 나눈다.
가사를 통해 지친 사람들에게 힘을 줄 수 있기를 바라지만,
자칫하면 그 바람이 진부한 위로에 그칠 수 있다는 사실도
알고 있다. 그래서 다짐한다.
오늘도 가능한 한 행복한 마음으로 쓰겠다고.
3분 50초, 4분 20초라도 괜찮다.
노래를 들을 때 그 시간만큼은
당신 심장의 온도가 올라가길 빈다는 그의 이야기.

시, 가사, 드라마

"꾸준히 시를 썼던 게 가사를 쓰는 데도 은연중 많은 도움이 됐던 것 같아요."

태연 씨 <I>가 2016년에도 정말 많은 사랑을 받았는데, 기쁘셨을 것 같아요. 가사가 따뜻하면서도 거기에 당찬 느낌이 살아 있어서 참 좋았어요.

태연TAEYEON 씨 가사는 작업하면서도 잘될 것 같았어요. 일단은 곡이 너무 좋았고, 태연 씨가 워낙 노래를 잘하시니까. 저만 잘하면 된다고 생각했었죠(웃음). 사람은 누구나 힘든 시기가 있잖아요. 안 그런 사람이 없는 것 같더라고요. 자전적 가사는 그런 면에 있어서 공감을 끌어내기가 쉬우니까요. 사실 그 가사를 쓰면서 저도 지금까지 수고했던 스스로를 위로하는 느낌으로 글을 썼던 것 같아요. 요즘 들어 더 느끼는 건데, 따뜻하고 당찬 느낌의 가사가 제 색깔인 것 같아요. 아무리 센 분위기의 가사를 쓰려고 해도 잘 안 되더라고요. 이런 가사를 좋아해주시는 분들이 있으니 감사할 따름이죠. 그래서 굳이 바꾸려고 하지 않아요.

굉장히 바쁘게 보내고 계세요. 그렇게 많은 일을 소화할 수 있는 에너지는 어디서 나오는 건가요?

2016년에 트와이스, 여자친구❶와 함께 작업을 했 거든요. 그런데 이 친구들이 주는 특별한 에너지 가 있었어요. 밝고, 긍정적이고, 열심히 하고요. 거기서 자극을 많이 받았어요. 아직 신인이어서 그런 걸 수도 있지만, 그 모습 자체가 저에게는 많 은 도움이 되더라고요. 그리고 요새는 건강을 잘 챙기려고 해요. 한 번 많이 아프고 나니까 몸은 미 리미리 스스로 챙겨야겠다는 생각이 들었거든요.

작사가 외에 다른 일도 하고 계신 걸로 알고 있어요. 다양한 분야에 관심이 많으신 것 같더라고요.

드라마 작가를 준비하고 있어요. 어떻게 보면 다 글을 쓰는 일이기는 한데, 엔터테인먼트 쪽에서 일하고 싶다는 꿈을 꾸기 시작했을 때부터 드라마 작가가 되고 싶었거든요.

그럼 작사를 시작하기 전부터 드라 마 작가가 되기 위해 공부하셨던 거예요?

❶ **여자친구**GFRIEND 소원, 예린, 은하, 유주, 신비, 엄지로 구성된 6인조 여성 아이돌 그룹이다. 2015년 EP 《Season of Glass》로 데뷔해 〈유리구슬〉 〈오늘부터 우리는〉 〈시간을 달려서〉 등을 연달아 히트시키며 좋은 반응을 얻었다.

스무살 때부터 드라마 작가가 되기 위해 공부를 쭉 했어요. 그러던 중에 우연찮게 좋은 PD님을 만나게 됐죠. 물론 작품 준비하다가 어그러지기도 많이 어그러졌어요. 그러다 HB 엔터테인먼트와 계약을 하게 돼서, 차근차근 작품을 준비하는 과정에 있어요. 드라마도 작사가만큼 진입장벽이 높기 때문에 어떤 작품으로 언제 편성이 되고 방송이 될지는 아직 모르지만요. '길게 보고 좋은 작품을 쓰자'고 생각하고 있죠.

드라마 작가를 하고 싶다고 생각한 계기가 있나요?
제가 원하는 얘기를 쓰고 싶었거든요. 드라마라는 형식 자체가 가상의 세계를 만드는 거잖아요. 실제로 없지만, 어딘가 있을 법한 세계를 만들어서 중요한 메시지를 전달할 수 있다는 게 굉장히 매력적이라고 느꼈어요.

드라마뿐만 아니라 작사에도 메시지를 담을 수 있잖아요. 그 점이 작사가로서 일을 시작하겠다고 마음먹었을 때, 가장 매력적인 부분으로 다가왔을 것 같아요.
네, 맞아요. 작사도 드라마와 마찬가지인 것 같더라고요. 제가 가사에 '아무리 힘겨워도 세상은 아직 살 만하다'는 메시지를 넣을 수도 있고, 현실에서 어려운 상황을 겪고 있는 사람들에게 용기를 줄 수 있다는 면에서요. 이런 식으로 '희망'이란 메시지를 전하려면 드라마와 작사가 굉장히 효과적인 방법이라는 생각이 들었어요. 두 직업을 갖고 싶었던 이유가 맥락상 굉장히 비슷하죠.

**그러면 현재 본인 일상에서 작사가와 드라마 작가 중 더 큰 비중을 차지하는 건
무엇인가요?**

아무래도 작사가가 큰 비중을 차지하죠. 데드라인도 촉박하고, 커뮤
니케이션도 드라마 쪽보다 훨씬 활발하게 이뤄지는 것 같아요. 사실
드라마는 원고를 써서 넘기면 피드백이 오고가는 시간이 굉장히 오
래 걸려요. 이후에 있을 수정도 작가의 몫이다 보니 다른 사람과의
소통이 활발한 편은 아니거든요. 그런데 작사 같은 경우에는 좀 달
라요. 회사가 원하는 콘셉트나 여러 가지 방향 등에 대해 최대한 자
주 연락하고, 촉박한 시간 내에 마무리 지어야 하니까요. 아무래도
일상에서 차지하는 비중이 더 크죠.

독특한 예명

"'Mother And Father Love You'의 앞글자를 따면 마플라이가 되더라고요."

예명이 특이해요. 뜻이 뭔지 궁금했었거든요.

본명이 김수미인데, 이름이 흔해서 성을 떼고 수미라고 활동했었거든요. 그러다 특별한 의미를 가진 예명을 가지고 싶어서 만들었어요. 그 시점에 물려서 다른 작사가 한 분과 함께 '마플라이'라는 팀명을 만들게 되었어요. 제가 'Fly'라는 단어를 굉장히 좋아하거든요. 그 의미를 담고 싶어서 약자를 찾아봤어요. 'Mother And Father Love You'의 앞 글자를 따면 마플라이가 되더라고요. 그냥 'Fly'보다는 앞에 무언가 붙는 게 더 좋기도 하고, 입에도 잘 붙어서 마플라이라는 이름을 짓게 되었죠.

지금은 팀으로 활동하시는 것 같지 않은데, 변화가 좀 있었던 건가요?

네. 초반에 함께 활동했고, 그 당시 몇 곡은 함께 작사했어요. 지금은 혼자서 일하고 있고요. 이제는 마플라이가 제 예명이 된 셈이에요.

혹시 어릴 적부터 글을 쓰셨던 건가요? 글 쓰는 일에 재능이 있다는 걸 알려주신 은사님이 따로 계셨을 것 같기도 한데.

맞아요. 〈토란잎에 궁그는 물방울 같이는〉이라는 시를 쓰신 복효근 시인이 저의 첫 글쓰기 선생님이에요. 중학교 때 선생님으로 처음 뵀고, 선생님께서 저를 지켜보시다가 시를 써보는 게 어떻겠냐 물으셨어요. 어릴 적부터 백일장에 나가긴 했지만, 본격적으로 시를 쓰기 시작한 건 선생님을 뵙고 난 후인 거죠. 그때부터 시집도 읽게 된 거고요. 당시에 꾸준히 시를 썼던 게 지금 가사를 쓰는데도 많은 도움이 돼요. 제가 본격적으로 글 쓰는 일을 직업으로 갖는 게 어떨지 고민하기 시작했을 때도 선생님께서 잘할 수 있을 거라고 격려해주셨어요. 지금도 여전히 응원해주고 계세요. 정말 감사한 분이에요.

선생님 덕분에 타고난 재능을 자연스럽게 직업으로 갖고 오실 수 있었던 거네요. 그럼 학창시절에 학교 공부는 좋아하셨어요? 아니면 그 외에 다른 것들, 예를 들어서 문화·예술 쪽에 관심이 더 많았던 학생이었나요?

모 아니면 도였어요. 좋아하는 과목은 1등이었고, 싫어하는 과목은 중간 아래에 있었고…(웃음). 국어나 역사, 음악, 체육 같은 과목은 좋아했었죠. 주로 이야깃거리가 아니면 예술을 좋아했나 봐요. 수업 시간에 다른 책 몰래 읽다가 많이 뺏기기도 하고 그랬죠.

작사가 일을 시작하게 된 계기를 여쭤봐야 할 것 같아요. 똑같이 글을 쓰는 일이지만 드라마와는 형식에 있어서 차이가 큰 편이니까요.

작사가 정말 해보고 싶었어요. 제가 원래 음악을 무척 좋아하는데, 드라마 공부를 하던 중에 문득 '드라마 각본 쓰는 것과 작사하는 일이 굉장히 비슷하지 않을까?' 그런 생각이 들었어요. '내가 작사를 하면 잘할 수 있을 것 같다'는 막연한 생각을 갖게 된 계기였죠. 그래서 아는 분을 통해 작사가 분을 찾아갔어요. 그분도 제 이야기를 듣더니 함께 해보자고 하셨고, 덕분에 기회를 얻었어요.

작사나 작곡은 주변 도움을 받아서 시작하는 경우가 많잖아요. 안 좋게 말하면 도제 시스템인 거고요. 좋게 말하면 개개인이 제자를 육성하는 시스템인 거죠.

도제 시스템이 나쁜 건 아니라고 생각해요. 작사가 일을 할 때, 거기엔 암묵적인 룰이라는 게 있어요. 또 일을 하는 방식 같은 걸 혼자서 배우긴 어렵거든요. 그리고 요즘에는 도제 시스템보다는 하나의 팀이란 개념이 맞는 것 같아요. 팀도 있고, 작곡가 그룹도 있고, 아이코닉 ICONIC SOUNDS이나 줌바스 JOOMBAS MUSIC GROUP처럼 작가들을 위한 회사도 생겼고요. 그렇게 육성되는 경우가 가장 많은 것 같거든요. 가요계에서는 아무래도 인맥이 중요하다보니, 혼자 시작하는 건 힘든 일이죠. 일단 기획사들로부터 작사 의뢰조차 받을 수 없으니까요. 연결고리가 필요한 것 아닐까 싶어요.

@STUDIO

"한 단어라도 허투루 쓰고 싶지 않아요."

보통 작사가들이 녹음 현장에 가는 일이 통상적이지는 않잖아요. 하지만 종종 현장에 가시는 걸로 알고 있어요. 특별한 이유가 있나요?

처음에는 녹음 현장을 보려고 따라갔어요. 그때는 제가 작사한 게 생각보다 발음이 예쁘지 않거나, 악센트를 주었으면 하는 부분에 악센트를 주지 않는다거나 하는 경우를 체크하려고 따라갔던 것 같아요. 그런데 요즘은 아이돌 그룹에 외국인 멤버가 많잖아요. 그렇다보니 회사에서 요청하는 경우가 더 많아요. 특정 부분에서 발음이 안 되는 경우라면 그 자리에서 바로 수정해야 하니까요. 그리고 꼭 외국인 멤버 때문이 아니라도, 회사 측에서 시간이 맞으면 녹음실에 와달라고 요청하고요. 실제로 발음한 것을 녹음해 보내달란 경우도 있고요. 틴탑❷도 그랬고, 트와이스도 그랬어요. 반면에 그냥 인사차 가는 경우도 많아요.

현장에서 함께 작업한 분들 중 가장 인상 깊었던 분은 누구였나요? 작업 과정에서 좋은 인상을 주는 분들이 계셨을 것 같은데요.

신혁 작곡가님이 보여주신 모습들이 굉장히 인상 깊었어요. 저와 같은 회사에 속해 계신 작곡가 분이라, 녹음을 볼 기회가 몇 번 있었거든요. 사실 워낙 유명한 곡을 많이 쓰신 분이라 그냥 대단하겠거니, 하고 간 거였는데 제가 생각했던 것 이상으로 녹음을 디테일하게 받으시는 거예요. 발음, 음정, 리듬 하나하나 굉장히 세세하게 짚으시더라고요.

많은 그룹과 작업하다보면 자칫 소홀해질 수 있는 부분이기도 한데요.

네, 맞아요. '저 사람이 괜히 최고의 작곡가가 아니구나' 생각했죠. 하나씩 다 체크하고, 녹음실에 있는 가수들의 컨디션까지 살펴봐가면서 진행하는 모습이 정말 최고라는 생각을 했어요. 그리고 무척 겸손하시더라고요. 녹음을 오래 지켜보면 같이 있는 사람들이 지칠 수밖에 없는데, 그런 점도 고려해서 챙겨주시고요.

그러면 에너지가 마음에 들었던 팀도 있나요?

아티스트 중에서는 아까 얘기했던 것처럼 트와이스와 여자친구가 기억에 남아요. 보통 걸그룹과는 느낌이나 에너지 자체가 많이 달랐고, 일단은 녹음을 굉장히 즐기면서 하더라고요. 연습도 열심히 해오고요.

❷ 틴탑TEEN TOP 캡, 천지, 엘조, 니엘, 리키, 창조로 구성된 6인조 남성 아이돌 그룹이다. 2010년 EP 《Come Into The World》로 데뷔했으며, 2013년 제27회 골든디스크 시상식에서 골든 싱글상을 받았다.

신인에게서 볼 수 있는 열정을 느꼈다고 할까요? 덕분에 초심을 다시 잡을 수 있었던 것 같아요.

현장에서는 작곡가가 녹음을 주도하는 거잖아요. 이때 작사가로서 특별히 챙기는 부분이 있다면 무엇인가요?

일단 스튜디오에 들어가면 작곡가는 리듬이나 화음 등 모든 것을 고려해서 녹음을 받아요. 에디팅 editing, 즉 녹음한 것들을 추후에 어떻게 편집할지까지 모두 고려하고요. 실제로 현장에서 녹음된 걸 들었을 때는 영 별로인 것 같았는데, 막상 나중에 에디팅 끝낸 작품을 들으면 '오, 이게 이렇게 됐구나' 싶거든요. 또 녹음된 곡을 듣다보면 '아, 앞으로 이런 발음은 안 써야겠다' 싶은 것도 있고, '이런 리듬은 이렇게 부르기 때문에 가사 쓸 때 유의해야겠네'라는 생각도 많이 하고요. 반면에 작사가로서 제 역할을 하려면, 무엇보다 가사를 쓸 때 어떤 스토리로 어떤 임팩트를 줄 건지 생각하는 게 먼저겠죠. 이런 부분은 현장이 아니라 가사를 짓는 단계에서 먼저 챙겨야 될 일이고요. 현장보다는 일단 가사 쓰는 순간에 챙겨야 할 것들이 더 많아요.

작업실에서 가사를 쓸 때는 혼자서 많은 것들을 상상해보고 조율하시는 거죠. 그 후에 글자로 옮기시는 거잖아요. 반대로 스튜디오에 가면 아티스트들에게 먼저 시선이 갈 거고, 녹음 과정에서 일종의 피드백이 오고 가는 거고요.

그런 부분에서 엄정화 선배님이 멋지다고 생각했어요. 제가 1년 전에 의뢰를 받았고, 6개월 전쯤에 녹음을 했어요. 당시 녹음실에 가서도 제가 긴장을 너무 많이 했거든요. 그분이 워낙 대선배님이셨기 때문에…. 그런데 선배님께서 까마득한 후배 작사가인데도 편하게 대해주셨고, 덕분에 녹음도 편하게 마칠 수 있었어요. 정말 감사하더라고요. 겸손한 태도로 스태프들을 대하시는 태도가 진짜로 인상적이었어요. 존경하게 됐죠.

엄정화 씨도 사실 90년대 아이돌이라고 볼 수 있는 분인데요. 물론 콘셉트가 전형적인 아이돌 콘셉트는 아니었지만, 인기나 이런 부분에서요.

맞아요. 그렇게 보면 1세대 아이돌 같은 분이 아닐까요? 그런 분이 아직까지도 녹음실에 한번 들어가면 안 나오시더라고요. 굉장한 열정을 봤어요. 저런 근성과 열정이 저 사람을 이 자리에 있게 했다는 생각이 들었죠. 의외로 수줍음도 많으셨어요. 사실 조금 까칠하지 않을까 걱정했는데, 전혀 그렇지 않으셨죠. 그때 녹음한 곡이 노래하는 사람 입장에서 제대로 소화하기에 굉장히 까다롭고 어려운 곡이에요. 그런데 그 긴 녹음 시간을 끝까지 소화하고, 추후 수정 녹음까지 하셨다는 얘기를 듣고 놀랐죠. '아, 정말 오랫동안 꾸준히 인정받으려면 열심히, 성실하게 일하는 것이 중요하구나' 싶었어요. 사실 저희는 지금 당장 인기 있는 아이돌들과 작업하는 일이 많잖아요. 엄정화 씨를 보면 그 인기를, 또 자신의 위치를 지키고 있다는 게 놀라워요. 그리고 그게 가능했던 이유를 녹음하러 갔다가 알게 된 거죠.

작사가와 아티스트는 일종의 비즈니스 파트너잖아요. 물론 계약관계를 직접 맺고 있는 건 아니지만, 서로의 작업물이 각자의 커리어에 미치는 영향이 상당하니까요. 하지만 이런 이해관계를 떠나서, 녹음실에서 만났을 때 그냥 인간 대 인간으로 느끼는 점들이 있나요? 물론 모두 솔직하게 얘기해주실 순 없겠지만요.
현장 가면 아티스트들이 다이어트 하느라 밥을 못 먹는 경우가 많아요. 물론 직업이 특이해서 그렇지만, 한 눈에 봐도 치열하게 사는 경우를 많이 보죠. 그래서 '아, 이 친구들이 꼭 성공했으면 좋겠다' 혹은 '이 음악이 잘됐으면 좋겠다'는 바람이 저절로 들어요. 우리로선 상상하기 어렵지만, 음료수 한 잔 마시는 것도 벌벌 떠는 친구들이 많으니까요. 잠도 몇 시간 못 자고요. 그 정도로 자기 열정을 바치는 친구들을 보고 있으면, 어찌 됐든 잘됐으면 좋겠다고 생각해요. 그리고 이렇게 만든 작품이 평생 이들이 죽어도 남는 거잖아요. 그러니 제 입장에서는 한 단어라도 허투루 쓰고 싶지 않아요. 이 친구들 인생에 대해 생각해보게 되는 거죠. 그러면 자연스럽게 책임감이 생겨요. 작사가 입장에서는 끝부분이 조금 마음에 걸려도 한 단어 정도니까 수정을 안 하거나, 한두 부분 더 신경이 쓰이더라도 그냥 시안을 넘기는 경우도 있거든요. 하지만 이제는 그런 경우가 거의 없어요. 만약 이 친구들이 내가 고치지 않은 이 단어 한 개 때문에 잘 안된다면, 이들이 나와 함께 쏟아 부은 시간과 열정이 사라질 수도 있을 것 같아서요. 또 이 친구들을 지켜보고 있는 가족들은 제가 바라는 것 이상으로 팀이 잘되기를 바라고 있을 거고요. 결국 제 입장에서는 책임감이 더 강해지고 더 꼼꼼해져요. 가사를 잘 쓰기 위해서 더 노력하게 되고요. 물론 안 그런 친구들도 있지만, 현장 나갔을 때 도리어 제가 좋은 에너지를 받고 오는 이유가 바로 이거예요.

작사가의 능력

"작사가는 혼자 일을 하는 사람이 아니에요. 100% 협업을 하는 사람이죠."

작사하신 내용에 대해 아티스트에게 '이렇게 불렀으면 좋겠다'는 바람을 전달할 수도 있나요?

시안 써서 보낼 때 넣는 편이에요. 괄호 열고 마치 드라마 지문 쓰듯이 '이 부분은 이러이러하게 불러주세요'라고 적어놓는 거죠. 예를 들어서 '사이'라는 단어는 빨리 부르면 한 음절에도 부를 수 있잖아요. 이 부분은 한 음절로 불러달라고 괄호 열고 쓴다거나 해요. 이렇게 원하는 게 있을 때 내용을 적어서 전달할 수 있지만, 현실적으로 제가 제안한 내용이 반영이 될지 안 될지는 작곡가와 회사의 선택이에요. 그럼에도 불구하고 작사가 입장에서 의도한 바는 최대한 시안에 녹이려고 하는 편이죠.

'어떻게 들렸으면 좋겠다'는 생각을 가사 쓸 때부터 하는 거네요.

그렇죠. 가사를 쓸 때 가이드가 오잖아요. 가이드가 부른 걸 들어보면서 악센트를 줘서 부른 부분들에는 좀 더 포인트가 들어간 발음을 주려고 해요. 그렇지만 곡이 나왔을 때 제가 넣은 요소가 전부 반영되어서 나오는 것도 있는 반면에 그게 아닌 것도 있더라고요.

보통 작사는 데드라인을 어느 정도로 주나요?
짧으면 하루, 길면 일주일 정도까지 주는 것 같아요. 보통은 2~3일인 경우가 가장 많고요. 조금 여유가 있는 회사는 일주일 정도도 줘요. 정말 급할 경우엔 아침에 전화가 와서 밤에 달라는 경우도 있어요.

아무래도 일정을 급박하게 맞추다 보니 그렇게 되는 거겠죠?
일정을 맞추는 것도 있고… 아무래도 곡이 중요하잖아요. 작사를 덜 중요하게 생각해서 급하게 달라는 것이라기보다, 곡이 나오는 시기에 따라서 다음 단계로 가는 기한이 짧은 경우가 많아요. 그러니 급해지는 경우가 잦은 것 같더라고요. 사실 가사를 붙이기 전에 이미 곡 자체에 작곡가가 불어넣은 감성이 들어가 있는 거잖아요. 그걸 극대화시키는 게 작사가의 일이라고 생각해요. 그렇기 때문에 회사 입장에서도 곡을 가장 중요하게 여기겠죠. 고르는 과정에서도 가장 많은 공을 들이는 거고요.

그럼 작사하는 데 있어서 작곡가나 회사와 의견 충돌이 있었던 적도 있나요? 있

다면 어떻게 해결하는지 궁금하네요.

의견 충돌은 보통 없어요. 왜냐하면 작사가는 의뢰를 받는 입장이다 보니 회사나 작곡가의 요청이 있다면 거기에 맞게 수정을 하는 경우가 많죠. 만약에 충돌이 일어났다면, 그건 제가 수정하자는 이야기를 받아들일 수 없다고 얘기한 상황인건데요. 그러면 함께 일을 하기 힘들 거예요. 작사가는 혼자 일을 하는 사람이 아니에요. 100% 협업을 하는 사람이죠. 아무것도 없는 상황에서 작업을 하는 게 아니라 작곡가가 만든 곡에 가사를 넣는 거잖아요. 따라서 커뮤니케이션을 부드럽게 할 수 있는 것 자체가 작사가가 지녀야 할 자질이라고 생각해요. 물론 간혹 작곡가랑 작업하는 경우에 문제가 생기기도 해요. 작곡가가 먼저 작사를 부탁하는 경우나 가이드에 가사를 입힐 때라던가. 이때도 작곡가와 함께 상의를 하는 거죠. 작사 방향에 대해서요. 그런데 보통 작사가가 맞춰주는 편이에요. 다른 작사가 분들도 마찬가지인 것 같아요. '이런 의미로 이렇게 썼어요'라고 설명은 하지만, 솔직히 글을 보고 그게 한 번에 이해가 안 가면 좋은 글이 아닌 거잖아요. 전달이 제대로 되지 않는다는 소리니까요. 작사가가 실력이 없다는 소리일 수도 있고요.

작곡가에 따라 작업하는 방식이나 과정이 바뀌기도 하나요?

요즘엔 외국 작곡가 곡을 많이 하다 보니까 그런 경우가 없어요. 초창기에는 친분이 있는 작곡가들이 가이드를 먼저 주고, 그 가이드에 제가 작사를 하면 가이드 자체에 가사를 입혀서 녹음을 하는 경우가 있었거든요. 이제는 방식이 조금 다른 거죠. 곡 하나를 아예 파는 거니까요. 요즘은 가이드가 나온 상태에서 작사를 의뢰하는 경우에 해당해요.

요즘에는 작사가 한 명과 단독으로 진행하는 경우보다 여러 사람에게 의뢰하는 경우가 많다고 알고 있는데요. 회사에 시안을 제공하는 경우도 자주 있나요?
자주 있어요. 요즘에는 열 번에 한 번 정도가 단독으로 부탁하는 경우고, 유명한 작사가도 보통은 의뢰를 받으면 거기에 맞춰서 시안을 주는 경우가 많아요. 일종의 시안비를 받기도 하고, 그냥 주기도 하죠.

가이드가 올 때 가이드 보컬이 영어로 된 경우가 요즘엔 더 많잖아요. 외국 작곡가가 워낙 많아져서요. 그럴 경우엔 어떤 식으로 가사를 붙이나요?
저는 웬만하면 가사에 영어를 적게 쓰려고 해요. 정말 웬만하면. 그런데 외국 곡들은 외국어 가이드가 그대로 실려서 오기 때문에, 한국어가 정말 안 붙을 때가 있어요. 그럴 땐 어쩔 수 없이 영어 가이드를 살리거나, 다른 영어로 바꿔요. 콘셉트 자체도 영어 가사를 살리는 경우가 있긴 한데, 그렇지 않은 경우가 훨씬 더 많아요. 한국 정서랑 안 맞는 것 같아서요.

한글로 가이드를 받을 때, 소위 '외계어' 같은 가이드를 받은 적은 없나요? 이런 경우는 정말 힘들 것 같더라고요.

외계어도 받아봤고, 말도 안 되는 일본어도 받아봤고, 스페인어 비스무리한 외계어도 받아봤어요(웃음). 근데 어렵진 않은 것 같아요. 그냥 '나나나'로 입힌 것보다는 어쨌든 가사가 있는 게 나아요. '나나나'로 오는 경우도 있거든요. 그게 가장 힘들어요. 악센트가 어딘지를 전혀 모르니까요. 그리고 가사를 쓸 때는 외계어라도 발음을 많이 해요. 큰 소리로도 불러보고요.

지금껏 받아온 외계어 가이드 중 가장 황당했던 건 어떤 건가요?

'깐따삐야 삐까삐까'와 같은 방언들이 있었어요. 정말 재밌게 작업하긴 했어요. 댄스곡이었거든요. 처음부터 끝까지 저런 식의 주문으로만 이루어진 가이드였어요. 굉장히 유명한 작곡가 분이셨는데…(웃음).

작사를 할 때 글자수를 맞추신다고 하는데, 자수 자체는 가이드에서 오는 건가요? 어느 정도 움직일 수 있는지도 궁금해요.

그렇죠. 가이드에 불려져 있는 그대로 글자수를 맞추려고 해요. 글자수를 움직이는 건 실질적으로 불가능해요. 그걸 맞추는 게 작사가의 가장 기본적인 능력이죠. 요즘엔 외국 작곡가가 만든 곡이 많기 때문에 특히 더 그래요.

단어 선택도 굉장히 중요할 것 같아요. 어떻게 들리는지도 알아야 하고,

현장에서 바로 수정할 수 있을 정도의 어휘력도 필요할 것 같고요.

중요하죠. 작사가는 글을 잘 쓴다고 할 수 있는 직업이 아니에요. 휘황찬란하고 독특한 어휘로 글을 쓰는 소설가가 아니니까요. 아무리 그 단어의 의미가 좋고 독특하다고 해도, 발음이 안 예쁘거나 멜로디에 잘 안 붙으면 쓸 수 없어요. 입에 잘 붙는 단어를 많이 생각하고, 어휘력도 중요하기 때문에 평소에 책을 많이 읽어요. 특히 소설. 계속해서 읽으려고 하고, 가끔 혼자서 마인드맵처럼 어휘를 막 써보기도 해요. '오늘은 빨강이 주제다.' 실제로 이렇게 스트레스를 풀기도 하죠.

의뢰를 받으면 가수의 음색이나 발음도 고려를 하나요?

그럼요. 어떤 가수가 부를 거라는 이야기를 들으면, 일단 그 가수의 음악을 많이 들어봐요. 가수마다 예쁘게 하는 발음이 있어요. 어떤 가수는 'ㅣ'를 예쁘게 발음하고, 어떤 가수는 'ㅐ'를 예쁘게 낸다거나, 그런 걸 살릴 수 있으면 최대한 살리려고 해요.

대형 기획사 소속 아티스트들이 부르는 곡 가사를 많이 쓰셨어요. 반면에 상대적으로 인지도가 낮은 가수의 가사도 쓰시잖아요. 예전에 캐롤 프로젝트에도 참여하신 적이 있는데, 의뢰가 들어오면 다 받는 편인가요, 아니면 거절하는 경우도 있나요?

다 할 수 없을 때가 있죠. 일이 몰려 있는 경우에 의뢰가 오면 다 소화할 수 없으니까요. 그런 경우에는 기간을 연장해달라고 요청하기도 해요. 그것도 안 되면 이번엔 어렵다고 거절하는 경우가 있죠. 하지만 어느 경우에든 인지도를 따라가진 않아요.

아이돌과의 작업

"잘 맞는 아티스트가 있는 것 같아요."

일단 아이돌 곡을 쓸 때는 멤버가 굉장히 많잖아요. 파트를 고려해서 쓰거나, 파트 분배에 있어서 개인적으로 의견을 내기도 하나요?

파트 분배는 회사 A&R팀이나 작곡가가 맡고 있는 경우가 많아요. 그래서 따로 제 의견을 피력하지는 않아요. 그래도 가사를 쓸 때 고려하기는 해요. '아, 이 부분은 누가 부르겠구나' 하고 감이 오니까, 거기에 맞춰서 쓰는 거죠.

공동 작사를 할 때가 있잖아요. 아이돌 멤버와 함께 작업을 할 때도 있고요. 그럴 때 분배는 어떻게 하나요?

작사가끼리 공동 작업을 하는 경우는 두 가지가 있어요. 하나는 친분이 있는 작사가에게서 연락이 오는 경우인데요. 작사 의뢰가 들어왔는데 본인이 혼자 하기 너무 어렵거나, 시간이 촉박해서 혼자 소화하기 어려울 때 같이 해보자고 해요. 이런 경우에는 아이디어를 함께 짜고, 스토리를 만든 후에 같이 작업을 하고요. 아니면 한 명은 초안을 쓰 고, 한 명은 수정을 보는 식이 될 수도 있고, 한 명이 벌스❸, 프리 코러스❹를 다 쓰고, 한 명이 코러스❺만 쓰는 경우도 있죠. 두 번째 경우는 작사를 의뢰한 회사에서 작사진을 섞는 경우가 있어요. 시안을 다 받아보고, '이런 두 가사를 섞었으면 좋겠다' 싶을 때 섞은 비율대로 지분을 나누는 경우가 있고요. 그리고 아티스트와 작업할 때는 아티스트가 함께 회의를 하고 작사를 하는 경우도 있고, 저희가 준 시안을 아티스트가 자기 입맛에 맞게 수정을 하는 경우도 있죠.

소녀시대, 태티서, 규현 등 SM 엔터테인먼트 소속 아티스트들과 여러 번 함께 작업하셨어요. 어떻게 함께 하게 된 건가요? 특별한 계기가 있나요?

많은 분들이 모르시는데, 제 데뷔곡이 소녀시대의 〈낭만길〉이었어요. 그때는 마플라이 대신 수미라는 예명을 썼을 때였거든요. 마플라이란 이름으로 다시 나오니까 새로운 사람인 줄 알더라고요. 심지어 외국인인 줄 아는 분도 있었어요(웃음). 어쨌든 데뷔가 소녀시대였으니까 자연스럽게 SM 엔터테인먼트에서 작사 의뢰를 받게 되었고요. 이후에는 태티서, 동방신기❻, 태연 씨와 규현❼ 씨 곡도 하게 되었죠. 하다 보니 작사가와 잘 맞는 아티스트가 있는 것 같아요. 저한테는 그게 걸그룹이고요.

❸ **벌스**Verse 각 절의 도입부
❹ **프리-코러스**Pre-chorus 벌스와 코러스를 이어주는 부분
❺ **코러스**Chorus 곡의 후렴. 여기서 언급된 코러스는 메인 멜로디에 부차적 멜로디를 추가하는 화음과는 다른 개념이다.

작사를 하면서 가리는 장르 같은 건 없으신가요?

장르를 딱히 가리진 않아요. 좋아하는 장르는 있지만, 의뢰는 다양하게 들어오니 가릴 수 없죠. 그런데 걸그룹과 많이 했어요. 작사가마다 잘 맞는 장르나 가수가 특별하게 있는 것 같아요. 예전 선배님들을 보면, 양재선 선배님 같은 경우에는 성시경 씨와 오래 작업하셨잖아요. 저에게는 걸그룹들이 그런 경우죠.

개인적으로 좋아하시는 음악 장르는 어떤 건지 궁금했어요.

저는 발라드도 좋아하고, 미디엄 템포 R&B나 신스팝❽도 좋아해요.

상대적으로 쓰기 편한 장르가 특별히 있나요? 좋아하는 장르가 아무래도 편하실 것 같기도 해요.

발라드가 편해요. 사실 발라드는 라임❾을 맞추기보다 메시지, 스토리를 풀어내는 게 중요하잖아요. 그런데 댄스곡은 라임이 절대적으로 중요하고, 입에도 잘 붙어야 하고, 귀에도 꽂혀야 하고… 고려해야 할 게 너무나도 많은 와중에 메시지까지 생각해

❻ **동방신기**TVXQ 유노윤호, 최강창민으로 구성된 2인조 남성 아이돌 그룹이다. 2003년 《The 1st Story Book 'Hug'》로 데뷔했다. 당시에는 현 JYJ 멤버인 김준수, 김재중, 박유천을 포함한 총 5명으로 구성돼있었으나, 세 사람은 2009년 소속사 SM 엔터테인먼트에 불공정 계약 문제를 제기하며 결국 탈퇴를 선언했다.

❼ **규현**KYUHYUN 남성 아이돌 그룹 슈퍼주니어 멤버로, 2014년 첫 번째 솔로 미니 앨범 《광화문에서At Gwangwamun》를 발표했다. 이후 그룹 활동 및 솔로 가수 활동을 병행중이다.

❽ **신스팝**Synthpop 신시사이저 팝synthesizer pop의 줄임말이다. 장르명 그대로 악기 신시사이저의 음색을 핵심적으로 활용한다. 1970년대 말부터 1980년대에 걸쳐 세계적으로 크게 유행했고, 대표 뮤지션으로는 펫샵보이즈Pet Shop Boys, 디페쉬 모드Depeche Mode, 이레이저Erasure 등이 있다.

❾ **라임**Rhyme 시가나 노래에서 시행이나 가사의 일정한 자리에 같은 운을 규칙적으로 다는 것이다. 음악에서 라임이 두드러지게 강조되는 장르로는 힙합이 있는데, 랩 가사가 시와 흡사하게 운율을 구사하려는 성질을 갖고 있기 때문이다.

야 하니까요. 댄스곡이 가장 어려워요.

그럼에도 불구하고 보이 그룹 가사도 많이 쓰셨어요(웃음).

그러고 보니 정말로 보이 그룹 댄스곡을 많이 썼네요. 소년 24❿, 몬스타엑스⓫, 빅스⓬와도 작업했고요. 펜타곤⓭ 데뷔 앨범 같은 경우에는 수록곡 〈SMILE〉 가사를 썼거든요. 그게 앨범 나오기 1년 전에 쓴 거니까, 그만큼 이 친구들이 오랫동안 준비했다는 소리죠. 이렇게 시기를 되살려보면 제 입장에서는 그 당시 나 자신이 어땠는지도 짐작할 수 있어요. 그때 상황에 따라서 가사 내용도 많이 바뀌는 것 같거든요. 제목만 봐도 밝은 느낌이 오지 않나요? 실제로 제 감정에 따라 가사 분위기가 달라질 수 있어요. 이게 사람이 하는 일이다 보니 그럴 수밖에 없는 것 같아요. 제 상황이나 기분에 따라서 어떤 때는 보이 그룹 댄스곡 가사가 잘 나오고, 또 어느 때는 걸그룹 댄스곡이 잘 써져요. 음, 그래도 역시 저는 걸그룹 가사가 좀더 잘 나오는 편이에요. 보이 그룹 댄스곡은 잘 나올 때가 있고, 또 잘 안 나올 때가 있고….

❿ **소년24**BOYS24 Mnet 〈소년 24〉를 통해 선발된 28명의 연습생들을 통칭하는 팀명이다. 서울 명동에 이들이 주기적으로 공연하는 전용 라이브홀이 마련돼 있다.

⓫ **몬스타엑스**MONSTA X 주헌, 셔누, 기현, 형원, 민혁, 원호, 아이엠으로 구성된 7인조 남성 아이돌 그룹이다. 2015년 《TRESPASS》로 데뷔했고, 2016년 제 30회 골든디스크 어워즈 에서 넥스트 제너레이션상을 받았다.

⓬ **빅스**VIXX 라비, 켄, 레오, 홍 빈, 엔, 혁으로 구성된 6 인조 남성 아이돌 그룹이다. 2012년 싱글 《SUPER HERO》로 데뷔했으며, 독특한 콘셉트로 '콘셉트돌(콘셉트와 아이돌의 합성어)'이란 별명을 얻었다. 2016년 제5회 가온차트 K-POP 어워드 올해의 핫 퍼포먼스상, 2016년 제30회 골든디스크 어워즈 음반부문 본상 등을 받았다.

⓭ **펜타곤**PENTAGON 후이, 조진호, 양홍석, 이던, 고신원, 여원, 옌안, 키노, 유토, 정우석으로 구성된 10인조 남성 아이돌 그룹이다. 2016년 10월에 미니 앨범 《PENTAGON》으로 데뷔했다.

같은 걸그룹이라도 섹시한 콘셉트를 갖고 있는 그룹이 있는데, 아직까지 이런 분위기의 곡을 작사하신 적이 없는 것 같아요.

(웃음) 저는 잘 안되더라고요. 귀엽고 사랑스럽고, 밝고 경쾌한 분위기의 가사가 잘 써져요. 작사가마다 성향이 있어요. 보통 제 곡은 금방 아시더라고요. 그리고 이런 특징이 있어야 작사가로서 성공할 수 있다고 생각해요. 요즘에 의뢰가 들어올 때마다 부쩍 많이 듣는 소리가요. "이 곡은 작사가님과 잘 맞을 것 같아서 의뢰 드려요." 이거거든요. 신기하게도 이런 경우에는 거의 100%의 확률로 저랑 잘 맞아요. 저에게 남들과 구별되는 특징이 있어서 다행이죠. 지금 멋지게 활동하고 계신 분들도 다 그렇게 자기 색이 또렷한 분들이시고요.

소녀시대가 한국 걸그룹 최초로 10주년을 맞이했어요. 작사가 데뷔를 소녀시대 곡으로 하셨기 때문에 좀더 축하하고픈 마음이지 않을까 싶었어요. 10주년 앨범에도 참여하셨고요.

소녀시대는 저를 성장하게 해준 그룹이라고 생각해요. 소녀시대라는 이름을 들으면 뿌듯하면서도 애틋한 감정이 느껴져요. 그리운 연인을 바라보는 듯한 느낌이 들기도 하고요. 저는 소녀시대의 팬이었다가, 작사가가 되었고 그들의 노래를 작사했잖아요. 소녀가 성인이 되면서 성숙해져가는 과정을 쭉 바라봐온 거고, 고등학생 때 시작한 친구들이 지금은 20대 후반이 되면서 굉장히 프로페셔널해졌다고 느끼죠. 녹음실에서나 무대에서나 달라진 모습을 느낄 수 있어요.

〈One Last Time〉 가사는 〈낭만길〉에서 이야기하는 풋풋한 사랑과는 다르죠.

이번에 〈One Last Time〉 가사를 쓸 때는 소녀시대만이 쓸 수 있는 단어, 표현들이 뭐가 있을지 많이 생각하면서 썼어요. 소녀시대 정도의 연차를 가진 걸그룹이라면 사랑에 대해 어느 정도의 깊이를 가지고 노래할 수 있을지 고민했죠. 보통은 연인 사이에 헤어지게 되면 서로 잠시 그리워하고 끝나는 경우가 많잖아요. 그런데 이번 곡 같은 경우에는 우리가 앞으로 다시 만날 수 없으니까 한 번 더 이 순간을 기억하고, 우리의 사랑을 떠올려보자는 이야기죠. 조금 더 성숙한 사랑의 흐름을 얘기해볼 수 있지 않을까 싶었어요.

사실 〈낭만길〉 쓸 때는 제가 아가였을 때죠(웃음). 최초 시안은 더 풋풋한 사랑 이야기였어요. 제가 소녀시대 중에 윤아 씨를 굉장히 좋아했거든요. 그래서 그 곡을 쓸 때 윤아 씨가 사랑에 빠진 모습을 생각하면서 썼어요. 하지만 이번에는 멤버들 전체를 생각하면서 쓴 가사예요. 연인 관계를 떠나서 소녀시대 멤버들을 봐도 떠올릴 수 있는 감정이었죠. 서로 간에 그런 아쉬우면서 애틋한 마음이 있을 것 같았거든요.

사실 한 그룹과 여러 번 작업을 하면 그 나름대로 어려움이 있을 것 같았거든요. 그들의 이미지나 콘셉트가 어느 정도 정형화된 부분이 있어서 새로운 포인트를 찾아내기 어려울 수 있으니까요.

오히려 소녀시대는 매 앨범마다 변화가 있는 그룹이잖아요. 그래서 이번에는 어느 지점에 초점을 맞춰야 할지 고민이 되더라고요. 소녀가 완벽한 어른으로 성장했다고 해서 너무 어렵고 복잡한 감정을 글로 쓸 수도 없고, 반대로 그들만의 예쁘고 사랑스러운 느낌을 빼고 갈 수도 없으니까요.

여자친구는 초기부터 꾸준히 그 팀의 이미지 메이킹을 도와주고 계신다는 느낌이 들어요.

소녀시대만큼 제가 남다른 애착을 가진 그룹이에요. 기획사에서 월급 받는 것 아니냐는 소리를 들을 정도로 많이 참여하고 있죠(웃음). 사실상 여자친구는 제가 좋아하는 예쁜 가사, 동화적인 가사, 시적인 가사라는 세 가지 요건이 딱 맞아떨어지는 팀이에요. 그래서 저와 잘 맞았던 것 같아요.

팬송인 〈그루잠〉 가사는 어떻게 탄생한 건가요?

〈그루잠〉은 가사의 처음부터 끝까지 제 실화예요. 원래는 앨범 작업 전에 소성진 대표님과 만나서 이야기를 나눴는데, 이 친구들의 방향을 어떻게 잡아야 할지 고심을 많이 하고 계시더라고요. 예전 여자친구의 색깔은 아니되, 조금 더 성숙하게 가면서도 〈Fingertips〉처럼 강한 이미지는 아닌 거요. 그 중간선을 찾고 계셨다고나 할까요. 그러다 제가 발라드 곡을 받았는데, 자칫하면 그냥 걸그룹이 부를 만한 흔한 사랑 이야기가 돼버릴 것 같은 거예요.

작사가는 글을 잘 쓴다고 할 수 있는 직업이
아니에요. 휘황찬란하고 독특한 어휘로 글을
쓰는 소설가가 아니니까요.
아무리 그 단어의 의미가 좋고 독특하다고
해도, 발음이 안 예쁘거나 멜로디에 잘
안 붙으면 쓸 수 없어요.

입에 잘 붙는 단어를 많이 생각하고,
어휘력도 중요하기 때문에 평소에 책을 많이
읽어요.

제 이야기를 조금 풀어놓자면, 카페에 남자친구와 앉아 있다가 너무 피곤하고 지쳐서 살짝 기대서 잠이 들었던 적이 있거든요. 그런데 깬 기척을 내고 싶지 않았죠. 그때가 살짝 헤어질까말까, 약간 사이가 불안했을 때예요. 가사에 '한 여름 밤의 꿈으로 사라지지 않기를 기도해요' '불안한 맘이 자꾸 생겨요' 이런 말들이 나오는데, 모든 연인의 관계가 그렇잖아요. 팬들과 여자친구의 관계도 사실 그런 관계죠. 많은 분들이 공감할 수 있을 것 같다는 생각을 했어요. '그림자조차 희미한 하루 끝에서' '힘들고 지쳤던 나의 투정 이런 기분 전부 받아준'이라는 가사가 나오는데요. 힘들고 지칠 때 나를 편안하게 잠들게 해주고, 차분하게 만들어주는 존재가 연인이기도 하지만 가수들에게는 팬이 아닐까 싶었죠.

아무튼 가사를 쓸 때 성별보다는 아티스트 각자가 지닌 표현 방식을 더 고려하는 거죠?

네. 아티스트를 알고 의뢰받는 경우가 많기 때문에 성별 같은 요소는 이미 고려가 다 된 상태에서 글을 쓰죠. 성별보다는 아티스트 각자가 가사를 표현하는 방식에 더 신경써요. 예를 들어서 '이 부분은 이렇게 잘 표현해줬으면 좋겠다' 하는 부분들이 있는데요. 그걸 정말 귀신 같이 알아채는 가수가 있어요. 또 '이 부분은 딱 집어서 불러줬으면 좋겠는데?'라고 생각하고 있으면, 진짜로 그 단어를 집어서 불러주는 가수들이 있죠. 반대로 '여기를 살려줘서 불렀으면 좋았을 텐데 아쉽네' 하는 경우도 있지만, 작사가가 아티스트에게 그걸 일일이 다 전달하기는 어렵죠. 만약 작곡가와 친분이 있다면 작곡가에게 이야기를 하거나, 회사에 언질을 살짝 주는 경우도 있죠. 이것도 물론 회사와 친분이 있을 때만. 그런데 일단 중요한 건 가사지를 보고 아티스트가 불러봤을 때, 그 사람 스스로가 '아, 여기가 포인트구나'라고 느끼도록 가사를 써주는 게 가장 중요한 것 같아요. 그게 우선인거죠.

그건 아티스트 개개인의 역량에 따라 달라질 수 있는 일이겠네요.
그런 경우도 있고, 디렉팅을 봐주는 분들의 역량에 따라 다르기도 하고요.

참, 뉴이스트가 굉장한 속도로 차트 역주행을 했어요. 이런 건 굉장히 드문 경험일 텐데요.
저도 이런 경우는 처음이라 굉장히 기쁘고 뿌듯해요. 매일매일 차트에 이 친구들의 노래가 보이는 게 정말 기분 좋아요. 저는 이 친구들이 노력하는 모습, 의기소침하고 자신감 없던 모습을 다 봤잖아요. "이번에 잘 안되면 군대 가야해요"라던 친구들이었는데, 잘되니까 진심으로 기뻐요. 여자친구가 잘됐을 때는 '엄마 미소'가 지어지는 느낌이었는데, 뉴이스트는 함께 작업한 동료로서 뿌듯한 느낌이었죠.

개인적으로는 〈Love Paint〉 가사의 키워드와 전체적인 흐름이 독특하고 좋았거든요. 멤버들의 캐릭터를 잡아주기 좋은 키워드였으니까.

멤버들을 봤을 때 떠오른 생각들을 적은 가사예요. 사실 첫 작업은 〈여왕의 기사〉로 살며시 참여를 했었는데, 〈Love Paint〉 때는 이에 얽힌 비하인드 스토리가 있어요. 회사 A&R 담당자 분에게 〈여왕의 기사〉가 성적이 좋지 않아서 이번 곡은 정말 안 하면 안 되냐고 여쭸거든요. 의뢰를 주신 건 정말 감사한데, 타이틀곡이라니까 부담이 크더라고요. 이 친구들이 정말로 잘되기를 원했고, 그러려면 저보다 더 명성 있는 작사가 분께 맡기시는 게 더 나을 것 같다고 그랬어요. 게다가 작업할 때는 멤버들도 만났거든요. 그러니까 부담이 점점 커지는 거예요. 멤버들에게도 얘기했죠. "굳이 나랑 안 해도 되니까, 뉴이스트라는 팀을 더 돋보이게 하는 작사가가 했으면 좋겠다"고요. 그래도 회사 측에서 같이 하자고 쭉 설득해주셔서 하게 되었는데, 결과적으로 잘됐으니까 기뻐요. 앞으로 더 좋은 결과가 있었으면 하는 바람이에요.

다양한 결과물

"'채택이 안 되도 좋다. 지금 실력을 키우자'는 생각으로 정말 열심히 썼어요."

드라마 OST 가사도 쓰시잖아요. 드라마 내용은 어느 정도로 참고하나요?

드라마 OST는 의뢰받을 때 시놉시스가 함께 와요. 그걸 보고 상상하죠. 주인공이 드라마에서 할 수 없는 말을 OST에 담아주는 게 가장 중요한 포인트인 것 같아요. 대사로 쉽게 할 수 없는 말들 있잖아요. 그런 말들을 가사로 쓰는 거죠. OST 작업은 그래서 재밌어요.

드라마 OST 같은 경우에는 시작 전에 의뢰가 들어오나요?

그런 경우가 많긴 하지만, 방영 중에 의뢰가 오는 경우도 있어요. MBC 〈킬미, 힐미〉는 제가 굉장히 재미있게 보고 있던 드라마였는데, 방영 도중에 의뢰를 받았거든요. 그래서 더 즐겁게 작업할 수 있었던 것 같아요.

작업한 OST가 많아서 한 작품을 고르긴 어렵겠지만, 그래도 개중에 가장 마음에 드는 걸 고른다면요?

〈킬미, 힐미〉 OST에서 〈Healing Love〉란 곡 가사를 썼어요. 에프엑스 루나Luna 씨와 초이라는 남성 보컬이 함께 부른 곡인데요. 남녀 듀엣 곡을 쓰면서 서로에게 하고 싶은 말을 담을 수 있다는 게 좋았어요. 완곡을 들어보니까 두 사람 음색도 잘 어울리고, 여러 가지로 마음에 들었어요.

이렇게 많은 곡을 쓰셨으니 안 여쭤볼 수가 없네요. 이 일을 하면서 슬럼프를 겪은 적은 없나요? 만약 있다면 어떻게 극복했는지도 궁금하고.

데뷔를 하고 바로 슬럼프가 왔죠(웃음). 정말 감사한 일이지만 운이 좋아서 준비했던 시간에 비해 너무 빨리 데뷔를 했어요. 쌓아놓은 실력은 없고, 데뷔는 했으니 일은 들어오고. 제 시안이 채택될 리가 없었죠. 간간히 채택이 되기는 했지만 거의 1년 6개월 정도를… 저희들 말로 '까인다'고 하죠? (웃음) 매일 까였던 것 같아요. 그런데 그 시간 동안 '채택이 안 되어도 좋다. 지금 실력을 키우자'는 생각으로 의뢰 오는 곡마다 놓치지 않고 정말 열심히 썼어요. 저희 선생님께서 그런 말씀을 하셨는데, 어떤 분야에서 인정받으려면 한 번은 미쳐야 한다고 하더라고요. 아마 그 시기가 아니었을까 생각해요. 성격 자체가 원래 굉장히 긍정적이에요. 그래서 제가 작사한 곡이 처음 나왔을 때의 기쁨과 감사함, 그 초심을 잃지 말자고 생각했어요.

그리고 매일매일 좋은 작사가가 되기 위해 열심히 쓰고, 읽고, 보고, 들었죠. 자연스럽게 그런 시간들이 쌓이다 보니 다시 한두 곡씩 채택이 되기 시작하더라고요.

그 이후에 일을 하면서 정말 뿌듯했던 순간이 왔을 것 같아요. "와, 내가 해냈다!" 이런 생각이 들었던 순간이요.

아마도 태연 씨의 〈I〉가 많은 분들에게 사랑을 받았을 때가 첫째고요. 드라마 〈킬미, 힐미〉 OST로 나왔던 〈환청〉이라는 곡이 1위했을 때가 뿌듯했던 것 같아요. 제 자신에게 수고했다고 말해줄 수 있었던 순간이었어요.

그러면 지금까지 하면서 가장 만족스러웠던 곡과 아쉬웠던 곡은 무엇인가요?

아쉬웠던 곡을 먼저 얘기하면, 인순이 선배님 18집《Umbrella》타이틀곡 〈아름다운 girl〉을 꼽을 수 있을 것 같아요. 제가 데뷔한 지 얼마 안됐을 때 쓴 곡이거든요. 당시에 인순이 선배님을 검색해보니, 제 나이보다 선배님께서 가수로 활동하신 기간이 더 많은 거예요. 그래서 엄마께 선물을 드린다는 생각으로 가사를 썼어요. 실제로 인순이 선배님과 저희 엄마는 두 살 차이세요. 하지만 결과적으로는 굉장히 아쉬운 곡이 됐죠. 그렇게 대선배님의 곡을 작사할 수 있는 기회가 흔치 않은데, '좀더 열심히 해 볼걸' 같은 후회가 남아요. '지금이라면 더 잘할 수 있지 않을까?'란 생각도 들고요.

아, 그리고 SBS 드라마 〈딴따라〉 OST 중 〈너의 꿈에〉라는 곡도 좋아해요. 제가 쓰고 싶었던 가사를 썼던 것 같아요. 한 번에 쑥 나오기도 했고, 그동안 하고 싶었던 달콤한 곡이기도 하고. 거기에 제가 꿈꿔왔던 일들을 가사로 풀어서 굉장히 만족스러웠어요. 또, 트와이스의 〈Touchdown〉. 솔직히 외국곡 같은 경우는 가이드가 더 좋은 경우도 있거든요. 근데 가이드를 들었을 때보다 트와이스가 부른 버전이 훨씬 더 에너지가 살아 있어서 만족스러웠어요.

규현 씨 곡인 〈멀어지던 날〉은 어떤가요? 가사 분위기에서 '마플라이 작사' 특유의 부드러운 느낌이 많이 묻어났다고 생각해요.
그것도 가장 만족스러운 곡 중 하나예요. 특히 뮤직비디오가 정말 마음에 들었어요. 제가 그렸던 상황이 장면에 딱 맞아떨어지게 나왔거든요. 가사를 쓰면서 생각했던 장면들이 있었는데, 그게 그대로 뮤직비디오에 그려진 것을 보고 정말 기분이 좋았어요.

한국 정서

"한국인만이 지닌 정서나 감정을 표현하는 방법이 있는 것 같아요."

사랑 노래라면 대부분의 곡이 아무래도 연인 관계를 전제로 하는 경우가 많잖아요. 본인은 경험담 위주로 쓰는지, 다른 작품을 참고하는지 궁금해요.

작사가가 되고 싶다는 친구들 중에는 어느 경우라도 무조건 자기 경험담을 쓰겠단 친구들이 많아요. 그런데 그게 생각보다 쉽지 않아요. 가수를 고려하지 않고 작사를 한다는 건 불가능한 일이거든요. 그러니 매번 자기 경험담을 가사에 쓰는 게 쉽지 않죠. 하지만 가수와 곡, 여기에 내 경험담이 맞아떨어질 때가 한 번씩은 와요. 그렇다 보니 어느 경우엔 경험담을, 어느 경우엔 상상을, 어느 경우엔 두 가지 모두 섞여있을 때가 있는 거죠.

경험담은 몇 %정도인 것 같나요?

비율로 따지면 반반 정도인 것 같네요.

요즘 가사 대부분이 사랑 이야기라는 인식이 많잖아요. 최근 나오는 대부분의 곡에서 사랑이 핵심적인 이야기 소재가 되는 이유가 무엇이라고 생각하시는지.

대중이 공감하지 못하면 인기를 얻을 수 없잖아요. 많은 사람이 들을 수 있는 음악을 써야 하는데, 공통점이 어찌 되었든 사랑 그 자체가 중요한 감정인 것 같아요. 연인이든 부모든 가족 간의 사랑이든 친구 간의 우정이든 간에 이 모든 것을 묶을 수 있는 단어가 사랑이니까요. 그게 아니면 자신을 사랑할 수도 있고요. 저도 사랑 얘기를 많이 쓰지만, 동시에 무조건적인 연인 간의 사랑 얘기는 피하려고도 해요. 태티서의 〈Holler〉나 태연의 〈I〉를 보세요. 100% 연인과의 사랑 이야기는 아니잖아요. 진부하다기보다는 다른 형태의 사랑을 찾기 위해 노력하는 것 같다고 할까요? 나를 찾거나 그런 식으로요. 요즘엔 자기 자신에 관한 이야기를 많이 하다 보니 그런 가사도 많이 나오는 것 같네요.

사실 한국 작곡가들에게는 서양 팝의 감각을 익히는 게 필수였잖아요. 실제로 자기 음악에 아메리칸 팝이든 브리티시 팝이든 서구적인 작법을 넣지 않더라도, 일단 공부는 해야 한다는 생각이 지배적이었죠. 하지만 작사가는 좀 다른 입장이었을 것 같아요.

작사가는 한글로 글을 써야 하는 사람들이니까요. 한국 정서가 어떤지 모르면 안 되니까 그 부분을 연구하려는 자세가 필요한 것 같아요. 팝에 대한 감각을 갖고 있어야 하는 것도 맞지만, 글을 쓰는 사람들이기 때문에 한국 가요에서 쓰는 가사에 대한 감각을 익혀야 하죠.

하지만 세계 음악시장 전반에 걸쳐서 트렌드라는 게 있고, 또 창작자 입장에서 최대한 시야를 넓혀야 할 의무 아닌 의무도 있고요.
그래서 외국 가사 흐름을 꾸준히 체크해요. 많이 보는 편이에요. 분석을 하지는 않지만, '아, 이런 주제로 가사를 많이 쓰는구나' 정도는 꼭 생각하고 있죠. 일본 가사도 보고 중국 가사도 많이 봐요. 중국 가사는 한문 속에 많은 의미가 함축돼 있더라고요. QQ뮤직 차트, 오리콘 차트, 빌보드 차트에 오른 곡들은 계속 모니터링하고 있어요.

작사를 하면서 우리나라 사람들에게 가장 강력하게 호소할 수 있는 정서가 무엇일지 많이 고민해보셨을 것 같아요. 좀 크게 얘기하자면, 한국적인 정서가 무엇인지에 관해서요.
일전에 제가 작사한 곡이 번안되어 외국으로 나간 경우가 있었어요. 그때 느낀 건데, 한국인만이 지닌 정서나 감정을 표현하는 방법이 있는 것 같아요. 외국과는 좀 다른 거죠. 예를 들어 발라드에서 특유의 아련함이 있고, 댄스에서도 좀더 시적인 표현들을 쓴다거나. 외국은 굉장히 직설적인 표현을 자주 쓰더라고요. 최근 중국 시장이 커져서 중국 가사를 자주 보는데, 거기도 직설적인 가사를 많이 써요. 그렇게 비교해서 보다보면 한국인 정서가 있다는 게 느껴지죠.

감정을 표현하고, 어떤 상황을 묘사하는 데에 있어서 특유의 분위기라는 게 있어요.

외국에서 투어를 하거나 외국에서 그 곡을 선보이기도 하는데, 이런 경우를 생각해본 적도 있으신가요? '이 곡을 이해하지 못하는 사람도 들을 텐데'와 같은 부분요.

꼭 외국이 아니라도 이런 경우가 있어요. 트와이스의 〈Touchdown〉은 일단 듣자마자 '타이틀곡은 아니라도 무대는 하겠네' 싶더라고요. 행사나 대학교 축제 같은 곳에서 꼭 부를 것 같다는 생각이요. 왜냐면 분위기를 띄우기 너무 좋은 곡이었거든요. 그래서 가사를 무조건 쉽게, 따라할 수 있게 쓰자고 생각했어요. 그리고 월드 투어를 할 때라면…. SM 소속 가수들 같은 경우에는 해외에서도 수록곡 무대를 꼭 하는 편인데요. 그걸 염두에 두고 가사를 써요. 우리말로 된 가사를 모르는 외국 팬들이 무대를 보고 느껴지는 감정이 있을 테니까, 저도 그 무대와 어울리는 가사를 써야겠다는 생각을 하는 거죠. '이 가사가 무대를 꾸몄을 때 어떻게 될까, 예쁘게 나올까?' 같은 생각을 하고, 춤도 상상해보고요. 아니면 춤까지는 아니더라도 뮤직비디오를 상상해보거나. 거기에 담길 메시지가 있을 테니까요. 그때 내 가사를 어떻게 풀 수 있을지 생각해보는 거예요. 타이틀곡은 특히 고민을 많이 하죠. 가사를 좀더 생동감 있게 쓰려고 노력하는 것 같아요. 또 저는 가사에 메시지를 꼭 넣으려고 하거든요. 하나의 스토리도 꼭 넣으려고 하고요. 스토리를 넣으면 스태프들이 무대를 꾸미기 훨씬 쉬운 것 같더라고요.

막상 무대를 봤을 때, 내가 쓴 가사와 잘 맞아떨어지지 않으면 그게 아쉬울 수도 있겠네요.

아쉬울 때도 있고, 제 가사가 미흡해 보일 때도 있고요. 여러 가지 상황이 그때그때 섞이는 것 같아요. 그래도 어느 경우에서든 제가 쓰려는 대상을 생생하게 묘사하고, 그 안에서 하나의 흐름을 지닌 스토리를 효과적으로 녹여내기 위해 나름대로 노력하고 있죠. 그런 식으로 최선을 다해서 작업했을 때라야 아쉬움이 좀 덜하더라고요. 그리고 사실 가사는 듣는 분들이 해석하기 나름이잖아요. 하지만 가사에 직접적인 표현을 쓰는 대신에 그 감정을 하나의 이야기 맥으로 잘 표현했을 때, 비로소 대중이 할 수 있는 해석이 더 다양해질 거라고 봐요. 예를 들어서 "내가 널 좋아해"라는 말이 계속 직접적으로 나와버리면 청자 입장에서 해석이라는 게 전혀 필요 없는 상황이 되어버릴 수 있으니까요. 곡에 자연스런 흐름이 없고 감정만 나열하면 기대할 게 없는 무대가 될 수도 있다고 생각해요. 그리고 이런 부분을 제가 조율할 수 있다는 게 이 일의 매력인 것 같아요.

가사의 비중

"모든 부분들이 합쳐졌을 때 하나의 멋진 곡이 나오는 거니까."

어쩌면 가장 예민한 질문이 될 수도 있는데요. 굉장히 오래전부터 음악가들이 논쟁을 했잖아요. 지금도 여전히 평론가들이 이 내용으로 다투기도 하고요. 노래를 구성하는 요소를 크게 곡(좁게는 멜로디)과 가사로 나눌 때, 둘 중 어느 요소가 더 중요하냐는 얘기가 아직도 종종 나와요. 가사보다 곡이 더 중요하다는 이야기를 들으면 작사가 입장에서 어떤 생각이 드세요?

좋은 곡이 나오려면 어느 것 하나 중요하지 않은 게 없는 것 같아요. 악기 소리 하나까지 정말 다 중요하죠. 그래서 꼭 작사나 작곡이 더 중요하다기보다는, 모든 부분들이 합쳐졌을 때 하나의 멋진 곡이 나온다고 생각해요. 음악은 종합예술이기도 하고요. 무엇 하나 빼놓을 수 없는 것 같죠. 그래도 굳이 꼽자면 사실은 음악이 더 중요한 것 같아요. 음악적인 베이스와 감정, 멜로디, 편곡에 따라 작사가 많이 영향을 받는 건 사실이니까요.

그래도 지금은 많은 회사들이 전보다 작사에 높은 비중을 두고 있는 것 같아요. 제가 처음 작사가를 시작했을 때만 해도 작사를 중요하게 여기는 회사가 많지 않았던 것 같은데, 요즘은 좀 늘어났어요. 작은 회사도 작사가를 정말 중요하게 여기고 있는 것 같아요. 이런저런 사회 현상과 맞물리는 것 아닐까 싶죠. 요즘은 메시지를 중요하게 여기고, 정서적 코드가 힐링, 사람들을 위로하는 음악 같은 것들에 꽂혀 있다 보니 작사가 중요해진 것 아닐까요? 한 마디 한 마디가 이슈가 될 수도 있고, 그렇다 보니 회사들이 작사가를 좀더 신경 쓰고요. 새로운 사람을 발굴하려고 노력하고, 신선한 시선을 원하기도 하고, 이런 식으로 여러 변화가 일어나고 있는 것 같아요.

예전에는 작사가가 이름을 널리 알리는 경우를 찾기 힘들었어요. 그런데 이제는 유명해지는 사례가 점점 늘어나고 있잖아요.

예전에는 SNS가 발달하지도 않았고, 작사가보다는 작곡가가 더 많은 주목을 받았다고 생각해요. 그러다 시간이 지날수록 메시지가 중요해졌잖아요. 이런 흐름을 타고 작사가들이 주목받기 시작한 것 같아요. 나쁜 현상은 아니라고 생각해요. 예전에도 지금처럼 SNS나 방송 플랫폼이 많았다면 작사가들이 더 많이 알려지지 않았을까 싶기도 하거든요. 참, 팬 분들이 선물을 보내주시는 경우도 있어요. 정말 가끔이지만요. 잘 받고 있어요. 여러 가지로 매력이 많은 직업인 것 같아요.

결국, 작사가란

"작사가가 해야 하는 일은 감정을 극대화하는 일이라고 생각해요."

그러면 본인이 생각하는 작사가라는 직업, 거기에 가장 필요한 능력은 무엇인가요?

작사가가 해야 하는 일은 곡에 실린 감정을 극대화하는 일이라고 생각해요. 작곡가가 곡을 쓰는 과정에서 묻어놓은 특별한 감정에 하나의 스토리를 넣어 전달력을 높이는 거죠. 그러니 이 직업에 꼭 필요한 능력이라면, 아무래도 곡 해석 능력과 스토리텔링 능력인 것 같고요.

이 직업이 지닌 장단점을 좀 정리해주셨으면 해요.

가장 좋은 건 투잡이 가능하다는 것? (웃음) 시간을 잘 분배하면 본인 마음대로 쓸 수 있어요. 여행도 갈 수 있죠. 심지어 여행을 가서도 할 수 있는 일이니까 충분히 여유롭게 할 수 있는 직업이에요. 힘든 점은 데드라인이 촉박한 경우가 많다는 거죠. 물론 데드라인이 촉박해도 시간 분배를 자기 스스로 잘할 수 있다면 어렵지 않을 것 같은데, 처음 하시는 분들은 힘들 수 있죠. 또 일이 언제 올지 몰라서 미리미리 계획해두고 처리하는 게 힘드니까요. 그런 게 단점이에요.

실제로 작사가 분들 중에 투잡하시는 분들이 많은가요?
굉장히 많아요. 국제 변호사를 하는 작사가, 사업을 하는 작사가, 직장인 작사가 등등….

작사를 가르치는 일도 하고 계시잖아요. 보람도 있겠지만, 나름대로 고충도 있을 것 같아요.
작사를 가르치는 일 자체는 어렵지 않은 것 같아요. 그리고 작사를 배우려고 오시는 분들도 대중의 범주에 속하는 분들이시잖아요. 그래서 그분들과 커뮤니케이션을 하고 '아, 음악을 듣는 입장에서는 이런 생각을 가지고 있겠구나'를 느끼면서 생각의 폭도 넓어지는 것 같고요. 실력이 늘어가고 데뷔하시는 모습을 보면 뿌듯하기도 해요. 하지만 그에 대한 책임을 느끼죠.

예를 들면 고등학교 3학년 담임을 맡은 선생님이 느끼는 부담감? 그런 것과 비슷한 종류의 책임감이라고 보면 될까요?
비슷할지도 몰라요. 제가 열심히 가르치지만, 실제로 그분들이 데뷔까지 이르는 과정이 쉽지 않으니까요. 요즘엔 작사를 하는 친구들이 워낙 많기도 하고, 한 회사에서 시안을 수십 개, 많게는 백 개까지 받기도 하거든요. 그러니 거기서 선택받는 것 자체가 너무 어렵고, 만약 선택받는다고 해도 이 일만으로 수입을 창출하기엔 어느 정도 시간이 걸려요. 처음부터 저작권이 빵 터지는 일은 없기 때문에(웃음). 물론 한 곡이 잘돼서 첫 달에 저작권료가 나올 수도 있지만, 수입원으로 삼기엔 곡들이 하나하나 쌓여가는 기간이 필요하고요. 그게 어떤 사람은 1~2년이 될 수도 있고, 어떤 사람은 10년이 될 수도 있죠.

작사가가 되고 싶어 하는 사람들에게 조언할 게 있다면요? 낭만적인 버전과 현실적인 버전으로요.

낭만적인 버전은, 음악을 많이 들으라는 것? 저는 학창시절에 브라이언 맥나잇Brian McKnight의 곡을 자주 들었는데, 그걸 한국말로 많이 바꿔봤어요. 왜 그랬는지는 잘 모르겠는데, 그런 일을 많이 했었어요. 그리고 공책에 한국 가사들을 베껴 쓰는 것도 많이 했었죠. 초등학교 땐 테이프, 중학교와 고등학교에 다닐 때는 CD를 들었는데, 그때 음반에 들어 있던 가사지를 노트에 다 베꼈어요. 그게 은연중에 도움이 되지 않았나 싶어요.

반면에 현실적인 조언이라면, 이 직업이 결코 편하지 않다는 것? 마감도 많고, 지켜야 할 것도 많고요. 그 와중에 자기 생활도 잘해야 하니까요. 유명해질수록 기대치가 높아지니 더 힘들어지고요.

지금 이 순간

"누구에게나 지금 이 시간, 당장 이 순간은 딱 한 번 밖에 없잖아요."

앞으로 함께 해보고 싶은 아티스트가 있나요?

성시경 씨, 백지영 씨와 꼭 작업해보고 싶어요. 노래를 무척 잘하시
고, 가사를 잘 표현하시는 것 같아서요. 그리고 이건 꿈인데요. 조용
필 선배님, 이선희 선배님과 해보고 싶어요. 연륜 있는 분들이 제 가
사를 불렀을 때 어떤 느낌이 날지 궁금해요. 이런 대선배님들과 함
께 작업해보고 싶죠. 꿈입니다(웃음).

글 쓰는 일을 하지 않았다면 어떤 일을 하셨을 것 같나요?

글 쓰는 것 말고… 그랬으면 아마 작곡가가 되고 싶었을 것 같아요.
음악을 워낙 좋아해서요. 근데 잘하는 악기가 하나도 없어가지고…
(웃음). 피아노는 바이엘 수준으로 치거든요. 하지만 작곡가가 아니
더라도, 문화 콘텐츠 분야에서 의미 있는 것들을 만들어내는 사람이

되고 싶었을 거예요. 대중에 좋은 영향을 줄 수 있는 콘텐츠들을 쭉 만들고 싶었거든요. 아직도 그런 꿈을 갖고 있고요. 사실 저도 앞으로 제 삶이 어떻게 흘러갈지 잘 모르겠어요. 하지만 제가 그동안 받은 것들을 또 다른 누군가에게 주고 싶다는 마음이 가장 커요. 봉사활동을 할 수도 있고요. 커리어적인 부분으로는, 드라마를 좀더 하고 싶어요. 나이가 많이 들면 악기를 배워보고 싶다는 생각도 하죠. 어떤 악기인지는 그때 가봐야 알 것 같고(웃음).

얼마 전에는 처음으로 책을 내셨어요. 《낯선 곳으로의 산책》이라는 에세이집인데, 역사 유적지와 관련된 감상을 청춘이라는 코드로 풀어냈다는 점이 독특하다고 느꼈어요.

예전에 세월호 추모곡 가사를 써달라는 제안을 받았어요. 그런데 그 당시에는 제가 과연 위로라는 걸 할 수 있을까 싶은 마음이 커서 결국 거절했거든요. 저는 실제로 그들의 가족도 아니고, 그런 일을 겪어본 것도 아닌데 어쭙잖은 위로는 안 하느니만 못하다고 생각했죠. 하지만 점점 후회가 되는 거예요. 나는 가사라는 것에 굉장히 많은 의미부여를 하는 사람인데, 정작 위로가 필요한 분들을 위해 아무것도 하지 못했다는 생각이 들었죠. 그 일 이후로는 '내가 꼭 써야 할 이야기는 써야겠다'는 다짐을 했어요. 그런 마음을 먹고난 이후로 처음 나온 글이 이 책인 거예요.
원래는 친구들과 평범한 해외여행을 다녀올 생각이었거든요. 그런데 제가 언행일치가 안 되는 사람을 싫어해요. 저 스스로 역사에 관심이 많다고 자부하면서 정작 피상적인 접근 외에는 행동으로 옮겨본 적이 없다는 게 어느 순간에 너무 부끄러워지더라고요. 그래서 스승님과 함께 중국에 있는 독립운동 유적지에 갔어요. 그때 느꼈죠. 현장에서 귀를 기울일 때라야 들리는 소리가 있다는 걸. 나는 민주항쟁도, 전쟁도 겪어보지 않은 세대인데 막연하게 그 시절을 '힘든 시절'로 배운 정도였지만, 정작 그곳에 가는 순간 매일 망치로 머리를 얻어맞는 기분이었어요. 정말 나는 내가 가사에 담고 싶다고 이야기한 희망, 위로, 꿈 이런 가치를 내 삶으로 실현하는 사람인가 싶더라고요. 그러니까 이 책은 팔려고 쓴 게 아니고, 읽는 사람들과 제 이야기를 편하게 나누고 싶어서 쓴 거예요. '산책'이라는 게 그렇잖아요. 밥도 먹고, 쉬기도 하고, 생각도 하고. 공감이 아니라면 반론을 제기해도 좋아요.

책에는 마플라이가 아니라 예오름이라는 예명을 쓰셨어요.
저는 '말의 힘'을 믿는 편이에요. 작가의 이름대로 사람이 살아진다고 생각하고요. '시참'이라는 말이 있어요. 어떤 시인이 시를 썼는데, 시 내용 대로 살게 된다는 뜻이에요. 예술 예藝, 오름은 작고 낮은 언덕이잖아요. 결국 누구나 읽을 수 있는 편안한 글을 쓰는 작가라는 뜻이에요. 요즘 글 쓰는 분들은 너무 어렵게 쓰는 경향이 있는 것 같아요. 저는 반대로 편하게 많은 사람들이 읽을 수 있는 내용의 글을

쓰고 싶어요.

예아람이라는 크리에이터 모임은 어떻게 만들게 되신 거예요?

한 출판사에서 먼저 제안을 했어요. 이름이 독특하죠? 고대어 중에 아람어라는 게 있어요. '높고 존귀하다'는 뜻이 담겨 있대요. 그리고 아람이라는 단어가 순 우리말로는 '무르익는 곳'이라는 뜻이고요. 높고 존귀하게, 예술이 무르익는 곳이 되라는 뜻인 거죠. 개인적으로는 건강한 작가 팀을 만들고 싶었어요. 막내 작가 함부로 부리는 곳이 많은데, 그런 곳 말고 정말 건강하게 의견을 나누고 좋은 일도 많이 할 수 있는 모임을 원했죠. 요즘 제가 원했던 대로 아주 잘 진행되고 있어요.

마지막 질문이에요. 작사하면서 오히려 스스로에게 위안이 됐던 곡을 하나 꼽아주시겠어요? 기운 없는 친구에게 추천할게요.

여자친구의 〈찰칵〉이요. 거기 들어 있는 가사 중에 "먼 훗날 이 사진을 보며/빙그레 또 웃을 수 있게 더 행복할래/아무도 나를 대신 할 수 없어" 평범해 보일 수도 있지만, 개인적으로 참 좋아해요. 누구에게나 지금 이 시간, 당장 이 순간은 딱 한 번 밖에 없잖아요. 그런 생각을 하다가 나온 가사인데요. 매 순간, 나의 모든 일상이 사진으로 찍혀서 남는다면 어떨까요? 먼 훗날에도 지금 이 순간 찍힌 내 모습을 보며 또 다시 활짝 웃을 수 있었으면 좋겠다는 마음을 갖고 썼어요. 매일이 선물인 것처럼 사는 거죠. 만약 지금 내가 찡그리고 있다면, 훗날 그 사진을 보고 또 다시 찡그려야 할 것 같으니까요.

또 하나는, 역시 애정이 있어서 그런지 여자친구의 노래인데요. 최근에 나온 〈Rainbow〉라는 곡이에요. 주변 사람들이 비를 좋아하더니 이제는 무지개로 진화한거냐고 농담을 하더라고요(웃음). 아무튼 가사를 보시면 알겠지만, 누구나 자기 안에 자라지 못한 어린아이가 한 명쯤은 있잖아요. 어떨 땐 세상이 두렵고 무섭기도 하고, 어떨 땐 행복하고 나를 막 반기는 것 같기도 하고요. 아직 다 자라지 못한 어린 아이의 순수한 관점에서 이야기를 풀어보려고 했어요. 저의 가사답게 불가능은 없다고, 상처 위로 무지개가 빛날 것이라는 희망적인 내용을 담아서 썼죠. 아마 제가 힘든 시기에 스스로에게 하고 싶었던 말을 가사로 적은 것 같아요. 비가 오고 나면 무지개가 뜨듯이 우리 삶도 그럴 테니까요.

디자이너
장성은

디자인 회사 매치 MA+CH 대표.
앨범 디자인 전문 회사 '지직'에서
10년을 근무했다.
이후 YG 엔터테인먼트 디자인팀에서
크리에이티브 디렉터로 근무하며
소속 아티스트들의 로고, 앨범 패키지 및
MD 상품 등을 디자인했다.
이후 독립해 1인 기업 매치를 창립,
꾸준히 앨범 패키지 작업을 이어오고
있다. 현재는 엔터테인먼트 디자인
이외에 라이프 상품 디자인에도
큰 관심을 갖고 있다.

"아이돌은
대중예술의
영감"

Designer
Jang Seong Eun

interviewee
Jang Seong Eun

장성은 대표의 이력은 화려하다.
그러나 긴 시간 동안 이야기를 나누며 느낀 것은,
그의 뛰어난 능력에 대한 놀라움보다
자신 안에 갖고 있는 삶의 기준이
누구보다 명확하다는 점이었다.
그는 일단 움직인다.
눈으로 보고, 손끝으로 만져보며, 귀로 듣고,
그리고 나서야 생각한다.
주어진 일의 과정은 숙달될 때까지 익히고,
거기에 더할 수 있는 것들을 모두 더해
반짝이는 아이디어 상품을 만들어낸다.
그에게는 삶도 찬란한 아이디어다.
다이내믹한 경험을 더해주는.

계획에 없던 삶

"'빨리 성공해야지.' 이런 생각으로 일을 시작한 게 아니었어요."

**존박 디지털 싱글 작업하신 걸 봤어요. YG 엔터테인먼트에 계실 때 만드신 작업
물과는 완전히 다른 느낌이라 흥미로웠어요.**

회사와 아티스트마다 분위기가 다르니까요. 개인적으로 존박 씨 소
속사와 일을 오래 했어요. 첫 회사에서 만나서 지금까지 계속 했죠.
이번 존박 씨 싱글은 좀 어려웠던 점이 있어요. 제가 주로 하는 패키
지들은 3D까지 염두를 두고 하는 거잖아요. 그런데 이건 디지털 싱
글이다 보니까 2D로만 음악을 대변해야 했죠. 딱 맞는 이미지가 필
요했는데, 저와 회사 분들이 생각한 스타일이 서로 달랐거든요.

**존박 씨 이야기를 먼저 꺼낸 이유가 있어요. 앞서 작업하신 앨범 재킷들과는 분
위기가 많이 다르더군요. 전에는 다크한 분위기가 많이 났거든요. 빅뱅, 태양 앨
범 등을 보면 철학적인 소스를 많이 활용하고 계신 것 같기도 하고요.**

오, 그런가요? 제 작품에 특징이 있다는 건데 그런 이야기는 처음이
에요. 칭찬이네요. 감사해요.

**오랫동안 일을 해오셔서 그런지 본인만의 확고한 디자인 스타일을 갖고 있는 것
같아요. 그런데 정작 학창 시절에는 미술을 전공할 생각이 없으셨다면서요.**

네. 제가 졸업한 대학교는 일단 입학을 한 다음에 전공을 선택하게
되어 있었거든요. 입학할 때만 해도 국제어문학부 수업을 주로 선택
했고, 디자인과 관련 있는 과목은 교양 과목 삼아서 들었죠. 솔직히
예체능 과목이 좀 쉬웠거든요(웃음). 소위 말하는 점수를 '깔고' 가는
재미있는 과목 같은 느낌이었어요. 그런데 그렇게 생각했던 게 제
인생을 바꿔놓은 거죠.

제가 가만히 앉아서 열심히 공부하는 스타일이 아니에요. 그러니 국
제어문학부 수업에 가면 지루해서 열심히 졸았죠. 그동안 다른 사람
들은 공부하고 있는 거예요. 반면에 산업디자인 수업에 갔더니 분위
기가 영 달랐어요. 서로 생각도 공유하고, 대화 나누는 게 자연스럽
더라고요. 이게 제 기준에는 '공부하지 않는' 수업이었던 거죠. 그런
데도 막 학점이 나오니까 얼마나 신났겠어요. 그다음부터 점점 이쪽
에 관심이 가기 시작했어요.

**예체능 과목이 쉽게 느껴졌던 걸 보면, 일단 이 일을 하는 데 있어서 가장 중요한
자질을 갖고 있었던 것 아닐까요?**

그냥 자유로운 분위기가 좋았어요. 한곳에 앉아서 공부하는 것보다 자유롭게 돌아다니면서 공부하는 게 적성에 맞는 사람이었던 것 같아요. 물론 전혀 해보지 않은 분야라는 생각 때문에 두려움은 계속 있었죠. 잘해낼 수 있을지 확신이 안 섰어요. 제가 갖고 있는 고정관념 안에서는 디자인이라는 게 무조건 '그림을 잘 그려야 할 수 있는 일'이었거든요. 그런데 전 그림을 전혀 못 그리고. 그런데 첫 회사는 앨범 패키지 회사였고(웃음).

공부를 완전히 새로 시작한 기분이었을 것 같아요.

정말 처음부터 다시 배운다는 자세로 임했어요. 지직은 4학년 2학기부터 다녔는데, 취직하러 간 게 아니고 교수님이 진행하신 프로젝트의 일환으로 다닌 거였어요. 졸업 전에 좋은 포트폴리오 하나 만든다고 생각하고 갔죠. 들어가고 보니 거기가 엔터테인먼트 쪽과 연결돼 있는 디자인, 그러니까 앨범 디자인을 하는 스타트업 기업이었던 거고요.

제가 지직 대표님께 굉장히 감사한 부분이 있는데요. 당시에는 음반 디자인 쪽이 시각 디자인, 즉 2D 개념으로 알려져 있었거든요. 그런데 대표님은 산업 디자인을 전공하신 분이라 워낙 3D적인 생각을 많이 하셨어요. 앨범 디자인을 시각 디자인이 아니라 패키지 디자인으로 이해하셨던 거죠. 그래서 자연스럽게 2D보다는 3D적 구현을 우선으로 두었던 거고요. 흔히 보는 플라스틱 케이스를 벗어난 형태를 많이 시도했는데, 제가 그 영향을 많이 받았어요. 소재나 새로운 인쇄 기법에 굉장히 관심을 많이 뒀죠. 그때는 모든 것이 다 배울 수 있는 것들이었고, 그걸 조금씩 알아가는 즐거움이 컸어요.

얼떨결에 들어간 회사에서 10년을 계셨다는 게 신기하고 대단해 보여요.
사실 사회 초년생일 때는 1, 2년만 지나도 이렇게 생각하기 쉬워요. '와, 나 다 아는 것 같다. 독립해도 되겠는데?' 그리고 여기서부터 실수를 겪게 되는 거죠. 저도 그랬거든요. 그런데 시간이 지날수록 '내가 정말 다 알고 있는 게 맞을까?' 하는 의구심이 들더라고요. 그러다 깨달았죠. 갈등이라는 게 원체 입사 초반에 가장 많을 수밖에 없다는 점, 그럼에도 불구하고 회사에서 배울 게 아직 많다는 점 등이 점점 와 닿더라고요.

처음에는 대표님과 함께 미팅에 들어가도 저는 없는 사람이나 마찬가지였어요. 그냥 아무 말도 안 하고 지켜보기만 했으니까요. 하지만 어느 순간부터 제가 바뀌고 있더라고요. 클라이언트와의 대화가 시작되는 순간부터 저도 머릿속에서 회의 내용을 가지고 프로세싱을 하는 거예요. 클라이언트가 질문을 할 때 마음속으로 답변을 생각하는 거죠. 예를 들어서 클라이언트가 마음에 안 드는 부분을 얘기할 때, '만약에 내가 저 상황이었다면 어떻게 대답했을까? 뭐라고 해야 명쾌한 설명이 될 수 있을까?' 생각해보죠. 그렇지만 당장은 적절한 답변이 떠오르지 않는 거예요. 그래서 계속 머리를 쓰고 있는

데, 대표님은 그 상황에서 굉장히 능수능란하게 클라이언트를 이해
시킨다거나, 다른 상황으로 싹 바꿔서 유연하게 넘어가시더라고요.
놀랐죠. 그걸 지켜보면서 혼자 몇 년 동안 시뮬레이션을 돌렸어요.

그게 지금 회사를 차릴 수 있게 만든 힘이었고요.
그런 것 같아요. 최근에 과거를 돌아보면서 느낀 게 있어요. '아, 내
가 나도 모르게 독립할 준비를 계속 해왔구나' 싶더라고요. 전 진짜
마이너스에서 시작했잖아요. 한동안 대표님이 하시는 것을 관찰하
면서 그 과정을 익혔던 것 같아요. 예를 들자면, 사소하게는 단축키
외우는 것부터요. 그렇게 하나하나 몸으로, 눈으로 배우면서 꼬박
10년을 있었던 거고요. 그냥 어느 날 돌아보니 10년이 흘렀다고 생
각했는데, 지금 돌이켜보면 저도 모르게 눈으로, 머릿속으로 다양한
프로세싱 과정을 체험했던 것 아닐까 싶어요.

**전공도 아닌 분야에 뒤늦게 뛰어든 건데, 생각보다 빨리 적응할 수 있었던 이유
는 무엇이었을까요? 이런 상황에서는 조급해지기 일쑤잖아요.**
저는 '이걸로 성공하는 게 꿈이야' 내지는 '빨리 성공해야지' 이런 생
각으로 일을 시작한 게 아니었어요. 배우는 것 자체가 너무 좋고 재
미있었죠. 또 제 장점이 책임감이 강하고 성격이 좀 무던하다는 점
인데, 그게 이 모든 것을 버티게 했던 원동력이었던 것 같아요. 맡은
일은 제대로 완수하겠다는 생각으로 했으니까요. 이제 와서 돌이켜

보면 감사한 것밖에 없죠. 제가 한 번도 계획한 적 없는 삶을 살고 있는데, 어쩌면 정확히 맞는 길이며 방향으로 이끌려 왔는지 신기할 따름이에요. 저를 보면서 누구나 노력하면 불가능은 없다는 점을 믿으셨으면 해요. 또 도전을 두려워하는 분들이 계시다면 용기를 드리고 격려하고 싶고요.

YG X 장성은

"여기가 단순하게 내 꿈을 이루는 장소로만 사용되는 게 아니라는 걸 깨달았어요."

어떤 계기로 회사를 그만두었나요? 10년이나 몸담았던 곳을 그만두는 건 익숙 해진 일상을 완전히 바꿔버린다는 얘기잖아요. 물론 커리어적으로는 이미 본인 만의 영역을 충분히 구축한 상태였으니 문제가 없었을 것 같지만요.

지직에서 꽉 채운 10년을 보내면서 좀더 가치 있는 삶이 무엇인지 줄곧 고민했어요. 10년 동안의 삶을 통해서 제가 디자이너로서 많이 성장했을 수는 있어요. 그런데 제 삶에서 디자인이 첫 번째 가치나 목표는 아니었거든요. 어느 날엔가, 문득 놀랐어요. '내가 진짜로 이 일을 10년이나 한 건가?' 싶더라고요. 그동안에는 이렇게 진지하게 디자인이 갖는 무게에 대해 생각해본 적이 없었어요. 그리고 이런 생각을 하는 나 자신을 발견하니까 겁이 나더라고요. '아, 내가 설마 디자인이란 것에 빠져든 건가?' 하고. 그쯤 되니까 반대의 생각이 들 었죠. '디자인이 내 삶에 우선순위가 되기 전에 이 일을 내려놓아야겠다' 싶었어요.

그걸 10년이나 지나서 발견한 거라고요? 그것도 자신감이 아니라 두려움으로?

(웃음) 네. 9년까지는 정말 저런 생각이 하나도 안 들었어요. 그러다 덜컥 겁이 난거죠. 어떤 분야든 10년 정도 같은 일을 꾸준히 하게 되면 소위 전문가라고 부르잖아요. 제 삶의 가치와 우선순위는 디자인이 아닌데, 내가 커리어라는 것에 매어서 나 자신을 잃으면 어떡하나 싶었어요. 그 어떤 것도 삶의 가치를 넘어설 수 없다는 생각이 들면서 어디론가 가야한다는 생각이 들었어요. 이후에 가치 있는 일을 향해 가겠다며 선택한 곳이 러시아였던 거죠. 딱히 살고 싶은 나라였던 건 아니지만, 여러 가지 사인과 이끌림에 선택하게 됐죠.

그러면 YG 엔터테인먼트(이하 YG)❶ 같은 경우에는 본격적으로 엔터테인먼트 회사에 다녀보고 싶다는 생각 때문에 입사한 건가요?

아뇨. 그건 전혀 아니에요. 또 회사에 들어가서 일 할 생각은 아예 없었거든요. 회사 생활 자체가 싫어서 그랬던 건 아니고, 자유롭게 일하고 싶다는 욕구가 있었어요. 누구나 꿈꾸는 로망이잖아요. 하지만 삶이 계획한대로 흘러가지 않는게 맞나 봐요. 말씀드린 것처럼 러시아에 갈 생각이었는데 그것도 사정 때문에 못 가게 됐고.

❶ **YG 엔터테인먼트** 그룹 서태지와 아이들 출신 가수 양현석이 회사 대표다. 1996년 현기획으로 출발해 1998년 양군기획을 설립했으며, 2001년 4월에 YG 엔터테인먼트로 법인명을 변경했다. 1997년 지누션Jinusean을 시작으로 원타임1TYM, 휘성, 세븐 등을 배출했다. 현재 싸이PSY, 에픽하이Epik High, 빅뱅BIGBANG, 위너WINNER, 아이콘iKON, 이하이LEE HI, 악동뮤지션AKMU, 블랙핑크BLACKPINK, 원ONE 등이 소속돼 있다.

러시아에 가겠다고 마음먹기 전에도 계속 YG와 일을 하셨고요.

프리랜서로요. 당시에 양현석 대표님께도 곧 러시아에 갈 거라고 얘기한 상황이었어요. 그때가 YG 사옥을 짓고 있을 당시였어요. 양사장님이 거기 데려가시더니 여기 디자인팀을 넣을 예정이니 저보고 오라고 하시는 거예요. 절대 안 간다고 말씀드렸죠. 대신 디자인팀 만들 때 필요한 것들은 다 도와드리겠다고 했어요. 디자인팀 인테리어는 어떻게 할지, 그 외에 필요한 물품도 다 적어드리고, 필요한 컴퓨터, 프린터기 모두 다 최고 사양으로 작성해서 드렸어요.

견적서를 대신 써준 셈이네요(웃음).

그렇게 하고 러시아 갈 날만 기다리고 있었죠. 그런데 그 나라는 비자를 받으려면 국가에서 초청장을 보내줘야 하거든요. 9월에 일정을 맞춰놨는데, 그때까지 초청장이 안 나오는 거예요. 알아보니까 이렇게 늦게 나오는 경우도 없대요. 그러다 겨우 시한에 딱 맞춰서 나온 걸 재빨리 들고 대사관에 갔어요. 다 러시아어니까 무슨 말인 몰라서 그냥 바로 제출했는데, 나중에 보니까 국적이 북한으로 나왔다는 거예요.

아, 저는 아예 초청장이 안 나왔다는 시나리오를 예상했는데, 더한 이야기가 기다리고 있었네요.

대사관 쪽에서 저한테 "이게 북한으로 나왔잖아요!" 하시더라고요.

아무튼 이 얘기를 들으신 양 사장님께서는 너무너무 좋아하셨죠. 그게 YG에 오라는 사인이라고.

그러면 엔터테인먼트 회사에 입사하고 새롭게 깨닫게 된 점이나 특별히 느낀 점이 있었을 것 같아요. 그동안은 밖에서 작업했지만, 이제는 아예 업계 내부 상황을 가까이에서 보고 적응해야 하는 상황이었으니까요.

막상 YG 안으로 들어가서 보니 연예인 한 사람의 영향력이 제가 생각했던 것보다 훨씬 큰 거예요. 밖에서 디자인하고, 콘셉트 잡고 할 때는 제 일에만 초점을 뒀으니 그게 어떤 건지 잘 몰랐거든요. 잘 안 와닿았던 거죠. 그런데 YG에 오니까 비로소 뭔가가 느껴졌어요. 팬들이 비가 오나 눈이 오나 이불 덮어쓰고 자신이 좋아하는 아이돌을 기다리고 있고, 일거수일투족을 쫓고, 이 친구들의 삶을 따라 하기도 하고요. 여기가 단순하게 내 꿈을 이루는 장소로만 사용되는 게 아니라는 걸 깨달았어요. 사명감을 가지고 일을 하는 사람이 필요하겠다 싶었죠.

한편으로는 자신이 지닌 영향력을 거시적으로 바라보고 선하게 사용하는 연예인이 나왔으면 좋겠다는 생각을 했어요. 그 주인공이 누가 될지 궁금하기도 했고요. 그런데 막상 안에서 일을 해보니 현실은 좀 달랐어요. 회사가 그런 마인드를 가지고 연습생 때부터 교육하지 않는다면 제가 바라던 사람들이 나오기 어려운 구조라는 생각이 들더라고요. 물질주의, 성공지향주의로 살다보면 중심을 잃고 유혹에 흔들리기 쉬우니까요.

YG에는 큰 기대를 업고 가셨잖아요. 양현석 대표님의 열렬한 환영과 함께요. 좋으면서, 한편으로는 부담이 되었을 것 같아요.

전혀 부담스럽지 않았어요. 남들이 저를 어떻게 생각하는지 별로 신경 쓰지 않아요. 그리고 양 사장님은 저를 모르는 상태에서 스카우트를 한 게 아니고, 오랫동안 함께 호흡을 맞춰보고 결정하신 거잖아요. 그동안 서로 익숙해진 게 있고, 코드가 맞는다고 생각해서 그런 제안을 한 거라고 생각했을 뿐이에요. '아, 나는 그냥 하던 대로 열심히 하면 되나 보다' 한 거죠. 서로 도움이 안 될 것 같으면 결코 함께 해서는 안 되는 거잖아요. 그리고 솔직히 일하는 것만 해도 정신이 없으니까 그런 생각할 겨를도 없었어요.

YG에서의 회사 생활은 어떠셨어요?

저에게 YG는 굉장히 편한 곳이었어요. 모든 것을 인정받고 간 곳이고, 그만큼 대우도 잘해주셨고요. 사실 무엇보다 가장 좋았던 건 YG가 방목형 회사라는 점이었어요. 제가 알아서 일을 할 수 있도록 그냥 맡겨주었어요. 덕분에 맡은 부분만 책임지고 해내면 됐죠. 그래서인지 회사 안에서 근무한 건데도 불구하고 좀 자유로웠던 것 같아요. 여기에 잠도 재워줘, 밥도 줘, 운동도 해…. 이것도 좋았고(웃음). 모든 조건들이 좋았던 건 확실해요. 심지어 그대로 프리랜서 때 제가 하던 작업들을 계속 해도 좋다고 한 상황이었거든요. 물론 근무시간에는 외부 작업을 하지 않았는데, 일단 그렇게 말씀해주신 것 자체가 감사했어요. "우리 것만 더 잘해주면 돼" 그러셨죠.

그런데도 그만두셨어요. 요새 많은 사람들이 선망하는 직장 중 하나인 YG를 그 만둔 거예요(웃음).

가치 있는 삶이 뭔지 계속 고민했거든요. 거기에 대한 갈증이 계속 있었어요. 제가 생각하는 가치 있는 삶은 잘 먹고 잘 사는 게 전부인 삶은 아니었어요. 계속 공허함이 느껴지더라고요. 스스로 더 뿌듯함을 느낄 수 있는 일을 찾고 싶었죠. 제가 그걸 커리어에서 찾는 사람은 아니었던 것 같아요.

쭉 그렇게 생각만 하고 있었죠. 그러다 딱 그 타이밍에 아무것도 가진 게 없는 후배가 자기 신념 하나만 갖고 어려운 발걸음을 떼는 모습을 봤어요. 가슴이 뛰더라고요. 돈 없어도 좋으니까 나도 저런 삶을 살고 싶다는 생각이 들었어요. 말 그대로 '쿨'한 삶이 아닌 '다이내믹'한 삶을 원했어요. 그게 YG를 나오게 된 계기가 됐죠. 내면에 강하게 온 사인이었어요.

후배 분 사연은 다른 인터뷰에서 몇 차례 말씀한 적 있으니 건너뛰도록 할게요. 그만둔다는 소식을 전했을 때 회사에서는 반응이 어땠나요?

회사는 팀제로 움직였던 곳이고, 그래서 제가 나간다 했을 때 아예 팀을 빼서 가는 게 아닌지 오해했을 수도 있겠더라고요. 저는 퇴사 후 명확한 계획이 없었기 때문에 당연히 혼자 나올 생각을 하고 있었고, 당시 저희 팀원들이 YG를 정말 좋아하고 있었죠. 회사와 저까지 모두 윈윈win-win할 수 있는 결정을 하고 싶었어요.

회사 입장에서는 팀 전체가 빠져나가면 엄청난 손실이었을 테니까요. 우려할 만했던 상황이네요.

당연하죠. 당시에 저희 팀은 크게 세 파트로 나눠져 있었죠. 앨범 만드는 사람들, MD 만드는 사람들, 콘서트 만드는 사람들 이렇게요. 일단 저희 팀에 들어오면 모든 디자이너들은 자기가 원하는 곳에 들어가서 1년씩 일을 해요. 그리고 1년이 지나면 다른 파트로 옮기고요. 그렇게 3년이 지나면 모든 파트를 경험하게 되는 거죠.

일부러 그렇게 운영한 거죠? 꼭 기자들 같아요. 수습기자 시절에 적은 사회부에 두고 일주일씩 이 부서 저 부서 따라다니면서 배웠거든요. 선배들이 최대한 많이 경험하라고 보내서요.

맞아요. 그런 거죠. 제가 이전 회사에서 힘든 시간을 보냈지만, 그만큼 많은 것들을 경험했기 때문에 프리랜서 생활도 하고, 이렇게 홀로서기도 가능했잖아요. 후배들에게도 그런 기반이 필요하다고 생각했죠. 당시 이 친구들은 3년에 걸쳐서 모든 파트를 경험했고, 결과적으로는 디자인팀 내부의 모든 업무를 소화할 수 있게 됐어요.

이렇게 어느 정도 업무 전반을 익혔으니까, 이후에 다시 돌아갈 때에는 3년 동안 배운 것들을 스스로의 것으로 발전시키는 과정이 남아 있었던 거고요. 회사를 나올 때쯤에는 후배들에게 가르쳐줄 수 있는 것은 다 가르쳐줬다는 생각이 들었어요. 이런 친구들을 데리고 나갈 수는 없죠. 앞으로 어떻게 될지도 모르는데, 이 친구들을 어떻게 데리고 나가요? 또 회사 입장에서는 제가 YG에 들어와서 이끌어온 방향이 어느 정도 잡혀 있었으니까, 이걸 계속 이어나갈 수 있는 사람들이 쭉 필요했을 거고요. 제가 그만 두고 말고를 떠나서 후배들에게도, 회사에게도 중요한 문제였죠.

YG에 소속된 크리에이티브 디렉터creative director. 이 타이틀로 더 명성을 얻으실 수도 있었을 텐데요. 그게 아쉽진 않았나요?

아쉽지 않았어요. 말 그대로 '안정적인, 쿨한 인생'을 원했다면 YG에 계속 있었겠죠. 사실 '다이내믹한 삶'이라는 게, 일이 있다가 없다가 하는 불안한 삶처럼 보일지 몰라요. 하지만 저는 제 삶의 진정한 의미를 찾아내고 싶었거든요. 다만 감정에 휩쓸려서 회사를 나가는 일은 하지 않으려 애썼어요. 저만이 알아챌 수 있는 어떤 사인을 구하고 나서 결단을 내렸죠.

패키지 작업

"많이 돌아다니고, 보고, 물어봐야 돼요."

앨범 패키지❷ 작업 과정에 대해 설명해주시겠어요? 대중에 잘 알려져 있지 않은 분야라 궁금하더라고요.

방법은 여러 가지가 있어요. 회사나 아티스트로부터 특정 키워드를 들을 수도 있고, 그 외에 아티스트가 지닌 여러 가지 이미지를 갖고 그 안에서 디자인적 요소를 찾으려고 노력하기도 하고요. 아티스트에게 앨범 타이틀이라던가, 본인이 이번 앨범을 작업하면서 갖고 가고 싶었던 느낌, 색깔 등에 대해서 물어보기도 하죠. 이런 식으로 키워드를 얻고 나면 그걸 중심으로 리서치를 시작하죠. 가수 이름 안에서 찾을 수 있는 것도 있어요. 예를 들어 바다나 비RAIN, 태양TAEYANG 같은 아티스트들이 그렇죠.

❷ **앨범 패키지**Album Package 책자 개념으로 알려진 앨범 재킷jacket을 포괄하며, 더 나아가 앨범 전체의 성질을 드러내는 포장지로서의 재킷을 뜻한다. 통상 앨범 재킷이라 함은 사진과 가사집이 포함된 3~10장 내외의 소형 책자를 의미했으나, 2000년대 중후반부터 아이돌 그룹 앨범에 수십 장 내외 포토북이나 3D 형태 디자인이 도입되면서 단순 책자 이상의 의미를 갖게 되었다. 책에서도 이러한 변화를 반영해 앨범 재킷에서 확장된 앨범 패키지라는 용어를 사용했다.

만약 이름에서 영감을 얻을 수 있다면, 그런 작은 부분부터 놓치지 않으려고 노력해요.

앨범 재킷에 인물 사진이 들어가는 경우는 어떤가요?

경우마다 좀 달라요. 저렇게 키워드 잡는 과정이 끝나면 회사마다 주문 사항에 조금씩 차이가 있거든요. 앨범 패키지에 들어가는 사진 촬영부터 안에 들어가는 세부적인 것까지 모두 기획을 할 때도 있고, 또 다른 회사는 사진은 찍어 오고 디자인만 맡기시는 분들도 있어요. 모두 기획하는 경우에는 앨범 타이틀이나 아티스트 이미지를 가지고 전체적인 느낌을 살릴 수 있는 주제를 잡죠. 이후에 서서히 풀어가는 거죠. 주제에 맞는 의상이나 헤어, 메이크업 분위기를 회사 측에 이야기해요. 제가 세세하게 의상 디렉팅을 다 하는 건 아니고, 이러이러한 분위기로 해달라고 하면 각 분야 전문가들이 준비해 오는 거죠. 그 느낌에 맞는 포토그래퍼를 섭외하고요.

소재나 재료는 어떻게 결정하나요? 워낙 일반적이지 않은 것들을 많이 쓰셨잖아요.

이 과정을 거치다보면 자연스럽게 소재 후보들이 떠올라요. 예를 들어 제가 비 앨범을 작업할 때, 저는 '비'와 관련된 모든 요소를 다 쓰고 싶었거든요. 빗방울, 무지개 등등 많잖아요. 그래서 굉장히 많은 걸 고려했어요. 그림으로 빗방울을 그려 넣을 건지, 아니면 진짜 물을 넣을 건지, 사진으로 잘 찍어서 넣을 건지, 인쇄 효과나 구조를 통해 가지고 갈 건지 등등…. 여러 가지 방법 중에서 베스트를 고르는 거죠. 이 과정을 거쳐서 완성된 시안 몇 개를 회사와 나누고 최종안을 결정하게 되는 거예요.

고른 재료들을 바로 제안하는 것도 쉬운 일이 아닐 것 같아요. 예산 문제나 시간적인 제한이 따를 수도 있으니까.

어떤 재료들은 패키지로 탄생하려면 시간을 굉장히 많이 요하는 것들이 있어요. 이럴 때 디자이너의 경험이나 감각이 굉장히 중요하죠. 재료 수급부터 생산까지의 모든 공정과 스케줄에 관한 해박한 지식이 필요하고, 때때로 급한 앨범 스케줄의 경우 클라이언트가 만족할 만한 재료들을 디자이너가 지닌 감각으로 재빨리 제안해야 할 일들이 있거든요.

결국 디자이너도 현장 경험이 정말 중요한 직업이네요.

네. 디자이너가 갖고 있어야 하는 것은 아이디어뿐이 아니에요. A부터 Z까지 모든 프로세스를 겪어봐야 해요. 현장에서 인쇄를 담당하시는 분들 이야기를 들어보면 디자이너들이 너무 발로 안 뛰고 책상에서만 한다는 거예요. 발로 뛰는 게 아날로그식인 것은 맞아요. 그런데 사람이 몸으로 익힌 것은 평생 기억한다고 하잖아요. 디자인도 그래요. 젊을 때 발로 뛰어서 재료도 직접 보고, 인쇄되는 과정을 지켜보면서 내가 화면으로 작업한 게 실제로는 어떻게 나오는지 계속 체크해봐야 알죠. 실제로 인쇄된 작업물을 보면 종이 종류마다 그 느낌이 다 달라요. 실질적인 프로세스에 관심을 갖고 하나씩 익히는 게 필요한 이유가 그거죠. 몸으로 익히면서 머릿속에 과정을 제대로 넣어놔야 그때그때 이 재료를 넣고, 저 재료를 넣는 작업이 바로바로 가능하니까요.

우리가 프로젝트를 진행할 시간이 3~6개월 씩 보장된다면 검수 작업을 여러 번 할 수 있잖아요. 그렇게 여러 차례 검수 작업을 거쳐 결점을 최소화한 제품을 생산해낼 수 있을 거예요. 하지만 CD, DVD 패키지 작업은 전혀 그렇지 않거든요. 한번 들어가면 굉장히 집중해서 빠른 시간 내에 완성해야 해요. 제한 시간이 짧으니까요. 그래서 일반 제품과 비교할 때 그 정교함에 있어서는 조금 떨어지기도 하죠. 하지만 주어진 시간 안에 기획부터 제작까지 소화해야 한다는 점을 고려하면 어쩔 수 없는 부분이에요. 대신 트렌드에 민감하다 보니 눈길을 끄는 특이한 재료를 사용하는 경우가 많은 거고요.

어쨌든 주어진 시간 내에 최대한 많은 부분을 고려해서 서로 아쉽지 않을 작업물을 만들어내야 하고, 그러려면 우선은 현장 프로세스가 내 안에 제대로 습득이 돼 있어야 해요. 음식을 할 때 먼저 볶아야 하는 것과 나중에 볶아야 하는 것을 따지잖아요? 그거랑 똑같다고 보시면 돼요. 일의 순서를 정확하게 숙지해야 하죠. 그래야 음악을 잘 대변해낼 수 있는 패키지 콘셉트를 캐치하고, 그 콘셉트를 재

질과 형태에 따라 다양하게 표현하는 과정까지 다 소화할 수 있게
되는 거예요.

현장에서 많이 배우셨다는 게 바로 이런 부분이군요.

그렇죠. 방산시장에도 정말 자주 갔어요. 일이 없을 때 그냥 앉아 있
는 게 아니고 발로 나가는 거예요. 시장 돌아다니는 거죠. 백화점 다
니는 분들도 오랫동안 가다보면 물건 새로 나온 걸 바로바로 알잖아
요. 저희도 그래요. 처음 가면 마냥 볼 게 많지만, 계속 왔다갔다 하
다보면 '어, 이 재료 새로 나왔네?' 하게 되는 거죠. 시장이 매일 똑
같은 것 같아 보여도, 항상 다니는 사람들은 바뀐 걸 금방 알아요.
그 정도가 되어야 해요.

시장 상황을 모르면 독특한 콘셉트는 시도조차 못할 수도 있겠어요.

저는 모든 게 소재가 될 수 있다고 생각해요. 예를 들어 제가 패키지
에 사기를 쓰고 싶어요. 이게 단가만 맞으면 안 할 이유가 없거든요.
시각적인 한계를 좀더 입체적으로, 다양한 재료를 가지고 소개하는
거니 나쁠 것도 없죠. 하지만 나에게 사기 단가에 대한 개념이 아예
없으면 시도조차 못해요. 매번 했던 종이 패키지를 또 할 수밖에 없
는 거죠.

그러니까 많이 돌아다니고 보고 물어봐야 돼요. 직장에 다닐 때 제
가 시장에 가서 테스트를 했어요. 매일 와서 보기만 하면 뭘 해요.

이걸 써먹어야 하는데 어떻게 써먹어야 할 지 모를 거 아니에요. 그래서 잘 모르면서도 막 물어봤죠. "아저씨, 이거 몇 곱하기 몇 사이즈로 몇 개 하면 얼마예요? 시간은 얼마나 걸려요?" 이렇게. 정확히 개수나 사이즈를 확정해서 간 게 아니더라도 어느 정도의 정보는 다 갖고 있는 거예요. '아, 이 재질로 이 정도 수량을 주문했을 때는 최소 3주 정도 걸리는 구나.' 이런 정보들이 얼추 머릿속에 있어야 그때그때 재빨리 적용해서 생산까지 가능하니까요.

아티스트 키워드

"2NE1 데뷔 앨범이 GD《Heartbreaker》앨범 재질의 원조예요."

지드래곤G-DRAGON(이하 GD)의 《Heartbreaker》 커버는 굉장히 특이했어요. 2NE1 데뷔 앨범도 그렇고요.

그게 제가 지직을 나와서 프리랜서일 때 한 거거든요. 크레디트credit 에 오롯이 '장성은'으로만 나갔었던 첫 작업들인거죠. 눈치 채셨는지 모르겠지만 2NE1 ❷ 앨범이 GD 앨범 재질의 원조예요. 그걸 제일 먼저 해봤어요. 시중에 한 번도 그런 형태의 앨범이 나온 적 없었죠. 가격도 그렇고 여러 가지 조건을 다 고려해봤는데 제시된 금액 안에 서 가능하겠더라고요. 그걸 확인하고 나니까, 다음 으로는 이 재질을 살리면서 다르게 바꿀 수 있는 방법들이 뭐가 있을지 고민하게 됐고. 그게 지용(지 드래곤 본명)이 걸로 나왔죠.

❷ **2NE1**투애니원 박봄, 박산다라, 씨엘CL로 구성된 3인조 여성 아 이돌 그룹이다. 2009년 디지털 싱글《Lollipop》으로 데뷔, 전 멤 버 공민지를 포함해 4인조로 활 동했다. 이후 2016년 4월 공민지 가 탈퇴하며 3인조로 재편됐으 나, 같은 해 11월 공식 해체를 선 언했다.

2NE1 같은 경우는 데뷔 앨범이었잖아요. 워낙 독특한 콘셉트를 지닌 그룹이기도 했고요. 좀더 특별하게 고려해야 하는 지점이 있었을 것 같아요.

2NE1 키워드가 이거였어요. 네 명의 걸그룹, 기존의 걸그룹과는 차별화된 여전사 캐릭터, 미래적, 남들이 하지 않은 것. 이것을 어떻게 창의적으로 풀까 고민을 했어요. 이 키워드를 남들이 사용하지 않았던 특이한 소재를 써서 기존에 없었던 2NE1만의 패키지를 제작하는 걸로 해결해보고자 했죠. 당시 리서치를 하다가 건축물에서 그 의미를 찾았는데, 네 명의 개인이 정상이라는 공동의 목표를 향해 올라가는 모습이 피라미드 형태와 닮았다는 생각이 들었어요. 그걸 패턴화시켰더니 모던하면서 미래적인 느낌이 나더라고요. 그 느낌을 좀더 극대화하기 위해서 케이스를 투명재질로 하고 안에 홀로그램 종이를 넣었어요. 이런 요소들을 쭉 결합해서 '미래적'이란 키워드를 소화한 거죠. 그리고 2NE1은 의상과 신발에도 스터드❸가 붙어 있는 것들을 많이 착용했어요. 그 이후로 몇 년 동안 스터드 의상, 가방, 액세서리 등이 유행하게 됐죠.

태양의 〈Solar〉 앨범 커버도 빼놓을 수가 없어요. 이름에서 착안한 거죠?

맞아요. 그런데 좀더 고려한 게 있어요. 해 모형을 직접 만질 수 있게 했거든요. 저는 엔터테인먼트 디자인이라는 게 가수를 포함해 1차 클라이언트 범주에 들어가는 엔터테인먼트 회사와 그 너머에 있는 2차 클

❸ **스터드**Stud 장식용 금속 단추를 의미한다. 별, 원뿔, 다이아몬드 등 다양한 형태로 제작된다. 데뷔 당시 2NE1은 신발, 재킷 등에 화려한 스터드 장식을 적극적으로 활용해 미래적이고 강한 느낌을 표현했다.

라이언트인 대중을 함께 만족시켜야 한다고 보거든요. 즉 디자이너, 회사, 대중 사이에 그려지는 삼각구도가 맞아야 하죠. 이런 부분을 고민하다가 보이지 않는 대중의 마음까지 움직일 수 있는 디자인을 해야겠다는 결론을 내렸어요. 그렇게 생각해 낸 것이 인터랙티브 디자인interactive design이에요. 팬들이 가수를 보고 싶어 하고, 느끼고 싶어하는 그 마음을 가운데에서 어떻게 해결할 수 있을지 생각을 해본 거죠. 패키지가 소모품으로 사라지는 개념이 아니라, 서로 소통하는 수단이 될 수 있겠다 싶더라고요. 팬들이 아쉬워하는 부분을 조금이나마 해소할 수 있을 것 같았고요. 직접 그 가수를 만질 수는 없더라도 최대한 교감하는 느낌을 줄 수 있잖아요. 재미와 친숙함을 동시에 부여하려고 한 거죠. 지용이 얼굴도 그렇게 담게 된 거고.

정말로 많은 부분을 고려하셨네요. 저는 커버가 특이한 앨범들을 따로 모아놓는데, 거기에 그 두 앨범이 모두 들어가 있어요.
《Solar》는 어떤 버전으로 갖고 계세요? 은색?

아뇨. 검정색.
그건 일반판이고요. 스페셜 에디션special edition이 있어요. 아크릴로 만들었죠. (앨범 패키지를 가리키며) 이렇게 아크릴을 절곡해서 CD 꽂는 형태로 만든 게 시중에서는 처음일 거예요. 아마 이 스페셜 에디션은 여러 가지 굿즈❹를 같이 넣어서 판매했었던 걸로 기억해요. 종이로 만든 일반 앨범이 있고, 이 버전은 스페셜 에디션에 맞는 금액 대가 또 있으니까 거기에 맞춰서 제작했죠.

패키지에서도 드러나듯이 YG가 워낙 개성 강한 뮤지션들 집합소잖아요. 이들과 작업하면서 그 개성을 하나하나 살리기 위해 특별히 고려한 것이 있었나요?

YG만 그렇다고 생각하진 않아요. 물론 YG가 갖고 있는 전체적인 브랜드 이미지는 있죠. 기존에 일했던 다른 회사들과 분명 차이가 있기는 해요. YG는 아이돌이나 힙합으로 잘 알려진 회사니까요. 저도 YG에서는 그런 독특한 정체성을 디자인에 담으려고 했어요. 또 아이돌과 그렇지 않은 아티스트들 사이에 존재하는 연령 차이가 있고, 거기서 비롯된 이미지 차이가 존재하고요. 또 디자이너 한 명과 10년간 함께 해오면서 일관된 브랜드 이미지를 구축했다는 점도 특징이죠. 그렇지만 어느 회사와 일을 하더라도, 작업할 때는 아티스트마다 가지고 있는 고유의 느낌, 회사와 아티스트와의 연계성을 찾으려고 노력해요. 그러니까 사실 작업 과정에 있어서는 모든 아티스트가 비슷한 거죠.

YG에서 만든 앨범 패키지 중 가장 마음에 들었던 작품은 무엇이었나요?

개인적으로 좋아하는 건 아까 말씀드린 2NE1 데뷔 앨범이에요. 처음 홀로서기를 시작할 때 만든

❹ **굿즈**Goods 아이돌뿐만 아니라 애니메이션, 아트 캐릭터 등을 소재로 제작한 물건을 통칭한다. 보통 공식 굿즈와 비공식 굿즈로 나뉜다. 공식 굿즈는 아이돌 그룹 소속사에서 제작해 판매하거나 무료로 배포하는 아이돌 관련 물품을 뜻한다. 반면 비공식 굿즈는 팬들이나 사설 판매자들이 따로 제작하는데, 이에 대해 몇몇 소속사 측에서는 그룹 초상권 문제를 여러 차례 제기하기도 했다.

앨범이었기 때문에, 그런 차원에서도 의미가 있고요. 태양의 《Solar》 는 한 번도 해보지 않았던 형태를 시도했다 는 것에 때문에 애착이 가요. 이건 빅뱅❺ 스페셜 에디션인데요. (직접 패키지를 열어보며) 원래는 이 다음 버전이 있거든요. CD, DVD 플레이어가 컴퓨터에 달려 있는 걸 떠올리고 여길 누르면 CD가 나오게 만들었어요. 이 케이스를 제작할 때 생각을 두 번 했어요. 일단 이렇게도 쓰고, 그다음에는 이걸 재활용하거나 업그레이드하는 버전에 대해서도 미리 생각해놓고 작업을 했어요. 이건 형태를 먼저 보여준 거니까 소비자 입장에서는 일단 '오, 뭔가 새로운 게 나왔네?' 하게 되겠죠? 1차는 이정도만 보여줘도 되거든요. 그런데 2차는 한걸음 더 나아가서 이걸 어떻게 활용할 것인지 보여줘야 해요. 그래서 이 안에 오브제objet를 넣을 수 있게 입체적으로 공간을 만들고자 했죠. 당시에 샘플만 만들어둔게 있었는데, YG에서 그것까지는 못 하고 나온 게 무척 아쉽네요. 음, 그런데 아마 소비자 입장에서는 지드래곤의 《Heartbreaker》가 가장 인상적이지 않았을까요?

혹시 YG 아티스드들 외에도 함께 작업하면서 인상적이었던 분이 있나요?

이적 씨요. 《고독의 의미》 작업을 같이 했는데, 보는 눈이 굉장히 높으시거든요. 그 덕에 아티스트 컬래버레이션collaboration의 새로운 역사를

❺ **빅뱅**BIGBANG G-DRAGON(GD), 태양, T.O.P, 대성, 승리로 구성된 5인조 남성 아이돌 그룹이다. 2006년 싱글 《BIG-BANG》으로 데뷔했으며, 현재까지 가장 튼튼한 팬덤을 보유한 아이돌 그룹 중 하나로 꼽힌다. 제17회, 제22회 서울가요대상 대상을 비롯해 여러 곳에서 수상의 영예를 안았으며, 2016년에는 제13회 한국대중음악상에서 올해의 노래상, 최우수 팝 노래상, 네티즌이 뽑은 올해의 음악인 그룹부문 등 3관왕에 오르기도 했다.

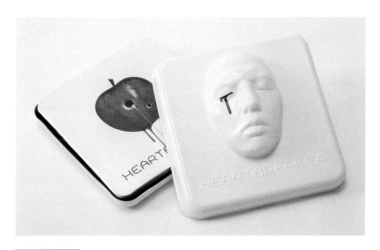

GD 1st Album
〈Heartbreaker〉

PSY 콘서트 〈흠뻑쇼〉
MD 'Paper Message Cup'

쓰게 됐죠(웃음).

추종완 작가님과 함께 한 걸로 알고 있어요.

맞아요. 아트 페어art fair에서 만난 추종완 작가님과 함께 작업했어요.
그런데 중요한 게, 《고독의 의미》 작업은 이전에 했던 컬래버레이션
과 많이 달랐어요. 사실 컬래버레이션 작업이라고 하면 왠지 듣는
순간부터 멋지잖아요. 서로 윈윈할 수 있을 것처럼 보이고요. 하지
만 어려운 점이 꽤 많거든요. 실제로 유명한 아티스트와 함께 작업
을 하면, 말이 협업이지 일종의 의뢰가 되어버리곤 하죠. 작가님들
께 앨범 콘셉트에 맞는 작업을 부탁드리게 되는 순간부터 저희가 일
종의 클라이언트가 되는 셈인 거예요. 또 작가님들 작품이 갖고 있
는 개별 스케일이라는 게 있잖아요. 작품 가격이 한 점에 수천만 원
씩 가기도 하고요. 이런저런 요소를 고려했을 때 결국 컬래버레이션
이라고 하기에는 너무 힘에 부친 작업이 되는 거예요. 원래 우리가
갖고 있던 예산을 훌쩍 뛰어넘어버리기도 하고.

그럼 이적 씨 앨범은 어떤 차이가 있었던 건가요?

남들이 봤을 때는 똑같이 보일지 모르겠는데, 접근법 자체가 달랐어
요. 예를 들어 타블로 씨 《열꽃》 앨범 같은 경우에는 《열꽃》 이미지
에 맞는 것들을 작가님께 의뢰를 한 거예요. 그런데 이적 씨 앨범은
뮤지션에게 들은 우리의 주제, 예를 들어 고독, 40대 남성의 쓸쓸함

등이 있었으니까 거기에 맞는 기존 작품들을 찾아 나선 거죠. 그러
던 중에 한 아트 페어에서 추종완 작가님 작품을 보고 느낌이 왔어
요. 딱 '사색' '고뇌'라는 키워드를 갖고 있는 분이더라고요. 무척 좋
은 거예요. 작가님께서 그대로 저작권만 푸셨죠.

흔쾌히 수락하시던가요?

작가님은 상업물에 본인 작품을 넣는 게 처음이라고 하셨는데, 이
부분에 대해서 자신의 작품을 대중에 선보일 기회라고 긍정적으로
받아들였어요. 앨범 커버와 속지 모두 추 작가님 작업물로만 채워졌
죠. 무엇보다 감사했던 게 작품에 조금씩 추가적인 그림을 그려 넣
거나 사이즈를 조정하는 것에 대해서도 유연한 태도를 보여주셨어
요. 기존 그림에 고뇌하는 느낌, 자유롭고 싶은 마음 등을 같이 넣고
싶어서 제가 직접 새를 그려 넣었거든요. 그 부분에 대해서도 전혀
불편해하지 않으셨어요. 편집 과정에서 어쩔 수 없이 간격이나 색깔
조정이 들어가도 흔쾌히 동의해주신 거고요.

새로 그려달라고 한 게 아니니까 예산도 훨씬 여유로웠겠어요.

이미 그려져 있던 작품의 저작권만 드리면 되니까 비용이 크게 안
들어갔죠. 이적 씨 쪽에서도 만족할 만한 작품을 가지고 예산 안에
서 잘 쓸 수 있게 된 거고, 작가님 입장에서는 좋은 작품을 대중에게
선보일 수 있는 계기가 됐다고 받아들여준 거고요.

강렬하되 온건한

"앨범 디자이너는 그 가수의 이미지, 거기에 영향 받는 대중까지 생각해야 해요."

엔터테인먼트 쪽에서 일하는 디자이너 분들만의 특징이 있을까요?

디자이너는 음악을 만들거나 음악에 손댈 수 있는 사람은 아니죠. 대신에 소리를 보고 느낄 수 있도록 대중에게 소개하는 사람이면서도, 이들이 만나는 지점을 조율하는 사람이라는 생각이 들어요. 어느 날 작업하다가 재킷에 수록될 노래 가사를 읽게 됐어요. 너무 과격하고 선정적이란 생각이 들더라고요. 이걸 보니 제가 할 수 있는 범위 안에서 최대한 필터링을 하고, 사람들에게 덜 자극적인 형태로 전달할 수 있는 역할을 해야겠다 싶었죠. 무슨 일이든 마찬가지겠지만, 이쪽 일을 하는 사람들은 대중에 영향력이 큰 만큼 깊게 고려해야 할 것들이 많다고 봐요. 다음 세대에 끼칠 영향을 생각하며 사명감을 갖고 일해야 한다고 생각하죠.

일종의 사회적 책임을 느끼시는 것 같아요.

앞서도 이야기했지만, 지금 우리가 엔터테인먼트 산업과 각종 미디어를 통해 많은 정보들을 전달받는 시대에 살고 있잖아요. 그렇다 보니 이 분야에서 한 사람, 한 사람이 지닌 영향력이 매우 중요하다는 사실이 크게 와 닿는 것 같아요.

우리가 흔히 '예술혼'이라고 부르는 게 있잖아요. 눈으로 보이지 않더라도, 작품을 만든 사람의 의도와 상태가 그걸 보는 다른 이들에게 영향을 준다고 생각해요. 이건 창조적인 일을 하고 있는 제 입장에도 적용할 수 있는 말이죠. 어떤 음악을 듣거나, 어떤 그림을 보거나, 심지어 어떤 장소에 갔을 때 나도 모르게 에너지가 나고 기분이 좋아지잖아요. 반대로 우울해질 수도 있고요. 그런 거죠. 저에게는 이 일이 보이지 않는 세계에서 일어나는 부정적인 영향들을 막는 필터인 셈이에요.

지드래곤 씨의 《COUP D'ETAT(쿠데타)》 앨범은 어땠나요? 타이틀부터 굉장히 강렬했고, 붉은 색 배경부터 검은 휘장이나 그 외의 거친 요소들이 커버에 부각되어 있었어요.

그 앨범을 작업할 당시에도 비슷한 고민을 했어요. 처음에 지드래곤 본인은 쿠데타를 대표하는 색으로 빨간색을 결정했었는데요. 사실 그건 쉽게 떠오르는 이미지잖아요. 쿠데타 하면 딱 빨간색이죠. 당시에 저는 이걸 부각시키기 위해 좀더 새빨갛게 칠할 것인지, 아니면 다른 방식으로 이 붉은 이미지를 활용할 것인지 고민했어요. 앨범 디자이너는 그 가수의 이미지, 거기에 영향 받는 대중까지 생각해야 해요. 그러니 대중을 고려하면서도, 원래 지용이가 넣고자 했던 강렬한 이미지를 가져갈 수 있는 방법이 무엇일지 고민했어요. 일단은 '이 친구가 왜 이 앨범을 쿠데타라고 했을까?' 그 부분부터 생각했어요. 그러다 '아, 이 친구가 음악으로 세상을 정복하겠다는 그런 의미를 담고 싶었던 것 아닐까?' 싶더라고요. 여기서부터는 '음악으로 정복한다'는 의미를 잘 나타내야 하는데, 의미는 그대로 가져가지만 '쿠데타'라는 표현을 좀더 부드럽게, 다른 것으로 바꾸면 어떨까 싶었어요. 개인적으로는 쿠데타라는 말이 좀 불편했거든요. '정복'이라는 말을 오히려 일체감을 주는 긍정적인 개념으로 바꿔 생각해봤어요. 음악으로 하나가 된다는 메시지를 주면 어떨지 생각했죠. 로고 작업을 할 때도 이 부분을 계속 염두에 뒀어요. 그렇게 역발상으로 떠올린 것이 피스 마크peace mark였고. 피스 마크에서 오른쪽 날개 하나를 빼고 보니 GD라는 글자가 보였어요. 그렇게 해서 탄생한 것이 《COUP D'ETAT》 앨범에 그려진 GD 로고죠.

디자이너의 본능적인 감각도 중요하지만, 작품에 보다 깊은 메시지를 심기 위해서는 꽤 체계적으로 생각하는 과정이 필요하군요.

그래서 정말 많은 고민을 거쳐요. 쿠데타는 쿠데타이되, 기존의 붉고 강한 이미지보다는 역발상을 활용해서 반대의 상징을 숨겨놓았어요. 이를 통해 보다 순화된 이미지를 보여주려고 노력한 거고요. 결과적으로 지용이가 표현하기 원했던 것, 그 안에서 벗어나지 않으면서 순화된 이미지로 표현하는 게 가능해졌죠. 저는 이게 아티스트와 대중 사이에서 디자이너가 할 수 있는 역할이라고 생각해요. 그렇다 보니 하나하나가 저에게는 고민이면서, 일종의 임무 같은 느낌을 주죠.

뭐든지 가장 온건한 방식으로 대중에 전달할 수 있는 지점을 먼저 고민하는 것 같아요.

사람들은 종종 창조적인 일을 하는 사람들이 영감을 얻기 위해서라면 어느 정도 음지 문화를 접할 수 있다고 생각하잖아요. 하지만 저는 전혀 그런 문화에서 배우지 않았거든요. 그게 꼭 필요한 것인지, 멋있는 건지 잘 모르겠어요. 물론 늘 흰 밥에 맑은 국만 먹어야 한다는 소리는 아니에요. 다만 연예인이라는 직업이 청소년들에게 워낙 많은 영향을 끼치니까요. 그런 부분들을 반드시 고려해서 결과물을 내야한다고 봐요.

MD 작업

"2NE1 카드인데요. 이건 직원들이 일일이 다 손으로 그렸어요."

앨범 디자인 외에 YG의 MD, 로고 디자인까지 다 하신 걸로 알고 있어요.

YG에 있는 가수들의 로고, 엠블럼**emblem**을 했고요. 비, 존박, 박효신, 이적 등 다른 아티스트들 로고도 맡았었고요. 지드래곤 누나가 운영하는 청담동 레어마켓이나 밀레니엄 아트라는 공민지 가족 회사 로고도 만들었어요. 그 외에 패키지, 그래픽, MD❻ 상품들, 심지어 공간이나 인테리어 디자인까지 두루두루 했었죠.

로고 디자인 같은 경우에는 앨범 디자인과 많이 다른가요?

크게 다르지 않아요. 사실 로고 디자인이 브랜딩과 동일하게 받아들여지는 경우가 종종 있는데, 로고라는 것은 브랜딩이란 큰 개념 안에서 비주얼적인 부분의 일부일 뿐이에요. 마치 엔터테인먼트 디자인이 앨범 패키

❻ MD 상품기획업무를 뜻하는 머천다이징**merchandising**의 약자. 여기서는 엔터테인먼트 소속 아티스트들의 이미지를 드러낼 수 있는 상품화 디자인 과정 전반을 의미한다.

지 디자인과 동일시되는 것과 비슷하죠.

아티스트 응원봉 같은 것도 직접 디자인하셨어요?

저희 팀이 한 것도 있고, 아닌 것도 있고요. 1990년대나 2000년대 초반까지는 풍선을 썼잖아요? 거기서 생겨난 게 응원봉이죠. 처음에는 이렇게 자생적으로 생겨난 경우가 많아요. 팬들끼리 만든 상징물인 거죠. 나중에 회사에서 팬클럽을 관리하는 부서가 새로 생기기 시작했고, 그 뒤로는 해당 부서에서 팬들의 의견을 모아 자체적으로 제작하는 경우도 있었어요. 하지만 이미 만들어진 응원봉들 외에 대부분 MD는 저희 팀에서 디자인했어요.

가장 마음에 든 MD는 뭔가요?

2NE1의….

2NE1에 애정이 많으신 것 같아요.

(웃음) 아니에요. 그 MD가 유난히 마음에 들어서요. 하나는 노트예요. 바둑판 노트인데, 자세히 보면 안에 O, X가 있어요. 친구들 기다리면서 딱히 할 일이 없을 때 O를 다 색칠하는 거예요. 그러면 2NE1 멤버 한 명의 얼굴이 완성돼요. 도트 형태로 된 작품을 만드는 기분으로 구상한 거예요. 이 방법을 활용하면 어떤 가수의 얼굴이든 표현할 수 있죠. 나름 노트계의 플랫폼을 만들어야겠다면서 야

심차게 준비했던 MD예요. 다른 건 2NE1 트럼프 카드인데요. 이건 직원들이 굉장히 고생을 했어요. 일일이 다 손으로 그렸거든요.

엄청난 수작업의 결과물이네요. 팀원들의 원성을 적잖이 들으셨을 것 같아요.
다 같이 나눠서 그렸으니까…(웃음). 이건 멤버들이 못 봤는지, 지난 번에 봄이가 집에 놀러왔다가 "언니, 나 이거 가져갈래!" 해서 저도 하나밖에 없다 그랬죠. 아, 싸이 MD 중에 종이컵이 있는데 그것도 마음에 들어요. 상대방에게 음료를 전달하면서 메시지를 써서 건네 줄 수 있게 만들었어요.

연예인 MD는 주어진 연예인 얼굴이나 로고 하나만 가지고 온갖 물건을 만들어 내야 하잖아요. 그런 면에서 보면 한정된 범주를 놓고 가장 창의적이어야 하고요. 결국 아이디어 싸움에서 이겨야 하는 건데…. 은사님 말씀이 다 맞네요. 디자 인은 그림 실력이 아니라 아이디어라고.
교수님께서 하신 그 한마디가 정말 진리였던 것 같아요. 그리고 개 인적으로는 대체 어떻게 하면 오래 사랑받는 디자인을 할 수 있을지 고민을 많이 했거든요. 이제는 타이포그라피**typography**를 하든, 그 외 의 다른 요소를 갖고 하든 시각 디자인과 관련된 요소를 꼭 넣어서 작업해야 된다는 결론을 내렸어요. 그래서 웬만하면 사진은 배제하 고 디자인적인 어필을 많이 해보자는 생각을 했었는데, MD에서든 앨범 패키지 디자인에서든 그런 코드가 YG랑 잘 맞았던 것 같네요.

믹스매치

"작지만 세상에 불을 밝힐 수 있는 기업이 됐으면 좋겠다고 생각했죠."

매치MA+CH를 구상하신 건 언제쯤인가요?

YG 나와서요(웃음). 제가 진짜 급작스럽게 회사를 그만뒀거든요. 팀원들은 물론이고, 심지어는 부모님도 전혀 모르고 계셨을 만큼 갑자기 벌인 일이었어요. 그런데 그만두자마자 일이 엄청나게 들어오는 거예요. 비, 이적, 존박, 박효신, JYJ 등…. 정말 바빴어요. 그 바람에 제 회사는 생각도 못 했죠. 일을 마치고 한참 뒤에야 뭔가 형태가 있어야겠다는 생각이 들었어요. 그래서 회사 이름은 하나 만들자 싶었죠. 그게 매치였고요.

매치라는 이름에 굉장히 다양한 뜻이 담겼다고 들었어요.

성냥, 경기, 믹스매치 등 여러 가지를 떠올릴 수 있죠. 단어에 들어 있는 다양한 의미가 모두 마음에 들었어요. 궁극적으로는 작지만 세상에 불을 밝힐 수 있는 기업이 됐으면 좋겠다는 바람을 담은 이름이에요.

왠지 믹스매치라는 단어가 가장 잘 어울리는 것 같은데요.

제가 사람들이 흔히 생각하는 디자인 개념 안에서는 영 잘하는 게 없어요. 그런데 그 와중에 내가 뭘 잘하는지, 또 좋아하는지 생각했을 때 그게 바로 '조합'이더라고요. 이미 나와 있는 형태든 도형이든 재료든 간에 사람들이 좋아할 수 있도록 이것저것 조합하는 거요. 뭐, 또 한편으로는 인생이든 삶이든 다 경기인데 싶어서 그 뜻도 넣고. 이렇게 여러 가지 뜻이 있어서 그런지 매치라는 단어가 좋아요.

나중에는 로고에서 'T'를 플러스(+) 모양으로 바꿨는데요. 제 안에 있는 생각을 한 번 더 반영한 결과물이에요. 최종으로 완성된 의미는 MMedia, AArts&Entertainment, +Transformation, CCulture, HHuman이거든요. 미디어, 아트와 엔터테인먼트를 통해 문화와 인류에 변혁을 이루는 기업이 되겠다는 포부를 담았어요.

1인 기업으로 시작하셨는데, 혹시 지금은 팀원이 생겼나요?

아니에요. 아직도 혼자예요. '따로 또 같이' '헤쳐 모여'가 제 기조죠. 디자이너들 각자 자기 자리에서 전문성을 가지고 작업하고 있고요, 필요하면 그때서야 모여요. 현재까지는 일단 그래요. 지금으로서는 소규모 형태로 가는 게 더없이 좋은 방법 같아요. 일단 회사 경비를 줄일 수 있고, 자기 작업을 자기가 원하는 공간에서 할 수 있으니까요. 또 직원을 한 명이라도 두려면 그 회사만의 플랜이라는 게 필요한데, 사실 저를 포함해서 디자이너들 중에는 비즈니스 마인드에 익숙하지 않은 사람들이 많거든요. 하지만 일단 직원이 있는 회사로 자리 잡으려면 최소한의 업무 목표와 플랜이 있어야겠죠. 제시된 목표에 어느 정도 맞춰가야 그 사람도 더 열심히 일하게 되고, 오너 owner 입장에서 임금 책정도 체계적으로 잘해줄 수 있으니까요. 그런 이유로 아직은 혼자 일하는 게 맞다 보죠.

그러고 보니 소규모 기업과 대규모 기업을 모두 경험해보셨네요.
그렇죠. 지직에서는 회사 살림이 돌아가는 것부터 직접 봤어요. 회사가 생기면 기본적으로 들어가는 제반 비용이 상당하다는 걸 알게 된 계기였죠. 사실 당시에는 어리니까 '우리가 이렇게 버는데 왜 회사에 돈이 없는 거지?' 이런 생각도 했었는데(웃음).
그리고 디자이너들이 가장 원하는 건 자유거든요. 회사에 갇혀 있으면 자유로울 수가 없잖아요. 이런 걸 다 고려해보니 저처럼 각자 분야에서 혼자 열심히 하고 있는 사람들이 큰 프로젝트를 함께 할 때만 모이는 게 딱 좋겠더라고요. 분명한 비즈니스 모델이 생기고, 그걸 통해 금전적으로 안정적인 수입원이 생길 때까지는 당분간 지금처럼 가려고 해요.

하지만 일이 많아지다 보면 지금보다 체계적인 시스템이 필요해질 수도 있는 거고요. 회사가 커질 여지도 있는 거죠?

그렇겠죠. 언젠가는 체계가 필요해질 거고, 같은 비전을 가지고 함께 달려갈 팀이 필요해지겠죠. 이런 건 때가 오면 생각하려고요. 지금은 그런 형태로 가기 전에 지속적으로 수익을 창출할 수 있도록 비즈니스를 구상 중인 단계니까요. 사실 클라이언트 일을 받아서 하는 건 마치 하루살이같이 눈앞에 보이는 현실에 매달리는 미시적 일이라고 볼 수 있거든요. 거시적인 관점에서 나를 발전시킬 수 있으면서도 사회에 도움이 되고, 또 회사도 커 나갈 수 있는 아이템에는 뭐가 있을지 생각하고 있어요. 최근에는 엔터테인먼트 일과 라이프 스타일 디자인에 초점을 맞추고 있고요.

디자인이란

"이미 사람들이 익숙하게 알고 있었던 것들을 내 영역 안에 새롭게 들이는 거죠."

아까 15년이 넘었다고 뭉뚱그려서 얘기했는데, 꼼꼼히 세보니 무려 17년차 디자이너네요. 곧 강산이 두 번 바뀔 만큼 시간이 흐른 거예요.

17년차 디자이너…. 와, 벌써 그렇게 됐네요.

참여하신 앨범 패키지 작업이 몇 개나 되는지 궁금해요. 제가 소개 겸 인트로에 쓰려고 열심히 세다가 포기했어요(웃음).

저도 모르겠어요. 제가 웹사이트를 못 만드는 게, 이걸 다 정리를 못 해서 그래요. 가수들 앨범만 했던 게 아니니까. 직장에 있을 때는 광고, 잡지, 일반 제품, 각종 패키지 디자인, 로고 등 정말 여러 분야를 다뤘거든요. 그것들까지 다 포함시킨다면 어마어마할 걸요? 정말 몇 갠지 모르겠네요.

본인만의 디자인 철학이 있다면요? 자극적인 콘텐츠를 지양한다는 점은 잘 알 것 같은데, 그보다 근본적으로 지키고자 하는 디자인 마인드라던가….

온전히 클라이언트가 드러나는 디자인을 하자는 다짐을 하죠. 또 클라이언트와 디자이너, 그 너머의 대중까지 공감할 수 있는 '섬김'의 디자인을 하자는 거요.

'섬김'이라는 단어에 담긴 뜻이 뭔가요?

아이디어라는 게, 철저히 상대방의 입장이 되어 문제를 풀 때 떠오르는 생각인 것 같아요. 따라서 클라이언트와 대중의 심리를 완벽히 이해한 상태에서 디자인했을 때 더 좋은 결과물과 반응이 나와요. 제가 하고 있는 일을 단순히 돈을 버는 도구로만 생각하고 싶지 않거든요. 그렇게 생각하면 쉽게 지칠 것 같아요. 내가 하는 일을 통해 누군가의 기분이 좋아지고, 누군가가 활기를 얻는다면 물질적인 부분은 자연스럽게 따라오는 것이라고 생각해요. 작은 것 하나에도 마음을 담고 의미를 새겨 디자인했을 때, 그에 대한 대가는 반드시 주어질 거라 믿거든요.

혹시 단독 전시회를 열어볼 생각은 없나요?

진짜 좋은 생각이죠. 한창 K-POP이 뜨던 시기에 뉴욕에서 앨범 패키지 전시를 해보면 어떻겠냐는 제안이 있었거든요. 재미있겠다는 생각이 들더라고요. 음반 재킷은 컴백 시즌이 아니면 굳이 과거로 돌아가서 다시 열어보는 사람들이 많지 않잖아요. 그러니 옛날 것부터 시대 순으로 전시하면 흘러간 음반들을 재조명하는 시간을 가질 수도 있고, 보는 이로 하여금 향수에 젖게 만들 수도 있을 테니까요. 개인적으로 아쉬운 부분을 해소하고 싶은 마음도 있었어요. 제가 여태까지 음반 디자인을 하면서 현실적인 부분을 많이 고려할 수밖에 없었잖아요. 예산 문제도 있고, 시간적인 한계가 있어서 소재에도 한계를 둘 수밖에 없었죠. 디자인과 아트의 경계선에서 어떻게든 타협을 본 결과물이었다고 할까요. 그래서 저 제안을 받았을 때, 당시 제작한 패키지들을 대형 사이즈로 다시 만들면 어떨까 생각해봤어요. 제작 당시에는 단가 문제나 여러 가지 제약 때문에 해보지 못했던 걸 모두 시도하고 싶었죠. 이를테면 커다란 패키지에 특이한 조명을 설치하거나 주크박스 기능이 더해진 형태로 제작해보는 거예요. 기술과 리얼리티를 더해 만들어보고 싶었어요.

나중에 다시 시도해도 좋을 것 같아요. K-POP 초기 역사를 쭉 훑어볼 수 있는 계기가 될 것 같기도 하고요. 흥미롭네요.
언젠가 기회가 생기겠죠. 아이디어는 늘 머릿속에 있으니까요. 성급하게 생각하지 않고 기다리다 보면 또 기회가 올 거라 믿어요. 모든 것에는 다 때가 있으니까요.

비주얼 콘텐츠와 관련된 쪽에서 일하고 싶어 하는 분들에게 조언을 좀 해주세요.

사람들은 종종 창조적인 일을 하는 사람들이
영감을 얻기 위해서라면 어느 정도 음지
문화를 접할 수 있다고 생각하잖아요.
하지만 저는 전혀 그런 문화에서 배우지
않았거든요.

그게 꼭 필요한 것인지, 멋있는 건지 잘
모르겠어요. 물론 늘 흰 밥에 맑은 국만
먹어야 한다는 소리는 아니에요.
다만 연예인이라는 직업이 청소년들에게
워낙 많은 영향을 끼치니까요.

실무적인 부분은 회사에 가서 얼마든지 배울 수 있어요. 거기에 신경을 쓰기 보다는 자기 사고를 가둬두지 않도록 다양한 경험을 쌓는 게 먼저인 것 같아요. 일을 오래하면서 느낀 건 딱 하나예요. 교수님들 말씀처럼 일단 자기 안에 있는 틀을 없애는 게 가장 중요해요. 할 수 있는 한 최대한 많은 경험을 하고, 전시회나 여행 등을 다니면서 눈을 높이는 것도 굉장히 중요해요. 초창기 지직에서 일할 때, 대표님께서 두 가지 시안을 보여주면서 이게 나은지 아니면 저게 나은지 저에게 자주 물어보셨는데….

안목을 테스트하시려고 그랬나(웃음).
여러 가지 의미가 있었던 것 같아요. 완전히 다른 작업 두 개를 놓고 어떤 게 낫냐고 물어보는 거라면 답이 좀 쉬워요. 거의 비슷해 보이는 작업을 비교해서 물어보실 때 제일 난감하고. 그런데 시간이 지나니 저도 비슷한 질문을 후배들에게 하게 되더라고요. 이 질문은 '내가 보기엔 애도 괜찮고 쟤도 괜찮은데, 넌 뭐가 나은 것 같니?' 이거거든요. 질문자 본인도 헷갈려서 묻는 거죠. 이 상황에서 본인의 의견을 잘 말하지 못하고 눈치 보며 대답하는 친구들이 있어요. 아직 자신만의 안목이 생겨나지 않은 초년생들이죠.

단순히 사람마다 취향이 달라서 그런 게 아닐까요?
그럴 수 있죠. 수많은 작품들에 하나의 기준만 적용되는 게 아니니까, '이건 좋고 저건 나빠'라고 말할 수는 없어요. 자기 생각과 취향이 반영된 눈이니까요. 하지만 디자이너는 순수예술을 하는 아티스트가 아니잖아요. 자기가 원하는 대로 모든 걸 표현하고 대중을 설득시키는 존재가 아닌 거죠. 그러니 디자이너 자신이 대중에 보여줄 수 있는 작업물의 기준과 일정한 눈높이라는 게 형성돼 있어야 해요. 이때 대중들이 선호하는 디자인이나 트렌트와 관련된 지식은 기본으로 갖추고 있어야 하고요. 예를 들면 저는 포토샵으로 어색하게 작업한 CG를 정말 싫어하거든요. 만약 컴퓨터로 합쳤으면 어색함 없이 리얼리티가 살아 있는 것을 선호해요. 그런데 사람에 따라서는 미완성적이거나 키치kitsch스러운 느낌을 좋아하는 디자이너도 있다는 거죠. 이렇게 다양한 분야와 기준에서 내가 추구하는 디자인이 어떤 것인지 정도는 스스로 생각할 줄 알아야 해요. 그래서 학생 때는 많이 돌아다니면서 보고, 경험하고, 그걸로 자기 작품을 만들기 위한 나름의 보는 눈, 그러니까 스스로를 위한 눈높이를 키우라고 얘기하는 거죠. 저도 계속 노력해요. 아까 인터뷰 초반에 제 디자인 스타일에 대해 말씀해주셨죠? 굉장히 감사했어요. 20년 가까이 작업을 하면서도 종종 나만의 스타일에 대해 묻고 싶을 때가 있거든요. 스스로 좋아하는 성향이나 느낌들을 반영해서 작업을 하고 있지만, '남들이 보기에도 내가 잘하고 있는 건가?' 싶을 때요.

분명 특별히 선호하는 디자인적 요소나 돋보이는 분위기가 있다는 게 느껴졌거든요. 아, 혹시 여러 가지 전시회나 공연을 보는 취미도 있으신가요? 구상하는 디자인들을 쭉 보면 아무래도 입체적이고 동적인 느낌이 두드러져서요. 단순히 밖에 돌아다니는 것 이상으로 재미있는 활동을 많이 하고 계신 것 같아요.

미술관이나 음악회 가는 것도 좋아하고요, 뮤지컬 보러가는 것도 즐겨 해요. 제가 뮤지컬을 특히나 좋아하는데 이유가 있어요. 공연을 보다보면 작품마다 무대에서 사용하는 특별한 기법들이 있잖아요. 거울효과를 사용한다거나, 요즘처럼 스크린을 쏜다거나 하는. 또 어떤 건 포인트가 탭 댄스고, 어떤 건 그림자 효과고 그렇잖아요. 공연 안에서 특별하고 버라이어티하게 눈에 띄었던 효과를 기억해뒀다가 제 나름대로 작업 안에 넣어요. 단순히 2D로 펼치는 게 아니라 내가 눈에 담아온 것들, 느꼈던 기분 등을 3D로 구현해보는 거죠. 이렇게 취미로 다니던 것들이 알게 모르게 작업에 정말 많은 도움을 주더라고요.

예를 한 가지 들어주실래요?

빅뱅 콘서트 DVD 패키지인데요. 이 패키지에는 공연이나 콘서트에 오지 않았지만 와본 것처럼 느낄 수 있게 하려고 특이한 요소를 넣었어요. 물론 DVD 보는 게 어떻게 콘서트 간 느낌하고 똑같을 수 있겠어요?(웃음) 하지만 최대한 콘서트에 간 기분을 느낄 수 있게 만들고 싶었고, 그러다 보니까 저절로 입체감을 강조하는 방식이 떠올랐죠. 이외에도 TV 화면처럼 연출해 레이어layer를 입체적으로 넣는다거나, DVD 케이스를 열었는데 팝업pop-up처럼 무대가 톡 튀어 오른다거나…. 여러 효과를 생각하는 과정에서 제가 직접 봤던 것들이 많은 도움이 되죠.

타인이 만든 작품을 많이 보는 건 어떤가요? 전문가마다 그렇게 해라, 아니면 하지 말라 의견이 종종 나뉘더라고요.

웬만하면 자기 분야의 것을 벤치마킹하지 않는 게 좋은 것 같아요. 비슷한 직업을 갖고 있는 사람들이 만든 물건을 보면, 작업물 역시 거의 비슷한 것들이 지배적이거든요. 자신도 모르게 무심코 봤던 것들을 카피하게 될 수도 있고요. 무엇보다도 사고의 틀이 제한될 염려가 있어요. 그게 가장 큰 문제죠. 같은 분야 안에서 관찰하는 대신, 문화나 예술이라는 더 큰 영역으로 접근했으면 좋겠어요. 그러면 아이디어가 굉장히 다양해지니까요. 그게 사진이 될 수도 있고, 건축, 인테리어가 될 수도 있겠죠. 개인적으로는 리빙 페어living fair도 좋아해요. 가구 만드는 걸 재미있어하거든요. 이렇게 다양한 분야를 접하다보면 아까 말한 2NE1 1집 커버처럼 건축에서 얻은 이미지와 아이디어로 재창조를 시도할 수 있게 될 거고요.

무조건 창의적이어야 한다는 압박에 시달리다 보면 그게 오히려 해가 될 수도 있겠어요.

디자인이라는 것이 항상 엄청나게 무겁고 대단한 고뇌의 시간을 거쳐야 나오는 게 아니에요. 0에서 1을 창조하는 고뇌의 과정을 거치기도 하지만, 쉽게 풀자면 앞서 이야기한 재창조 개념을 활용하면 되는 거죠. 이미 사람들이 익숙하게 접해온 것들을 내 영역 안에 새롭게 들이면 돼요. 패션 쪽에 종사하는 사람들에게는 패브릭이 익숙한 소재잖아요? 그런데 그걸 대뜸 앨범 패키지에 가져왔다고 가정해보세요. 그럼 사람들은 "오, 이게 뭐야? 신기해!" 이렇게 되거든요. 결국 '조화'란 단어가 핵심이죠. 이미 다 만들어져 있는 재료들을 재창조의 영역으로 집어넣고, 그걸 조화시키는 게 디자인이라고 생각해요. 현실적으로도 그래요. 너무 새로운 것을 꺼내들어도 받아들이는 대중 입장에서는 힘들 수 있어요. 혁신을 얘기하더라도 그게 한 번에 열 걸음을 가는 게 아니라 우선 한두 걸음부터 떼는 과정을 거쳐야 한다고 봐요. 이미 있는 것 안에서 조금씩 변형을 시키는 게 되도록 많은 사람들이 "아하!" 할 수 있는 포인트가 되니까.

아까 무던한 성격이 장점이라고 하셨잖아요. 그런데 디자인이든 음악이든, 소위 "나 예술 해!" 하는 사람들에게는 예민한 구석이 많을 것 같고, 사회적으로 그러한 고정관념이 좀 있는데….
이 일을 하면서 그런 생각을 한 적 있어요. '음악을 하는 사람들이나 디자인을 하는 사람들은 대중의 눈과 귀를 즐겁게 하는 이로운 사람들이잖아. 그런데 유독 왜 그렇게 예민한 거지?'(웃음) 제가 겪어보니까 예민할 수밖에 없는 이유가 있더라고요. 일반적인 시각으로 사물을 보는 걸 100이라고 표현할 때, 디자이너는 이걸 6400배 확대해서 보는 거거든요. 남들은 보지도 않는 부분이 눈에 보이는 거예요. 누가 굳이 사물을 그런 식으로 보겠어요. 이게 양날의 검이에요. 그런 과정을 매일 반복하다보면, 계속 눈이 다듬어지면서 세밀해지고, 더 세밀해져요. 처음에는 보이지 않던 자간, 행간, 전체적인 밸런스 등이 다 보이고요. 어떤 표현으로는 거슬리는 거죠. 그래서 저는 작업을 할 때마다 현실에서 중심을 잃지 말자고 늘 다짐해요. 그게 디자이너의 삶이라고 생각하죠.

뮤직비디오 감독
김성욱

20대 중반까지는 프로 스노보더로
활동하며 보더들의 모습이 담긴 영상을
찍었다. 여러 번 시행착오를 거치며 필름
콘텐츠를 제작하는 GDW를 설립했으며,
익스트림 스포츠 영상으로 시작해
각종 CF 및 패션 매거진 메이킹 영상
등을 작업하다 뮤직비디오도 만들기
시작했다. 도끼 〈Future Flame〉, 태민
〈괴도 Danger〉, 레드벨벳 〈행복 Happiness 〉 〈Ice
Cream Cake〉, 방탄소년단 〈쩔어〉
〈EPILOGUE〉 〈Save Me〉 〈Not
Today〉, 랩몬스터 〈각성〉 〈농담〉,
이하이 〈한숨〉, 빈지노 〈January〉,
장기하와 얼굴들 〈빠지기는 빠지더라〉,
크러쉬 〈향수〉 〈어떻게 지내〉, 원
〈그냥 그래〉, 태양 〈DARLING〉
등을 제작했다.

"아이돌을
담는
감각적인
화면"

Music Video Director
Woogie Kim

interviewee
Woogie Kim

"김성욱 감독 어때?"
인터뷰 사실을 귀띔하자
많은 이들이 그가 어떤 사람인지 궁금해 했다.
누구는 스노보드 선수 시절의 그를 기억하고 있었고,
또 누구는 레드벨벳의 〈행복〉을 보고
궁금한 점이 많았다며 이것저것 대신 물어왔다.
몇 차례의 짧은 만남만으로
그가 어떤 사람인지 설명할 수 있다면 좋았겠지만, 살아온
독특한 궤적만큼 그는 복잡한 사람이다.
재미있고 유쾌하며, 세련됐고 진중하다.
하지만 무엇보다도 그는 욕심이 없되,
욕심이 많은 사람 같았다.
이게 질문자들에게
썩 만족스러운 대답이 되었을 것 같지는 않지만.

첫 이사

"여기에 6년을 있었는데, 이제 옮겨보네요."

사무실 분위기가 처음 왔을 때와 미묘하게 달라졌네요.

곧 이사하거든요. 한남동에 있는 새 사무실로 들어가기 직전이에요. 논현동에만 6년을 있었는데, 이제 옮기게 되네요.

GDW의 역사가 시작된 논현동 사무실은 사라지는 거네요.

그렇죠. (아티스트들의 감사 인사가 담긴 CD, 사진이 담긴 액자 등을 가리키며) 그래도 이런 물건들은 그대로 갈 거니까.

해외 프로덕션과 새 뮤직비디오 작업에 돌입하신 것 같더라고요. GDW가 해외 프로덕션들과 일하는 방식은 좀 독특하다고 들었는데.

김은나 실장님이 현지와 커뮤니케이션하는 능력이 좋으셔서요. 경험이 많기 때문에 여러 가지 상황 컨트롤에 굉장히 능숙하세요. 그

렇다 보니 실장님도 그렇고, 팀원들도 해가 지날수록 점점 더 해외 프로덕션과 작업하는 일에 노하우가 쌓여가고 있죠.

GDW 직원 분들은 어떻게 모이게 된 건가요?

제가 프리랜서로 먼저 시작하면서 2007년에 회사를 설립했어요. 2010년, 동창인 남현우 촬영감독과 함께 하게 됐고요. 김은나 실장님은 5년 전부터 저희 회사의 관리 및 운영을 맡고 계시고, 지금의 GDW를 만들어냈죠. 저와 결혼해서 함께 살고 계신 분이기도 해요 (웃음).

사무실을 옮기면서 뮤직비디오 쪽에 특화된 분들도 새로 보강했나요?

아뇨. 특별히 뮤직비디오만 신경 쓰는 건 아니라서요. 필름 장르에 한계를 두지 않고 있죠. 뮤직비디오 외에 광고, 다큐멘터리도 찍고 있어요. 기업 영상도 만들고 있고요. 어느 한 장르에 특화된 작업을 하는 게 아니니까 뮤직비디오에 특화된 인력을 늘리는 것보다는 팀원들 개개인의 능력을 키우는 데 집중하고 있죠.

운동선수 혹은 예술가

"캠코더로 스케이트 보드 타는 모습을 찍기 시작했죠."

예전 인터뷰에서도 몇 차례 언급하셨지만, 이력이 굉장히 특이해요. 익스트림 스포츠 선수였다가 영상 콘텐츠를 만들기 시작한 것도 신기한데, 거기다 감각적인 걸로 정평이 난 팀을 책임지고 계신 것이 흥미롭고요. 또 최근에 GDW를 포함해 룸펜스Lumpens, 디지페디DIGIPEDI 등 몇몇 뮤직비디오 팀들이 각광받고 있잖아요. 이중 유일하게 '전공자'가 아니기도 하고. 남현우 촬영감독님은 김 감독님에 대해 "타고났다"면서 무척 칭찬하시던데요.

아예 관련이 없는 인생을 산 건 아니에요. 원래 아버님께서는 사진관도 운영하시고, 잘 알려진 대기업의 전속 사진사로 일하셨어요. 그리고 어머님이 농구선수셨거든요. 다 물려받았죠. 그러다 IMF 경제난이 찾아오면서 저희 가족에게도 어려운 순간이 닥쳤어요. 제가 그때 보드를 만났죠. 운이 좋았다고 생각해요. 갑자기 상황이 나빠지면서 안 좋은 길로 빠질 수도 있었을 텐데, 보드 덕분에 별 일이 없었던 거죠. 그럴 때 보면 헝그리 정신이라는 게 어느 정도 필요하긴 한 것 같아요. 자신을 갈고 닦는 일에 도움이 돼요.

중학교 때부터 영상을 찍기 시작했다고 들었어요. 보드를 타면서 본격적으로 촬영을 시작한 건가요?

초등학교 때부터 아버지께 캠코더를 선물해 달라고 계속 졸랐어요. 그때만 해도 집안 상황이 아주 나쁠 때는 아니었거든요. 덕분에 캠코더로 스케이트보드 타는 모습을 찍기 시작했죠. 전문적인 건 전혀 아니었고, 그 시절에는 VHS 비디오테이프를 사용했잖아요? 지금처럼 촬영 같은 게 쉽게 되지 않던 시절이죠. 밖에서 찍어온 것들을 틀어놓고는 하나씩 멈춰가면서 일일이 편집했어요. 그 이후에는 보드 타는 모습을 촬영해주시던 다른 분들과 같이 다녔어요. 스케이트보드나 스노보드는 팀이 만들어져 활동하는 경우가 꽤 있거든요. 이 팀들을 찍어주는 분들이 종종 계세요. 그리고 이게 미국서 건너온 스포츠잖아요. 거기서는 1년에 한 번씩 팀마다 비디오를 내요. 저도 그런 것들을 하기 시작했죠. 그런데 제가 보드를 타면서 수술을 다섯번 정도 했어요. 마지막 수술 후에는 몸을 좀 사려서…. 지금은 아주 가끔씩 타고 있고요.

GDW가 패션 필름, 광고 쪽에서는 원낙 잘 알려져 있던 팀이고, 이제는 뮤직비디오 쪽에서도 상당히 존재감 있는 팀이 됐어요. 그럼 취미 활동을 벗어나서 본격

적으로 영상 일에 뛰어들게 되신 계기가 뭔지 궁금해요. 돈 때문에 시작하셨다는 이야기를 듣긴 했습니다만(웃음).

솔직히 그게 사실이긴 해요. 그리고 저는 제가 뮤직비디오 쪽에 특별한 재능이 있다고 느끼지는 않았어요. 원래는 제가 스노보드 관련 브랜드를 만들려고 했어요. 팀 완성하고, 옷 샘플 뽑고, 업체들 모으면서 협찬금을 받은 다음에 비디오를 찍어야겠다는 생각이 있었죠. 그런데 어린 나이에 경험도 없고 빈틈이 많다 보니까 달러가 두 배로 상승했을 때 어떤 일이 벌어질지 생각을 못했던 거예요. 대비책은 물론이고요. 그때 제가 맡았던 프로모션 비디오가 있었는데, 일단 어떻게 완성하긴 했어요. 하지만 그게 고스란히 빚으로 남게 되고, 그 금액이 제 능력으로 감당할 수 없을 정도로 많아져서 신용불량자 직전 상태까지 갔었어요. 채권자들 전화가 너무 많이 오니까 그걸 못 이기겠더라고요. 결국 제일 친한 친구 중 한 명에게 전화를 했죠. 얘기하자마자 그 친구가 저한테 '얼마나 필요해?'라고 묻더니 제가 말한 금액보다 많은 돈을 보내줬어요. 진짜 1분 만에. 그 돈 덕에 겨우 어려운 고비를 넘길 수 있었죠. 그 순간에 급한 불을 끄기 위해 꼭 필요한 금액이 200만 원이었는데, 그 친구가 500만 원을 보냈더라고요.

언제까지 그러고 있을 수 없잖아요. '이러고 있으면 진짜 안 되겠다' 싶어서 일을 시작했죠. 다른 업체에 아는 형들이 많으니까 거기 가서 비디오를 만들어주기 시작했어요. 그때는 지금처럼 촬영을 진행할 때 드는 실질적인 비용 같은 건 생각하지도 못했어요. 정말 아무 것도 몰랐던 거죠. 음악 라이선스 개념도 알지 못했고, 스노보드가 겨울 스포츠다보니까 시즌에 한정된 것도 문제였는데 그 생각을 못 했고요. 그러니 중국집에서 서빙도 하고, 대리운전도 하고, 할 수 있는 일은 손에 잡히는 대로 다 했어요.

진짜 말 그대로 닥치는 대로 하신 거네요.

그랬죠. 외국에 보드 타러 나갈 때도 마찬가지였어요. 여기서 가져 갈 수 있는 돈은 너무 적었을 것 아니에요. 대신 저는 거기 가서 살 수 있는 방법을 강구했죠. 보드를 타면 꼭 언제나 전지훈련을 가야 한다는 생각이 있었어요. 그리고 그렇게 가는 것 자체가 너무 좋았 어요. 정말 다양한 문화를 접할 수 있는 계기였거든요.

보드를 탄 게 정말 다행이라고 생각하는 이유 중 하나가 그거예요. 한창 감수성이 예민할 나이인 10대 후반~20대 초반에 어떻게든 전 세계를 다녀본 거요. 세계적으로 유명하다고 소문난 스키장은 다 돌 아다녔으니까요. 진짜로 그때는 정말 아름다운 것들만 봤어요. 밤에 애들하고 파티를 하다가 나오면, 바로 눈앞에 스위스 알프스, 캐나 다 휘슬러처럼 엄청난 대자연이 펼쳐져 있었으니 오죽했겠어요. 동 물들이 막 뛰어다녀요. 그런 모습들을 자연스럽게 보게 됐으니 정말 행운이라고 생각해요. 스노보드를 타는 젊은 애들이 다 모이다보니 까, 각국의 음악도 굉장히 빨리 접할 수 있었죠.

그때 본 장면들이 아직까지도 영감을 줄 것 같아요.

물론이죠. 크리에이티브 부분뿐만 아니라 촬영에 있어서도 마찬가지예요. 어떤 신들은 제가 보드를 타면서 찍기도 하죠. 그냥 카메라 워킹에서만 나온 게 아닌 것도 많아요.

뮤직비디오 촬영

"뮤직비디오는 음악이 오면 거기에 맞는 텐션이 생각이 나요."

그러면 "내가 이제부터 뮤직비디오를 찍어야겠다" 이렇게 딱 생각하고 시작하신 것도 아니겠네요.

네. 그런데 꼭 찍어보고 싶었어요. 열심히 기다렸죠. 성격이 그래요. 먼저 찾아가지 못하는 성격이라 누군가 찾아줄 때까지 기다렸어요. 그게 더 멋있다는 생각이 있었죠(웃음). 어쨌든 그래야 실력을 제대로 인정받은 거잖아요.

가장 먼저 작업하신 뮤직비디오는 무엇이었나요?

현대카드 인디밴드 프로젝트에 참여했어요. 아이돌 뮤직비디오로는 엠블랙❶을 가장먼저 찍었고요. 그때는 정말 떨렸어요. 뮤직비디오는 낯설었잖아요. 여기서는 미술팀과 어떻게 커뮤니케이션

❶ **엠블랙**MBLAQ 2009년 데뷔한 남성 3인조 아이돌 그룹이다. 데뷔 당시에는 현 멤버 승호, 지오, 미르를 포함해 2015년 탈퇴한 이준, 천둥까지 5명으로 구성되어 있었다. 2012년 제26회 골든디스크 시상식에서 본상을 받았다.

을 해야 하는지도 모르고요. 그리고 막상 맡겨놓아도 이게 어떻게 구현될지 짐작이 잘 안 가니까 어렵더라고요. 게다가 촬영감독이 아무리 친한 친구라고 해도, 현장에서는 커뮤니케이션 방법이 또 다르잖아요. 현장 스태프들과의 관계도 그랬고.

아이돌 뮤직비디오와 다른 필르밍의 차이가 컸나요?
아이돌 작품을 했을 때는 두려운 것보다 신세계를 경험하는 느낌이었던 것 같아요. 운동하다 그런 순간이 있거든요. 앞에 점프대가 있다고 가정했을 때, 이걸 뛰면 내 기분이 좋을 것 같단 말이에요. 그런데 실제로 뛰기 전에는 설렘과 두려움이 공존하죠. 그거랑 똑같았어요. 저는 눈앞에 닥친 상황을 운동경험에 빗대서 생각하는 편이에요. 처음 어렵다는 생각이 들었을 때도 '이 상황은 내가 어느 대회에 나갔을 때 그 순간이네. 그래, 그때 나 잘 뛰었어!' 이런 식으로 이겨냈어요.

운동을 했던 경험이 훗날 마인드 컨트롤에 굉장한 도움을 준 셈이네요.
그렇죠. 굉장히 많이 도움 됐죠.

해외로 다니면서 음악도 정말 많이 접하셨을 텐데요. 찍은 필름마다 음악을 적극적으로 활용하는 편이라 어떤 취향을 갖고 계신지 궁금하더라고요. 힙합을 좋아하신다는 이야기는 들었는데.

네. 당연히 힙합 많이 듣고요. 제가 한창 해외 다닐 때가 90년대 말이었는데, 그때가 힙합하고 펑크 록이 딱 맞물렸던 시기예요. 그린 데이Green Day도 정말 좋아했죠. 자연스럽게 여러 음악들과 가까워진 계기가 됐어요.

음악 이야기가 나왔으니까 자연스럽게 넘어가보죠. 사실 다른 작업물들과 뮤직비디오의 가장 큰 차이점 중 하나는 음악을 어떤 방식으로 활용하느냐에 관한 건데요. 찍은 장면에 적절한 음악을 대입하느냐, 아니면 주어진 음악에 맞춰서 영상을 만들어내느냐, 이 차이잖아요. 그 두 작업 사이에 다른 느낌이 있지 않을까.
생각만큼 크게 다르지는 않아요. 비슷해요. 순서가 다를 뿐이죠. 제가 음악을 골라서 필름을 만들 때는, 일단 곡을 들으면서 여기에 매치되는 이미지가 있으면 넣는 건데요. 뮤직비디오는 음악이 오면 거기에 맞는 텐션tension이 생각이 나요. 편집의 호흡감이라든가.

뮤직비디오 전체 콘셉트를 잡는 일은 주로 누가 하나요?
함께 가는 거죠. 아티스트 또는 기획사마다 갖고 있는 기본적인 콘셉트가 있을 때는 그쪽에서 원하는 방향성을 가지고 GDW 프로듀서 및 연출부와 아이디어 회의를 해요. 저희 쪽에서 전체 콘셉트를 기획하는 경우도 많고요.
사실 처음에는 어려운 점이 있었죠. 저희가 기존에 만들던 패션 필름이나 CF에 담긴 특유의 느낌, 그런 걸 뮤직비디오에 어떻게 넣을 것인지에 관해 답이 잘 안 나오더라고요. 그때 저희 팀 사람들의 도움이 정말 컸어요. 촬영감독도 이미 뮤직비디오 촬영을 쭉 해오고 있었기 때문에 제게 도움을 많이 줬죠.

레드벨벳❷ 〈행복〉 뮤직비디오는 GDW 역사에서 빼놓을 수가 없죠. 이 뮤직비디오로 GDW를 알게 된 분들이 많아요.

진짜 많죠.

독특하면서도 상당히 패셔너블한 지점들이 눈에 많이 띄었고, 그런 요소가 전체적인 분위기를 장악한 게 매력 아니었나 싶어요. 또 SM 엔터테인먼트 입장에서는 새 걸그룹의 데뷔곡이었으니 신경을 더 썼을 테고요. GDW의 트렌디함이 SM 엔터테인먼트의 새로운 도전을 완벽히 서포트 해준 작품이었다고 생각해요.

그 당시 저희 팀 크리에이티브 디렉터로 계셨던 최서연 실장님과 함께 패션 관련 이미지를 많이 봤어요. 사무실 유리창을 가득 채울 정도로 많이 모아놓고 3일 내내 계속 그 사진들만 보고 있었죠. 노래도 계속 듣고요. 저희 입장에서는 이제 데뷔하는 그룹이었으니까 기존 걸그룹들과 완전히 확 다르게 가고 싶다는 바람이 있었어요. SM 엔터테인먼트 민희진 이사님이 원하시는 것도 'Something New', 즉 '뭔가 새로운 것'이었고.

맨 처음에 뮤직비디오 시안을 들고 갔는데, 다행

❷ **레드벨벳**Red Velvet 레드벨벳은 아이린, 슬기, 웬디, 조이, 예리로 구성된 5인조 여성 아이돌 그룹이다. 2014년 첫 번째 싱글 《행복Happiness》으로 데뷔했다. 데뷔 당시에는 4인조였으나, 첫 번째 미니 앨범 《Ice Cream Cake》 활동이 시작됨과 동시에 막내 예리가 합류해 5인조가 되었다.

히 민 이사님이 원하셨던 부분과 우리 쪽에서 이미지화시켜서 가져 간 콘셉트가 잘 맞았어요. 그렇게 성사가 된 거죠. 당시 뮤직비디오에 그래픽을 콜라주한 형태로 많이 넣어보자 생각했고, 여기에 그래픽 퀄리티 자체도 떨어지면 안 되니까 능력 있는 아티스트들을 데려와서 함께 일하기로 했죠. 일반 편집으로 이뤄지는 게 아니라서 블루 스크린도 적지 않게 썼어요. 그래픽 작업이 정말 큰 비중을 차지했던 거죠. 그리고 사실 그때만 해도… 물론 지금도 잘 하는 건 아니지만, (웃음) 뮤직비디오 찍기 시작한 지 얼마 안됐을 때였거든요. 정말 초창기였죠. 다들 완전 집중해서 했어요. 아, 민 이사님은 디자이너 출신이시다 보니까 안목이 정말 좋으시더라고요.

듣고 보니 정말 많은 스태프들이 참여했기 때문에 제가 이런 생각을 했던 것 같은데요. 개인적으로 〈행복〉 뮤직비디오에는 '부조화'라는 키워드가 가장 어울린다고 생각했거든요. CG가 뜬금없이 등장하는데도 멤버들과 이질감이 없었어요. 슬기SEULGI 씨가 정글 한가운데 누워서 갑자기 관능적인 포즈를 취하는 것도 맥락상으로는 전혀 안 어울린다고 생각했는데, 시각적으로는 전체적인 그림과 꽤 조화로웠죠.

레드벨벳 뮤직비디오를 총 두 편 제작했는데, 첫 번째 작품인 〈행복〉을 만들 때는 "이게 현실 같지 않았으면 좋겠다"라고 이야기했고요. 두 번째 작품인 〈Ice Cream Cake〉를 만들 때도 그 연장선이었으면 하는 바람이 있었어요. 처음에는 노래 제목이 '행복'이었기 때문에 뮤직비디오 안에도 '해피'라는 캐릭터를 등장시켰고, 두 번째는 한 발 더 나아가서 좀더 비현실적인 세계를 그린 것 같은 인상을 주고 싶었죠. 그러려면 제3의 무언가가 있었으면 좋겠다는 생각이 들더라고요. 이런 고민 끝에 들어간 요소가 고양이와 공이에요. 〈Ice Cream Cake〉에서는 '해피'를 대신해 그 두 가지 아이템이 비현실적인 분위기를 조성하는 역할을 하고 있죠.

처음에는 그게 2D 애니메이션이었던 거고, 〈Ice Cream Cake〉에서는 3D화가 된 거군요.

나중에는 좀더 단순하면서도 사실적인 느낌을 살리는 쪽으로 간 거죠.

공교롭게도 레드벨벳의 데뷔와 새 멤버 영입 직후의 작품을 또 하신 거네요. 의미가 있는 것 아닐까요.

에이, 두 작품 밖에 안 했는데요.

그렇다면 뮤직비디오 의뢰가 들어왔을 때 작업 여부를 선택하는 기준은 무엇인가요? '이건 정말 꼭 하고 싶다'라는 생각이 드는 특별한 요소들 같은 거요.

가장 중요한 건 저희 색깔과 잘 맞는 음악을 고르는 거고요. 사실 2015년까지는 음악 장르에 구애 받지 않고 최대한 다양한 경험을 해보고 싶었거든요. 그래서 정말 여러 가지 장르에 도전했어요. 실제로 경험이 쌓이다보니까 어떤 음악, 어떤 아티스트가 우리와 맞는지 점점 느껴지더라고요. 작업 과정에서 직접 아티스트와 소통하며 공동 작업 형태로 가는 게 가장 잘 맞는 것 같았고. 그래서 이제는 최대한 GDW, 또 저 자신과 잘 맞는 음악, 아티스트에 집중하려고 해요. 하지만 현실적으로는 서로 스케줄이 맞는지 체크하는 과정도 필요하고요.

최근에 작업하신 뮤직비디오들도 '진정성'에 큰 의미를 둔 거잖아요. 사실 음악에 담겨 있는 아티스트들의 이야기도 제각각인데요. 이런 부분을 어떤 식으로 뮤직비디오에 담으시나요?

음악과 영상이 잘 어우러질 수 있는 지점을 찾는 게 가장 먼저 해야 할 일이죠. 그래서 우선은 이 아티스트가 어떤 생각으로 자기 음악을 만들게 되었는지 최대한 깊게, 오랫동안 생각해보려고 노력해요. 그리고 본격적으로 작업에 들어가면 음악 스타일, 비주얼 스타일까지 서로 맞춰가면서 일하기 위해 애쓰죠. 아티스트와 회사가 표현하고자 하는 느낌이 있을 테니까요. 그 부분을 저희 스타일과 어떻게 합쳐서 시너지를 낼지 고민해요. 그다음에는 비주얼적인 부분에서 사람들이 경험해보지 못한 것들을 찾아요. 보다 새로운 아이디어를 내고, 그것들을 원래 잡아둔 틀에 붙여가면서 작업하는 거죠.

그러면 뮤직비디오 작업 중에 가장 힘이 솟는 순간은 언제인가요?

마법 같은 순간이 있어요. 현장에서도 그렇고, 편집할 때도 그렇고…. 제가 상상했던 그림과 전체 형태보다 지금 작업 중인 내용이 만족스럽게 느껴지는 순간이 있거든요. 그런 순간에 모든 팀들이 행복한 감정을 공유하게 돼요. 뭔가 느낌이 오죠. 다 같이 하나가 되는 기분, 그런 게 느껴지는 순간이 있어요.

아이돌 MV

"아무나 할 수 없는 직업이라는 것을 느낀 계기가 됐죠."

SM엔터테인먼트 소속 아티스트들과 작업할 때는 주로 민희진 이사님과 커뮤니케이션을 하셨어요.

SM 엔터테인먼트 같은 경우에는 상당히 퀄리티 있는 음악과 퍼포먼스를 기획하잖아요. 그 사이에서 민희진 이사님이 매번 새로운 것들을 실행하려고 하시는 점이 놀라워요. 레드벨벳, 태민TAEMIN 뮤직비디오를 하면서도 많은 걸 배웠어요.

태민 씨가 지닌 캐릭터도 굉장히 독특하잖아요. 샤이니❸ 중에서도, 또 가요계를 통틀어 갖고 있는 이미지도 유니크하고요. GDW가 제작한 <괴도DANGER> 뮤직비디오에는 태민 씨가 아이돌로서 지닌 여러 가지 이미지들이 제한된

❸ **샤이니**SHINEE 온유, 종현, 민호, 키, 태민으로 구성된 5인조 남성 아이돌 그룹이다. 2008년 《누난 너무 예뻐 (Replay)》로 데뷔해 팬덤과 평단의 사랑을 골고루 받으며 활동을 이어오고 있다. 2012, 2013년 Mnet 아시안 뮤직 어워드 베스트 댄스 퍼포먼스 남자 그룹상을 수상했으며, 제18회 하이원 서울가요대상 신인 부문 수상을 시작으로 19, 20, 22, 23, 25, 26회 본상을 받았다. 골든디스크 어워즈에서는 2017년 현재까지 다양한 부문에 걸쳐 총 13차례 수상했다.

색채, 심플한 컷 구성 등으로 표현돼 있어요.

처음 제가 중요하게 생각했던 건, '태민이 여태까지 보여주지 않았던 모습을 그려내자'는 거였어요. 퍼포먼스나 비주얼도 중요하지만, 그 친구를 보고 있으면 내면에서부터 풍기는 색다른 느낌이 있거든요. 그런 부분을 표현하고 싶었죠. 그래서 섹시함과 강함, 그 두 가지 키워드가 공존할 수 있도록 포커스를 맞춘 작업이에요.

아이돌을 보면서 멋있다고 생각한 게 태민 씨가 처음이었던 것 같아요. 그 친구가 정말 열심히 하기도 하고, 착하기도 한데요. 일단 실력이 굉장히 좋아요. 앞에서 보고 있으면 춤을 어떻게 저렇게 추나 싶죠. 또 제가 놀란 게, 뮤직비디오를 찍을 때 테이크_take를 여러 번 가잖아요. 가면 갈수록 지쳐야 하는데 그렇지가 않아요. 진짜 열심히 하더라고요. 며칠 밤낮없이 연습을 하고 왔을 텐데 지치지 않고 춤을 추는 거예요. 놀랐어요. 굉장히 독하다는 생각도 했고, 아무나 할 수 없는 직업이라는 것을 느낀 계기가 됐죠.

작업 과정도 빡빡했다고 들었어요.

그 작업을 하면서 편집 실력이 정말 많이 늘었어요. 뮤직비디오 오픈 바로 전날까지 저희 팀과 민 이사님 및 비주얼 아트 팀 분들이 피드백과 수정을 거듭하며 완성한 작품이에요. 짧은 시간 안에 어떻게 핵심적인 부분만 보여줄 수 있을지 엄청나게 고민했죠. 퍼포먼스가 굉장히 강한 친구니까요.

보이 그룹 중에는 방탄소년단과 가장 많이 작업을 하셨죠. 룸펜스 최용석 감독님과 함께 작업한 작품도 있는 걸로 알고 있어요. 듣자마자 '팀의 색깔이 정말 다른데 같이 했네?' 하는 생각을 했어요.

〈SAVE ME〉는 저희가 기획, 촬영, 연출 초중반부까지 맡고, 후반은 룸펜스 감독님이 해주셨어요. 두 팀이 워낙 친해요. 아기가 동갑이기도 하고요.

방탄소년단과 일곱 편 정도를 같이 하셨는데, 그중 3편이 랩몬스터RAPMONSTER 씨의 믹스테이프mixtape 트랙을 가지고 만든 작품이에요. 랩몬스터 씨 같은 경우에는 이전까지 아이돌 신에서 볼 수 없던 독특한 캐릭터잖아요. 게다가 뮤직비디오는 세 편이 동시에 나왔던데, 보니까 비슷한 시기에 작업을 소화하신 것 같더라고요.

실제로 이틀 동안 세 편을 다 찍었어요.

아티스트 한 명을 데리고 동시에 세 가지 필름을 만들기 위해서 고려했던 점이 있을까요? 일단 지루하면 안 되니까요.

시간적인 문제나 콘셉트적인 부분까지 고려한 선택을 했어요. 한 편의 경우는 아예 불타는 이미지 하나만 가지고 갔고요. 뒤부터는 기승전결이 있게끔 차례로 오픈시키려고 했어요.

〈농담〉이 마지막인 이유가 있네요.

방시혁 PD님이 원하셨던 게 그거예요. 랩하는 모습으로만 촬영했던 〈각성〉은 그날 현장에서 어떻게 해야 할지 고민을 정말 많이 했어요. 뒤에 나오는 두 편이 메인 필름이었지만, 일단 〈각성〉이 세 편 중에 처음 공개되는 뮤직비디오인 만큼 제 입장에서는 똑같이 고민할 수밖에 없었어요. 뒤에서 나오는 두 편이 메인이기 때문에 이건 가장 미니멀minimal하게 가야 되고, 그럼 이걸 어떻게 풀어야 하나 싶었는데 결국 생각의 끝은 이랬죠. '아, 음악만 잘 들리고 아티스트만 좋으면 되겠지' 그냥 그렇게 밀어붙였어요.

스태프 분들 말씀을 들어보니까, 감독님께서 방탄소년단과 친밀하고, 그런 관계를 바탕으로 작품을 만들어가는 것 같다고 하더라고요.
방탄소년단 아이들이 장난기가 넘쳐요(웃음). 이 친구들은 제가 본 친구들 중에서도 정말 예의 바른 그룹이거든요. 촬영 팀들도 그렇고, 함께 호흡을 맞춘 팀들마다 같은 이야기를 해요. 이 팀은 정말 예의 바르다고요. 초심을 잃지 않으려고 정말 노력하는 아이들이에요. 그들도 알고 있을 거예요. 그래도 언제나 똑같이 겸손하고, 스태프들에게도 잘해요.

함께 일하면서 방시혁 PD님과 많은 이야기를 나누셨을 텐데, 개인적으로 어떤 인상을 받으셨는지 궁금해요.
방시혁 PD님은 제가 만나 뵀던 분들 중에서도 아티스트나 감독을 진심으로 리스펙트해주시는 분들 중 한 분이에요. 방탄소년단 아이들도 그 모습을 닮은 것 같아요.

노 크레디트

"아티스트들에게 억지로 제 것을 녹여 넣으려는 생각은 전혀 안 해요."

이제까지 찍으신 뮤직비디오 중에 가장 마음에 들었던 작품은 무엇인가요? 아이돌 뿐만 아니라 다른 아티스트들도 포함해서요.

태민의 〈괴도〉는 제가 성장했다는 사실을 느끼게 해준 작업이었어요. 그래서 참 좋아하고요. 아, 도끼의 〈Future Flame〉도 아끼는 작품이에요. 예전에 홍대 쪽에서 파생된 브랜드가 하나 있었는데, 그때 도끼와 같은 팀이었어요. 거기서 저는 보드 타는 사람이었고 도끼는 래퍼로 있었고요. 아무튼 도끼는 저와 나름의 역사가 있는 친구라서 애착이 커요. 같이 자란 느낌이 들거든요.

도끼 씨가 나온 아디다스 광고를 처음 봤을 때 직감했어요. 아, 이거 김 감독님 거다.

말 타고 돈 뿌리는 거요? (웃음) 그 말도 도끼가 직접 선택한 거예요.

처음에는 보통 흔히 보는 말을 등장시킬 생각이었는데, 메시지로 연락이 와서는 자기가 백마 띠니까 흰 색 말을 타도 되냐 묻더라고요. 저야 의미 부여가 되니까 더 좋았죠. 디테일에 의미가 있으면 또 한 번 더 의미 있는 필름이 되는 거니까요.

이야기를 하다 보니 확실히 감독님의 정체성이 보여요. 언더그라운드와의 접점이 뚜렷하게 보인다고나 할까. 실제로 감독님은 스트리트 키즈에 속하는 분이잖아요. 요즘은 아이돌 콘셉트에서도 힙합이나 스트리트 문화가 굉장히 중요한 아이템처럼 이용되고 있어요. 그렇지만 막상 아이돌 뮤직비디오를 보면 그 특징이 굉장히 정제된, 또 절제된 형태로 들어가는데요. 여기에 감독님이 지닌 캐릭터를 있는 그대로 투영하지 못해서 오는 갑갑함 같은 것은 없으신지.

없어요. 저는 아티스트들에게 억지로 제 것을 녹여 넣으려는 생각은 전혀 안 해요. 아티스트를 딱 봤을 때 그들에게 어울릴 수 있는 게 무엇인지만 생각하고요. 그다음에 내가 할 수 있는 게 뭐가 있을지, 내가 가지고 있는 능력으로 끌어낼 수 있는 게 뭐가 있을지 생각을 해요. 여기서 나오는 시너지가 가장 좋다고 생각하거든요.

저는 뮤직비디오 영상에 디렉팅 크레디트 표기하는 것을 안 좋아하는 사람 중 하나예요. 뮤직비디오는 온전히 아티스트를 위해서 만들어야 한다고 생각하거든요. 물론 제작자가 비디오에 담고자 하는 의미에 따라 좀 달라질 수도 있죠. 하지만 개인적으로 저는 제가 갖고 있는 것으로 아티스트가 지닌 캐릭터를 덮으려고 하기 보다는, 그쪽의 성질을 먼저 이해하고 그 안에서 제가 가질 수 있는 장점들을 녹여서 푸는 게 좋아요. 어차피 협업이잖아요. 아티스트, 회사, 프로덕션. 그 사이의 협업에 충실한 게 우선이라고 생각해요. 그런 차원에서 크레디트를 안 박는 게 편해요. 팬들이 집중할 수 있도록.

그럼 아이돌과 했던 작업 중에서 가장 마음에 들었던 비디오는 뭔가요?

진짜 많은데요. 사실 뭐 하나 꼽기보다는, 일단 작업마다 제가 배우는 게 있다는 점이 중요한 것 같아요. 아까 말씀드린 것처럼 태민의 〈괴도〉라던가, 레드벨벳, 그리고 방탄소년단까지 다 느낀 점이 제각각이에요. 매 작업마다 그들에게 어울리는 새로운 작업을 만드는 거고, 그러면서 느끼는 것들과 배우는 것들이 있는 거죠.

현장에서 재미있었다거나 당혹스러웠다거나 하는 에피소드가 있나요?

방탄소년단 〈SAVE ME〉 촬영 때인데요. 신기한 에피소드가 있어요. 그 촬영이 원 테이크one-take 촬영으로 이뤄졌거든요. 촬영 당일 날 어느 정도 흐린 날씨는 예상하고 갔는데, 비가 도통 멈추질 않는 거예요. 4시간 정도를 꼬박 비 멈추는 것만 기다렸어요. 그러다 해가 지기 직전에 영화 같이, 아주 잠깐 비가 그친 거예요. 진짜 다섯 테이크 만에 OK 사인이 나왔어요. 아, 제가 방탄소년단 작품 중에 좋아하는 게 한 편 더 있는데, 〈쩔어〉요.

처음 <쩔어> 뮤직비디오가 나왔을 때 인터넷 커뮤니티와 SNS 상에서 굉장히 화제가 됐었죠. 팬덤은 물론이고요. 촬영 방식이 획기적이기도 했고, 그래픽도 흥미로웠어요.

그게 사실 방시혁 PD님 아이디어예요. 촬영을 MCC_{Motion Capture Camera}로 찍으면 어떻겠냐고 하시더라고요. 저는 MCC를 한 번도 찍어본 적 없어서 걱정을 좀 했는데, 다른 분들이 무척 잘해주셨어요. 총 여덟 테이크 정도 찍었고, 이걸 원 테이크처럼 연결시켜야 했는데요. 사무실에 계시는 CG 팀장님께서 그래픽을 멋지게 완성해주셨죠. 또 〈쩔어〉는 뮤직비디오 중간중간 합성이 워낙 많았잖아요. 그 바람에 물리적인 시간이 많이 걸릴 뿐더러, 이걸 미술적으로 어떻게 표현해야 하는지 그것도 큰 고민이었어요. 아무튼 불안 요소들이 정말 많았는데, 팀장님께서 며칠 밤을 새면서 무려 한 프레임, 한 프레임 다 짜 맞춰서 완성된 게 그 작품인 거죠.

이 작품은 멤버 한 명씩 모두 뚜렷한 의상 및 공간 콘셉트를 갖고 있었는데요. 따라서 원 테이크처럼 보이게 하는 과정에서 고려해야 할 점이 한두 개가 아니었을 것 같아요.

맞아요. 당시 의상 같은 경우에는 빅히트 엔터테인먼트 담당자 분들이 갖고 있던 콘셉트가 있었고, 저희가 맡은 건 주어진 이미지들을 어떻게 영상으로 구현할지에 관한 거였어요. 미술적인 부분들을 어떻게 표현할 건지, 거기에 어떤 상징 요소들을 넣을 건지, 어떤 타이밍에 컷을 넘길 것인지 등등···. 그리고 실제로 대부분의 사람들이 임팩트 있다고 느끼는 순간은 컷이 넘어가는 순간이거든요? 하지만 〈쩔어〉 같은 경우에는 컷 개념이 없잖아요. 그래서 이 뮤직비디오에 어떤 식으로 재미를 줄지 고민을 많이 했죠. 컷이 없어서 느껴질 수 있을 법한 지루함을 줄이려고 노력했어요. 각각의 캐릭터를 살릴 수 있는 공간적 콘셉트, 그 공간끼리의 이동, 방탄소년단의 퍼포먼스를 극대화할 수 있도록 후반 카메라워킹에 임팩트를 줬죠. 저에게는 이게 도전이었어요. 처음으로 방탄소년단을 제대로 맡아서 찍은 뮤직비디오이기도 했고요. 와, 근데 이 친구들 춤 진짜 열심히 추더라고요.

방탄소년단 M/V
<쩔어>의 한 장면

방탄소년단 M/V
<SAVE ME>의 한 장면

오리지널에 가까운

"오리지널이 가장 임팩트 있는 것 같아요."

GDW의 특징 중에 하나가 얼굴에 보정을 거의 하지 않는다는 점인데요. 실제로 〈쩔어〉를 제외하면 특별히 보정이 들어간 느낌이 들지 않더라고요.

저도 작업을 해오면서 알게 된 게 있어요. 이제는 뭐든 점점 빼려고 해요. 왜냐하면 오리지널이 가장 임팩트 있는 것 같거든요. 사람들이 봤을 때 이 친구들이 하나의 아티스트로 받아들여져야 하잖아요. 그렇게 되려면 최대한 자연스럽게 다가가야 한다는 생각이 들어요. 이하이❹ 〈한숨〉을 찍을 때도 그랬어요. 노래하는 모습이 가장 부각됐으면 좋겠더라고요. 양현석 대표님도 그렇게 생각하셨죠. 노래하는 장면 사이사이에 들어가는 이미지 컷 같은 경우는 회사와 협의한 시점이었으니 최대한 억지스럽지 않게, 가능한 만큼 자연스러운 모습을 담아서 찍었죠. 결과적으로 이미지 컷과 노래 부르는

❹ 이하이Lee Hi SBS 'K팝 스타1'에서 준우승을 차지한 뒤 YG 엔터테인먼트와 계약했다. 2012년 디지털 싱글 《1,2,3,4》로 데뷔했으며, 2014년 제11회 한국대중음악상 네티즌이 뽑은 올해의 음악인 여자 부문에 선정되었다.

모습을 잘 조율해 녹여 넣었다고 생각해요.

같은 맥락에서 가희❺ 〈It's Me〉 뮤직비디오도 인상 깊었는데요. GDW가 만든 패션 필름에 제일 가까운 뮤직비디오였죠. 특별히 꾸민 것도 없었고요. 그런 콘셉트 덕택에 가희 씨 뮤직비디오 중에 가장 아름답게 나온 게 아닐까 싶었어요.

그 작품도 참 힘들었어요. 가희 누나는 제가 어렸을 때부터 알던 누나였어요. 누나 본가가 강원도에 있다 보니까 예전부터 보드 타는 사람들 있는 곳에 잘 놀러오고 했었거든요. 누나가 지금까지 낸 앨범 중 유일한 솔로 앨범이었는데, 멋지게 찍으려면 일단은 어디론가 가야겠다는 생각이 들더라고요. 스페인에 있는 프로덕션에 컨택contact해서 조건을 맞췄고, 함께 움직이기 편한 팀으로만 구성해 진행했죠. 그때는 제가 뮤직비디오를 시작한 지 얼마 안 된 초창기이기도 했고, 누나와 친하기도 해서 신경이 많이 쓰이더라고요. 친하니까 더 아마추어적인 느낌을 풍기면 안 되겠다는 생각이 들었고, 그래서 패션 필름 찍을 때처럼 인물을 풀어놓고 찍었어요. 내용을 안 넣고, 내가 가장 잘할 수 있는 게 뭐가 있을지 생각하다가 그렇게 간 거죠.

이외에 아티스트가 지닌 오리지널리티originality를 부각시키려고 노력하신 작품에는 무엇이 있나요?

진짜 많죠. 혁오와 프라이머리Primary가 함께 부른

❺ **가희**KAHI 애프터스쿨 전 멤버로, 2009년 싱글 《New Schoolgirl》로 데뷔해 네 번째 싱글 《RED》 이후 팀을 졸업했다. 여기서 졸업이란 애프터스쿨만의 독특한 멤버 교체 시스템을 일컫는 말이다. 이후 가희는 솔로 가수 및 뮤지컬 배우로 활동 중이다.

〈Bawling〉부터 크러쉬Crush 〈향수nostalgia〉, 〈어떻게 지내〉, 빈지노 Beenzino 〈January〉, 장기하와 얼굴들 〈빠지기는 빠지더라〉까지(웃음). 이 작업들 모두 아티스트와 대화를 많이 했고, 그 과정을 통해서 완성된 거거든요. 덕분에 아티스트들이 갖고 있는 본연의 자연스러움이 잘 묻어났다는 생각이 들어요.

참, GDW 영상 중에 굉장히 인상 깊었던 작품 중 하나가 김연아 〈FEVER〉였어요. 이걸 보면서 그런 생각이 들더라고요. 아이돌 직캠을 보는 느낌이랄까. 김연아 씨도 우상의 범주에 드는 분이잖아요. 김연아 씨를 찍을 때는 어떤 포인트에서 매력을 느끼셨어요?

제가 과거에는 운동선수들의 모습을 찍었던 사람이잖아요. 그 연장선이었던 것 같아요. 특히 연아 씨는 제가 이 일을 하면서 굉장히 영향을 많이 받은 분들 중 하나예요. 촬영은 현우 감독이 했는데, 저도 현장에서, 또 편집하면서 계속 연아 씨 모습을 봤잖아요. 그때마다 정말 굉장한 사람이라는 생각을 했어요. 무척 열심히 하고, 집중력이 보통 아니에요. 그런데 그걸 밖으로 티를 안 내요. 괜히 카메라 앞에서 예쁜 척도 안 하고요. 자기 본연의 모습을 그대로 보여주더라고요. 그런 모습을 보면서 스노보드를 너무 일찍 포기했나 싶기도 하고, 저 사람만큼 내가 독하지 못했나 싶고. 물론 결국에는 '에이, 아니야. 이거라도 더 열심히 해보자!' 그랬지만. 정말 행운이라고 생각하는 게, 중간 중간에 그렇게 사인을 주는 사람들이 있어요. 제가 운동했을 때라면 만날 수 없는 분들이었을 텐데.

고르게 모든 분들의 이름을 언급하셨어요(웃음).

제가 행운아예요. 이런 분들을 다 뵙고.

저는 아티스트들에게 억지로 제 것을 녹여
넣으려는 생각은 전혀 안 해요. 아티스트를
딱 봤을 때 그들에게 어울릴 수 있는 게
무엇인지만 생각하고요.

그다음에 내가 할 수 있는 게 뭐가 있을지,
내가 가지고 있는 능력으로 끌어낼 수 있는
게 뭐가 있을지 생각을 해요. 여기서 나오는
시너지가 가장 좋다고 생각하거든요.

조율의 미덕

"처음에는 완벽하려고 노력을 많이 했는데, 이게 좋지 않더라고요."

아이돌 뮤직비디오 같은 경우에는 니즈needs가 상당히 뚜렷한 편이잖아요. 회사들이 자체적으로 조사나 연구를 마친 뒤에 GDW에 회의 결과를 전달하고, 세세하게 거기 맞춰서 찍어달라고 주문하는 편인가요?

회사나 주어진 제작 시기에 따라 다른 것 같아요. 저희와 같이 만들어가는 팀들도 있고요.

함께 작업하는 회사들마다 분위기가 또 다를 거고요.

그렇죠. 작업할 때도 회사들마다 장점이 다 달라요. 그렇다 보니 저도 자연스럽게 다양한 회사와 커뮤니케이션하는 방법에 대해 배우고, 또 여러 아티스트들과 대화하는 법도 배우고요. 참, 그래픽 담당하는 분들이 따로 회사 분들과 소통해야 하는 영역도 있고요.

CG를 전담하는 팀이 따로 있다는 말씀이시죠? 아까 <쩔어> 작업기에서 잠깐 언급했던 것 같은데.

네, 맞아요. 그리고 그래픽은 딱 필요한 부분들만 해요. 넣을 건 정말 진짜같이 넣고요. 아니다싶게 어설픈 건 아예 빼고요.

개인적으로는 가장 인상적인 CG가 <쩔어> 슈가SUGA 씨 등장 파트였어요.

드론 내려오는 장면 말씀이시죠? 그 부분은 고민을 많이 했어요. 가짜 티가 너무 많이 나서요. 만족할 만한 그래픽을 뽑아내기 위해 물리적으로 시간이 많이 걸렸죠.

같은 뮤직비디오를 보고 있더라도 팬과 대중이 보는 시각은 좀 다르잖아요. 혹시 그 지점에서 고려하는 요소가 있을까요?

특별하게는 없어요. 물론 촬영장에서 신경 쓰는 부분은 있죠. 이 친구가 덜 예쁘게 나오거나, 컨디션이 안 좋게 나오거나 하는 거요. 또 이 친구가 뭘 잘하고, 이 친구는 뭘 못하는지 꼼꼼히 보죠. 이중에 잘하는 것을 부각시키려고 해요. 하지만 이런 것들이 기획 단계부터 신경 쓰는 부분들은 아니고요.

혹시 완벽주의자인가요?

아니에요. 저는 90% 정도 되면 보내버려요(웃음). 꼼꼼하게 잡기 시작하면 잡을 수도 있지만, 일단 시간이 없어요. 그런데 또 시간을 너무 많이 주면 제가 잘 못 끝내요. 속도가 잘 안 나요.

순간 집중력이 좋은 타입이군요.

그런 것 같아요. 처음에는 완벽하려고 노력을 많이 했는데, 이게 좋지 않더라고요. 팀에게도, 저 자신에게도 그렇고. 현장에 가면 어느정도 스토리보드와 콘셉트가 있는데요. 만약 물리적으로 시간이 모자란다면 방향을 바꾸기도 하죠. 편집할 때 어떻게 할지만 그 당시에 잠깐 생각해놨다가 어쩔 수 없으니 이러이러한 부분은 빼고 가자는 식으로 흘러가기도 해요. 70~80%는 기획할 때 만들어놓고, 나머지는 현장에서나 편집할 때 조금씩 바꾸거나 만드는 거죠.

강자가 되는 법

"조용히 강해지면 돼요. 그러면 알아서 바뀌어요."

팀원들을 위해서 나름대로 노력하는 부분이 있다면요?

제가 싫어하는 게 밤샘 촬영이거든요. 저는 사실 괜찮아요. 감독이
고, 일단 잘 만들면 누가 만들었냐 했을 때 김성욱이란 이름이 나오
니까요. 그런데 저희 팀들은 뒤에 다 숨겨 있잖아요. 실제로 현장에
서도 저희가 분위기 가장 좋은 팀 중 하나일 거예요. 힘들어도 다들
웃으려고 하고요. 안될 것 같을 때, 아니다 싶을 때 과감하게 내려놓
는 것도 있고요. 음, 어쩌다 이 이야기가 나왔지(웃음).

**어쨌든 그 부분은 무척 중요하다고 생각해요. 감독님도 아까 말씀하셨다시피,
뒤에서 작업하는 스태프들에 대한 존중이 잘되지 않는 면이 있으니까요.**

이런 단어를 쓰면 어떨지 모르겠어요. 간혹 미개하다는 생각을 해
요. 매너 없고, 존중이란 단어를 모르는 사람들이 너무 많아요. 심

지어는 그런 사람도 있어요. 저희 막내 프로듀서에게 주차 좀 하라고 차키를 던지고 가는 사람이 있었어요. 그런 거 보면 화가 정말 많이 나죠. 하지만 그런 상황에서는 스스로 자기 능력을 증명해 보이면 되니까요. 우리 팀이 강력해질수록 사람들이 바뀌더라고요. 상대가 강해지면 태도가 바뀌는 사람들을 종종 봤어요. 강해지겠다고 제가 일부러 소리 지르면서 일한다는 뜻은 아니고요. 조용히 강해지면 돼요. 그러면 알아서 바뀌어요. 그게 가장 강한 퍼포먼스라고 생각해요. 절대로 속상한 것, 자존심 상하는 것을 티내지 말라고 했어요. 나중에 알아서 너에게 허리를 굽힐 거라고.

그런 모습이 보이면 많이 속상하겠어요.

그렇죠. 저도 그런 걸 많이 겪었으니까요. 도제 시스템에서 자란 사람은 아니지만, 헝그리 정신으로 버티던 시절이 있긴 있어서…. 저도 이런 것들을 슬기롭게 넘겨야 한다는 점을 알고는 있거든요. 그렇지만 현장에서 소리를 지르면서 일하는 건 분명 뭔가 잘못하고 있다는 얘기죠. 문제가 있는 건데, 해결이 잘 안 되니까 소리를 지르고, 싸늘해지고. 그런데 어떤 팀들은 이게 한국적인 도제 시스템에서 전통적으로 해야 하는 부분, 이렇게 해야만 하는 것으로 생각해요. 그런 팀들은 저랑 두 번 일한 적 없어요. 저는 그냥 현장이 제일 좋은 분위기로 일할 수 있는 컨디션이었으면 해요. 편하게 일하는 게 가장 좋잖아요. 퍼포먼스만 확실하게 보여주면 되는 거고. 능력적인 부분만 증명하면 되는 거니까요.

본인 나름의 영상관이 있다면요?

저는 텐션이란 개념을 굉장히 좋아하거든요. 운동을 했을 때 몸에 많이 스며든 게 그거예요. 필요하다면 딱딱하게 직각으로 가야 하는 콘셉트도 한두 개씩 넣긴 하지만, 개인적으로 고무줄을 당겼다가 탁 놓는 식의 텐션감을 정말 좋아해요. 그런 것에 대한 집착이 좀 있고요. 또 패션필름 찍을 때 배운 점들이 있는데, 메이킹 필름 같은 것들을 많이 해보면서 내가 원하는 모습을 어떻게 담아야 예쁘고 세련돼 보이는지 알게 됐죠. 그렇다 보니 자연스럽게 아이돌을 찍을 때도 제가 익힌 부분을 어떻게 활용해야 할지 생각하게 됐고요.

아이돌 뮤직비디오를 찍을 때, 개인적으로 정말 싫어서 안 쓰는 앵글이 있거든요. 저희 작품 중에서도 초기 작품에서만 볼 수 있는 앵글인데요. 가슴께까지 클로즈업하고, 손짓으로 화면에 어필하는 거 있잖아요. 미팅할 때 그런 장면은 무조건 안 한다고 해요. 사람들이 아이돌 얼굴을 인지하고 기억할 수는 있겠죠. 하지만 딱딱하게 느껴지는 모습보다 그 친구들이 지닌 자연스러운 모습을 보여주는 게 더 좋다고 생각해요. 정말 예쁜 모습들은 걸으면서 찍어도, 사이드를 담아도 굉장히 자연스럽게 담기니까요. 사실은 애들도 그 앵글로 카메라 앞에 서면 얼어버리고. 더군다나 신인 친구들의 경우에는 하는 액션이 한정돼 있잖아요. 그게 너무 싫더라고요. 이 친구들을 편하게 풀어놓은 다음에 편집하면서 예쁜 순간만 딱 끼워서 넣는 게 나아요.

이런 것들이 저만의 룰이겠죠. 촬영감독이 안무는 워낙 잘 찍으니까 그 부분은 제가 아예 신경을 안 써요. 스스로는 편집할 때만 임팩트 있게 가려고 하고. 어쨌든 '필요 없는 컷들이 절대 들어가선 안 된다'는 생각이 강해요. 억지로 어떤 신을 덮으려고 편집할 때 넣는 경우가 있긴 하죠. 하지만 최대한 군더더기 없게 가려고 노력하고 있어요.

감독님 이야기를 들으면 들을수록 알 것 같아요. 왜 굳이 전공자가 아니어도 되는지.

그걸 증명하고 싶은 것도 있어요. 억지로 증명하려는 것보단, 자연스럽게 실력으로. 사실 20대 때 영상 만드는 일을 시작하면서 유학을 정말 가고 싶었어요. 필름 스쿨도 많이 알아봤었거든요. 하지만 현실적으로 제가 갈 수 있는 상황이 아닌데 어떡해요. 그래서 내가 지닌 능력을 스스로 증명하지 않으면 안 되겠다는 생각을 했어요. 계속 오기를 부리면서 현실적인 부분과 많이 싸웠죠. 무시당하는 경우도 있었고, 인정 못 받는 상황도 굉장히 많았으니까요. 겉으로 보기에는 제가 2~3년 동안 크게 부각된 거지만, 사실 이런 일을 겪으면서 영상을 10년 넘게 만들어온 거거든요.

그래서 스스로에게 있어서 굉장히 중요한 룰을 하나 만들어뒀어요.

현장에 가면 뮤직비디오 팀 외에 여러 가지 이유로 일하러 오는 분들이 많거든요. 저희 팀과 마찬가지로 모두가 하나의 결과물을 위해 오는 분들이잖아요. 꼭 서로 인사하고, 그분들이 맡고 있는 업무 하나하나 존중해야 한다고 생각해요. 이런 부분은 항상 팀원들에게도 이야기하는데요. 겸손하고 예의 바른 모습만 보여줘도 주변에 좋은 사람들이 남아 있을 거라고 늘 강조해요. 솔직히 저도 모르게 스스로 우쭐대게 될 때가 있을 거 아니에요. 그럴 때마다 꾹꾹 누르려고 노력하고(웃음).

일이 잘 안 풀릴 때나 막막한 상황에 직면했을 때는 어떤 식으로 해결하나요?

니키 누나라고, 친한 아티스트 분이 있어요. 가서 많이 이야기하죠. 일에서도, 인생에 있어서도 어른이 항상 필요한 것 같아요. 물론 방법론적으로 해결책이란 건 사실 저 자신 안에 있는 거죠. 하지만 일단 힘든 부분을 쏟아 붓고 나야 그다음으로 넘어갈 수 있다는 생각이 드니까요. 안 그러면 방법이 없더라고요. 도와주실 어른이 필요해요.

밤샘 촬영 거부권

"이제는 정말 일체 안 해요. 이게 사람이 할 짓이 아닌 것 같아요. 정말로."

뮤직비디오 제작 환경에 있어서 꼭 개선됐으면 하는 부분이 있다면요? 아까 말씀하신 촬영장 분위기와 관련돼 있나요?

그게 첫 번째고요. 다음이 촬영 컨디션이에요. 제작비는 한정이 되어 있는데 클라이언트가 원하는 퀼리티는 항상 높죠. 때로는 기대치가 좀 낮은 분들도 계시지만, 일반적으로 90% 이상은 쓸 수 있는 돈이 한정돼 있음에도 불구하고 기대치는 매우 높단 말이에요. 이걸다시 또 예전 사례로 얘기해보자면, 미국에 광고나 뮤직비디오 촬영을 가서 현지 프로덕션과 스태프들을 꾸리잖아요. 거기는 스태프들근무 조건이 굉장히 잘 마련되어 있어요. 열두 시가 되면 딱 한 시간동안 밥을 먹어야 하고, 노동 시간이 무조건 열두 시간을 넘기면 안되고, 넘기면 오버차지**overcharge**가 생기고. 이런 부분이 법적으로 잘보장돼 있어서 우리도 이야기할 게 있더라고요.

보호를 받는 거죠.

네. 스태프들도 다들 고유한 탤런트를 지닌 아티스트들이니까요. 예전이라면 하루 밤샘촬영을 해야 소화 가능할 분량도 이제는 이틀로 나눠 찍어요. 모두의 컨디션을 좋게 유지하려고 노력하는 거예요. 대신에 더 좋은 결과물을 만들어내기 위해 꼼꼼히 작업하고요. 모든 것들을 한 번에 바꾸는 게 아니라 하나씩 차근차근 변화를 주는 거죠. 실제로 저희는 지금 밤샘 촬영을 전혀 안 해요. 신기한 게, 이전에는 밤샘 촬영을 해도 시간이 오버되는 게 당연한 일이었는데 올해부터는 그런 게 없어요. 오히려 시간이 충분해지고 능률이 올라가고 더 일찍 끝나더라고요. 끝내고 나면 다들 엄청난 희열을 느껴요. '우리 일찍 끝났다!' 이런 느낌이죠. 하지만 여유로운 만큼, 자기 작업과 관련해선 개개인의 신속하고 정확한 판단력이 더욱 중요해졌죠.

그런데 클라이언트들 사이에서는 밤샘이 일상화되어 있었잖아요.

아이돌 친구들에게는 일상화되어 있었죠. 그 친구들도 당연하게 생각했던 거예요. 어떤 촬영장 가면 군무가 맞질 않아서 시간이 오래 걸릴 때가 있어요. 그렇게 되면 서로 지치죠. 예전에는 무작정 될 때까지 했는데, 이제는 모니터를 보면서 편집 때 쓸 부분과 쓰지 않을 부분을 확인해가며 촬영하게 되더라고요. 또 그럴 때를 대비해서 가끔 생각을 해놔요. 안무 영상을 먼저 보내오면 우선순위로 살려야 할 부분과 군이 넣을 필요가 없는 부분을 체크하죠.

작업 과정에서 편집자의 노련함이 돋보이네요.

'어떻게 하면 효율적으로 빨리 끝낼 수 있을까?' 하는 거죠(웃음).

그러면 그 과정 안에서도 스태프들의 쉴 시간을 보장하려고 노력하시는 거고요.

노력은 하는데, 아직까지는 쉽지 않아요. 촬영장 가면 교대로 쉬게 하려고 노력하고요. 촬영 감독이나 저는 당연히 쉴 수 없어서 피곤 하지만, 어떻게 보면 육체적으로 정말 힘든 건 둘째, 셋째 자리에 있 는 친구들이거든요. 이런 친구들을 교대로 쉬게 하려고 노력하죠.

정말 밤샘 촬영은 전혀 안 하나요? 오랫동안 관행처럼 이어져온 거라, 솔직히 믿 기지가 않아요.

이제는 정말 일체 안 해요. 이게 사람이 할 짓이 아닌 것 같아요, 정 말로. 저도 이전 같으면 어떨지 모르겠어요. 그런데 이제는 가정이 있고, 아이가 있고, 가족들을 돌봐야 할 시간이 있는데 그러면… 계 속 되풀이되는 거잖아요. 그래서 뭐든, 일단은 저희부터 조금씩 노 력하고 있어요.

안 좋은 습관이 더 오랫동안 되풀이 되곤 하잖아요.

그러니까요. 그런데 그걸 당연하게 생각하고 있는 사람들이 더 문제 인 거죠. 무서우니까 이야기를 못하고 있는 사람들도 있고요. 조금 씩이라도 변화를 주기 시작하면 나아지겠죠. 나쁘라고 그러는 게 아니고, 좋으라고 하는 거니까요. 저도 처음에는 정말 쉽지 않았어요. 그런데 은나 실장님이 계시니까 시간 약속과 스케줄 같은 것은 철저하게 관리하려고 저절로 노력하게 되더라고요. 그걸 3, 4년 하니까 이렇게 돼요. 3년까지는 몰랐는데, 어느 순간 원하는 대로 조금씩 변해가요. 스타트 지점에서부터 돌아보니까 그렇네요.

확실히 10년이 넘어간 디렉터의 무게가 느껴져요.

드디어 10년이 넘어가니 제 힘으로 할 수 있는 게 생기는 거죠.

후배 양성에도 관심이 있을 것 같아요.

예전에는 저도 후배 욕심을 정말 많이 냈거든요. 그런데 이제는 생각이 많이 바뀌었어요. 그런 건 좀더 나중에 해야겠다는 생각을 해요. 저도 아직까지 잘 모르고 있는 게 많거든요. 다른 감독을 키우거나 이런 건…. 아직 저에게 재능이 없는 것 같아요. 하지만 저는 GDW가 제 선에서 끝나기를 결코 원하지 않거든요. 이사하면서 다른 디렉터들도 몇 명 합류할 거예요. 혼자서는 절대로 좋은 결과물을 만들 수 없는 게 영상 일이라고 생각해요. 계속해서 재능 있는 새로운 인재와 함께 일할 계획이에요.

지금 이 자리에 오기까지 감독님께도 특별한 스승님이 계시겠죠?

유튜브? 구글? (웃음) 진짜예요. 편집이나 트릭trick 배울 때도 모두

구글링해서 배웠어요. 그러다가 좋은 분을 만났죠. 예전 엘르ELLE 방송국 헤드head로 계셨던 분인데, 큰 깨달음을 주셨어요. 당시 제가 김혜수 씨 패션 메이킹 필름을 작업하고 있었거든요. 나름대로 편집을 끝낸 상황인데, 이게 영 오케이가 안 날 것 같은 거죠. 결국 그분께 전화해서 좀 봐달라고 부탁드렸어요. 여유롭게 "어, 오세요" 하시기에 그 길로 외장하드를 들고 갔죠. 쭉 보시고는 "괜찮을 것 같네요. 담배나 한 대 피울까요?" 하시는 거예요. 그리곤 네 시간 만에 편집을 끝내버리시더라고요. 단축키를 쓰는데, 손이 굉장히 빨랐어요. 순간 판단력도 놀라웠죠. 너무 충격이었어요. 그때부터 열심히 단축키를 외우기 시작했어요. 저희 회사 편집자들에게도 단축키에 대해서 아직까지 얘기해요. 오락하듯이, 게임하듯이, 악기 연주하듯이 하라고.

뜬금없지만 게임 같은 것도 하세요?

휴대전화로 게임해요. 진짜 안 좋은 습관인 건 아는데, 한 번 렌더링❻ 걸어놓고 나면 시간이 좀 걸리니까(웃음).

❻ **렌더링**Rendering 영상편집 혹은 그래픽 프로그램을 통해서 비디오 결과물을 만들어 내는 과정

꿈꾸는 것들

"사람은 어디서든 배울 게 있어요. 배운다는 의지만 있으면 상관없는 것 같아요."

특별히 작업해보고 싶은 팀이 있으세요?

없어요. 매번 제의가 들어올 때마다 감사한 거죠. 서로 스케줄이 맞으면 좋고요. 하지만 일단 다들 저를 필요로 해서 찾아주는 분들이기 때문에 고마운 마음으로 작업하려고 해요. 다만, 이제는 GDW 스타일과 맞는 팀을 고르게 되긴 했어요. 어느 정도 서로 스타일을 맞출 수 있는 팀이라던가. 그렇다고 음악 장르나 아티스트의 성격을 미리 나눠놓는 건 아니고요. 저희가 장기하와 얼굴들과 작업한 것도, 그 팀이 자신이 속한 신에서 이런 영상 작업에 대한 욕구가 굉장히 큰 팀이라서 한 거거든요. 팀원들이 팬이기도 했고요. 이런 식으로 서로 필요로 하는 팀들과는 해요. 넉살이나 신세하 같은 아티스트들도 마찬가지죠. 또 이렇게 만난 경우에는 오히려 아티스트들보다 저희가 더 멋진 퍼포먼스를 보여주려고 해요. 우리가 보기에 의뢰받은 아티스트들의 음악이 매우 좋고, 빛을 발했으면 좋겠다는 생각이 들면 적극적으로 지원하고 싶어져요. 그러면 그 일은 최대한 하려고 노력하는 거고요.

음악 산업 전체를 통틀어서도 그렇고, 아이돌 산업에서도 독특한 콘셉트의 뮤직 비디오에 보이는 관심이 굉장히 커졌어요. 이 분야의 창작자로서 기쁘시겠어요.
사실 다른 게 필요하다는 생각은 해요. 뮤직비디오라는 틀 말고요. 표현할 수 있는 게 거의 한계치가 왔다고도 생각했거든요.

간혹 그렇죠. 너무나 세련되다보니 그 세련됨의 끝물처럼 느껴지는, '이보다 더 대단하게 매끈한 작품이 나올 수 있을까?' 하는.
여기서 뭔가 하나가 더 생겨야 하는데 말이죠. 연구를 하고는 있어요. 비욘세가 한 시간짜리 영화처럼 〈Lemonade〉 뮤직비디오를 낸 것도 그런 차원이죠. 아이돌 산업의 뮤직비디오도 모두 한 개의 영역 안에 있다고 생각하거든요. 표현을 어떻게 하느냐에 따라 좀 다른 것뿐이죠. 그렇지만 표현 방법에 있어서 새로운 게 나와야 한다는 생각은 들어요. 꼭 아이돌이 나와서 춤추고 노래하고 예쁘고 이런 것보다, 다른 메시지를 줄 수 있는 노래를 갖고 해보는 것도 좋고요. 때로는 티저teaser 없이 본편만 나오는 게 더 좋을 때도 있다고 생각해요.

요새는 티저가 보편화되었잖아요. 티저 없이 본편만 나오는 게 어떤 매력이 있다고 생각하세요?

때로는 티저 없이 뮤직비디오가 나와서 팬들이 더 깜짝 놀랄 수도 있을 테니까요. 뮤직비디오인 줄 알고 봤는데, 메시지를 주는 쇼트 필름short film이나, 배경음악만 나오는 필름인 것도 좋고요.

사실 지금까지 GDW의 작품은 완전히 이미지 중심이었어요. 반대로 방탄소년단의 〈WINGS〉 쇼트 필름을 만든 룸펜스 감독은 스토리에 포커스를 맞춰 연출하잖아요. 요즘 추세도 드라마에 힘을 주는 쪽으로 가고 있고요. 이런 방향으로도 작품을 생각해본 적 있나요?

공부해가면서 하는 거죠. 제가 스토리텔링에는 특별한 재주가 없어서 조금씩 해보려 노력하는 중이에요. 분명 한 번에는 못할 거예요 (웃음).

스토리텔링을 비롯해서 여러 가지 다양한 기법을 시도할 생각도 갖고 있을 것 같은데요.

그렇죠. 아직까지 뮤직비디오에서 다른 걸 시도하려고 하지는 않지만요. 앞으로 스스로 자신감이 생기면 조금씩 해보고 싶죠.

학창시절에 공부는 안 해도 실기 과목은 거의 A를 받으셨다고 하던데요. 좋아하는 일이라면 빠르게 행동으로 옮기는 성격 덕택에 감독님이 이 자리까지 오실

수 있었던 것 같다는 생각이 들어요.

실기는 정말 자신 있었거든요(웃음). 어쨌든 사람은 어디서든 배울 게 있어요. 배운다는 의지만 있으면 되는 것 같아요. 저는 제가 뭘 모르면 바로 물어보거든요. 솔직하게 말씀드리면, 그렇게 물어보기 시작한 지 몇 년 안 됐어요. 그런데 모르는 걸 바로바로 질문하기 시작하니까 속이 너무 시원하더라고요. 자존심을 내려놓으니까 일하기도 훨씬 편하고, 스트레스도 덜 받고요. 영어도 모르면 물어봐요.

크리에이티브, 창의성…. 이 단어가 감독님께는 어떤 느낌으로 다가오나요?

그 말이 항상 부담이에요. 매번 다른 것들을 찍어야 하고, 한 작품을 이어가는 호흡 자체도 길지 않으니까요. 하지만 그럴수록 공부는 더 되는 것 같아요. 초반에는 레퍼런스reference 영상을 매우 많이 봤는데, 어느 순간부터는 그러기 싫더라고요. 저도 모르게 그 장면이 생각나면서 떠오르는 것들이 있어서요. 그다음부터는 사진을 굉장히 많이 봤어요. 패션 화보나 이런 것들이죠. 중간중간 패션 필름도 보긴 하지만, 비중 자체가 이미지로 많이 넘어갔죠. 70~80% 정도가 사진이니까. 그런데 이것도 뭔가 좀 꺼림칙한 거예요. 그다음부터는 그림을 그리기 시작했어요.

정리하자면, 일단 기획단계에서는 백지 상태에서 조금이라도 더 만들어놓기 위해 노력해요. 원하는 효과나 그림을 마련해놓은 다음에 관련된 레퍼런스 사진이나 영화를 보고, 패션 필름을 보는 거죠. 이런 식으로 부족한 부분을 채워가요. 세상에 이미 나온 것들을 봐야 신scene 흐름도 알 수 있는 거니까, 아예 배제할 수는 없죠.

인터뷰에서 이런 말씀을 했더라고요. "질리지 않는 게 이 일의 가장 큰 매력이다."
새로운 사람을 만나고, 새로운 곡을 새로 들을 수 있고, 새로운 문화나 트렌드를 자연스럽게 접할 수 있고요. 그런데 약간 단점도 있어요. 좀 쉬고 싶을 때가 있는데.

엔터테인먼트 산업은 그 특성상 굉장히 빠르게 변화하니까요. 품은 항상 많이 들고.
저희 팀은 뮤직비디오가 메인이 아니에요. 작년에는 정말 많이 찍었는데 올해부터는 한 달에 한 편씩만 하기로 정했어요. 현시점에서 저희는 의미 없이 반복되는 경험보다는 최대한 매번 새롭고 자유롭고 즐기면서 하는 부분에 더 집중하는 게 맞다 생각하거든요. 장기적으로 그게 GDW를 위하는 길이라고 생각해요.

그래도 한 달에 한 편이면 결코 적은 숫자가 아닌 것 같아요.
한 다리 쉬면 저도 감이 좀 떨어져요. 제가 뮤직비디오 한 지가 몇 년이 안됐기 때문에 지금은 적어도 감을 잃지 않게끔 하는 게 목표기도 하고.

한국 가요가 해외 시장에서 꽤 주목을 받고 있잖아요. 덕분에 뮤직비디오도 '몇 일만에 유튜브 1천만 뷰view를 찍었다'는 식으로 화제가 되고 있죠. <쩔어>를 포함해서, 방탄소년단의 뮤직비디오들 중 다수가 1억 뷰를 달성해서 대중이 깜짝 놀라기도 했어요. 하지만 이건 한국 팬들의 클릭만으로는 불가능한 수치잖아요. 이제는 작업하면서 예전보다 해외 팬들을 고려할 수밖에 없을 것 같아요.

맞아요. 그렇지만 어디서 누가 영상을 보든, 항상 군더더기 없는 세련됨이 가장 중요한 것 같더라고요. 또 저는 작업하면서 특정 집단을 생각하는 것보다 일반적인 사람들이 느낄 수 있는 공통적인 감정에 대해 더 많이 생각해요. 여기에 제 색깔을 더해서 보는 사람들로 하여금 영상을 통해 새로운 감정을 느끼게 만들고 싶고요.

해외 프로덕션들과도 꾸준히 교류하는 걸로 아는데.

시장이 넓어지기도 했지만, 일단 이쪽 분야는 혼자서는 결코 할 수 없는 일이기 때문에 많은 사람들과 교류하고 소통하는 게 중요해요. 그래야 제가 작품을 만들 때 미처 고려하지 못했던 현실적인 부분까지 채울 수 있어요.

감독님 표정이 굉장히 편안해 보여요.

정말로, 이제는 불편한 게 많이 없어요.

작곡가 겸 프로듀서
최재혁

걸그룹 오마이걸 음악 프로듀서이자
작곡가, 작사가, 뮤직비디오 감독,
안무가 등이 속한 아티스트 에이전시
the Key Artist Agency tKAA 의 대표.
현재 프로듀서 최재혁 본인을 비롯,
안무가 이솔미, 작곡가 안드레아스
오버그 등이 tKAA 소속 아티스트로
활발히 활동 중이다. 이외에 해외
프로덕션 업무를 겸하고 있다.
미국 현지 프로덕션 US 프로덕션 을
담당한 작품으로는 태연 〈Why〉,
〈Starlight〉, 2PM 준호 〈So Good〉,
씨스타 〈Lovin U〉 〈나 혼자 Alone 〉
뮤직비디오 및 에이핑크, 걸스데이,
뉴이스트 해외 포토북 등이 있다.

"아이돌
산업의
새로운
열쇠"

Songwriter · Producer

Choi Jae Hyuk

interviewee
Choi Jae Hyuk

온 스테이지 아티스트와 비하인드 아티스트.
최재혁의 분류는 꽤 의미 있다.
지나치게 적나라한 분류라는 이유로
불편해할 사람도 있겠지만 현실이 그렇다.
무대에 올라 화려한 퍼포먼스로 눈길을 끄는
아티스트들을 위해 곡을 쓰고, 안무를 만들고,
뮤직비디오를 찍는 사람들.
그들에게 단순한 서포터가 아닌,
한 명의 독립적인 아티스트로서 살아갈 수 있는
최적의 환경을 선물하고 싶다는 바람을 가진 최재혁은,
자신조차도 '프로듀서'라는 이름을 달고
비하인드 아티스트로 살고 있다.
그래서 그런 환경이 더 고프다.

사운드 엔지니어

"엔지니어를 시작한 건, 프로듀서가 되고 싶었기 때문이에요."

쾌활하신 성격인 게 눈에 보여요. 덩달아 심상찮은 기운도 좀 느껴지는데… 왠지 학창시절 이야기가 듣고 싶어요.

중학교 1학년 때 미국으로 이민을 갔어요. 그 이후는… 저에게는 소중한 학창시절이지만, 대외적으로는 알려지면 안 될 것 같은데요? 완전 사고뭉치였어요. 반항심 강하고, 놀기 좋아하고 그랬죠. 정리하자면, 감성 풍부한 날라리라고 해야 할 것 같아요(웃음).

원래 아이돌 가수가 꿈이 아닌가 싶어요. 맞나요?

아이돌이라기보다는 가수가 꿈이었죠. 이거 들으면 좀 웃으실 수도 있는데, 제 첫사랑이 이상은 〈담다디〉였어요.

얼마나 사랑하셨으면 무려 첫사랑이라고 표현하는 건가요.

어렸을 때 아버지께서 비디오카메라로 저를 많이 찍어주셨거든요. 진짜로 〈담다디〉 밖에 없어요. 〈담다디〉 부르고, 〈담다디〉 부르면서 춤추고….

오디션도 많이 보셨겠어요.

많이 봤어요. 제가 한 우물을 깊게 파질 못하고 얇고 넓게 파는 스타일이에요. 가수도 이상은, 박남정, 서태지 이렇게 쭉 좋아했는데, 어느 순간 힙합에 빠진 거예요. LA에 살았으니까 랩 한다고 돌아다니고, 비트 메이커beat maker들 쫓아다니고 그랬죠. 그 이후에 교회에서 베이스 기타를 연주하기 시작했어요. 그러다 보면 악기도 여러 가지를 배우게 되잖아요. 자연스럽게 기타도 치게 되고, 드럼도 치게 됐죠. 다음 차례는 역시 록이었어요. 밴드 생활 하면서 오디션 보러 다녔어요.

그때가 한창 한국 기획사들이 해외 현지 오디션을 개최하기 시작했던 시기죠? 1990년대 후반에서 2000년대 초반쯤이요.

그렇죠. 현지 오디션 열린다는 얘기만 들으면 바로 쫓아가서 참가하고 그랬어요. SM 글로벌 오디션도 가봤고. 그런데 가서 노래만 부르고 나오는 게 아니라, 나름대로 스토리도 짰어요. 거꾸로 걸어 들어간다거나…(웃음). 제가 얼굴이 굉장히 잘생긴 것도 아니고, 다른 걸로 눈길을 끌어야겠다고 생각했죠. 뭔가 조금이라도 더 재미있게 하려면 저런 거라도 시도해야겠더라고요. 그러고 보니 신기한 것 같아요. 지금은 제가 해외에서 오디션 진행을 하는 사람이 됐잖아요. 어쨌든 당시 경험을 돌이켜보면, 뭐든 많이 뛰어들어서 해봐야 자신감도 생겨요. 그 덕분에 저도 여기까지 온 것 같고요.

이제는 옛날 일이니 대답해주실 수 있을 것 같아서 여쭤보는 건데, 오디션 결과는 어땠나요?
몇 번 파이널 라운드까지 간 적이 있는데, 잘 안됐어요. 고등학교를 졸업하면서 자연스럽게 무대에 서는 걸 포기하게 됐죠. 그 뒤로 플레이어가 아니라 메이커 쪽을 선택한 거죠. 어떻게든 음악과 관련된 일을 하고 싶었거든요. 그때부터 프로듀서가 되고 싶었어요.

그런데 정작 학교에서는 사운드 엔지니어링을 전공하셨어요. 특별히 그 전공을 택했던 이유가 있었나요? 바로 작곡과에 가실 수도 있었을 텐데요.
제가 엔지니어를 시작한 건 궁극적으로 프로듀서가 되고 싶었기 때문이에요. 솔직히 당시에는 엔지니어라는 직업이 뭔지도 잘 몰랐어요. 쭉 꿈이 가수였으니 그런 쪽에 대해서는 영 몰랐던 거죠. 그리고 그때 저는 대학을 가지 않기로 결정한 상태였어요.

전문적으로 음악을 공부하고 싶으셨던 거군요.
캘리포니아 주립대에 지원했다가 기적적으로 합격통지서까지 받았어요. 부모님께서 굉장히 좋아하셨죠. 그런데 전 무조건 음악을 해야겠다는 마음이 있어서 아예 그쪽에 응답을 안 했어요. 그 일로 아버지와 반 년 정도 얼굴을 안 보고 살았어요. 하지만 프로듀서가 되고 싶다는 생각이 점점 간절해졌고, 마침 녹음실 기계를 많이 다룰 줄 알면 도움이 된다는 이야기를 들은 거죠. 그게 MI❶에 입학하게 된 계기였어요.

그럼 엔터테인먼트 업계에는 사운드 엔지니어로 첫 발을 들이신 거죠?

네. 3년 정도 일했어요. 돌이켜보면 제가 노력도 많이 했지만, 운도 좋았어요. 당시 작은 스튜디오에서 인턴을 했는데, 메인 스튜디오 엔지니어였던 제 사수가 동갑내기 미국인이었거든요. 그런데 이 친구가 마약을 너무 많이 해서 평소에 자주 누워 있고 그랬어요. 대신 제가 일을 했죠.

금세 일에 익숙해질 기회를 얻었던 거군요.

일단 일을 굉장히 많이 했으니까요. 이 친구와 일했던 클라이언트들이 실질적으로는 저와 일하고 있는 것과 마찬가지였어요. 거기서 일한 지 6개월 만에 그 친구가 재활센터에 들어갔고, 클라이언트들 입장에서는 함께 일하던 사람을 한 번에 바꾸기 어려웠을 거고요. 결국은 저한테 일이 다 온 셈이었죠.

❶ MIMusicians Institute 미국 캘리포니아주 로스앤젤레스 할리우드에 위치한 실용음악대학이다. 퍼포먼스Performance 프로그램은 베이스, 기타, 보컬, 키보드 등으로 나누어져 있으며, 엔터테인먼트 산업Entertainment Industry 프로그램으로는 DJ 퍼포먼스, 오디오 엔지니어링, 음악 비즈니스 등이 있다.

당시 일한 스튜디오는 어디였나요?

사일런트 사운드Silent Sound라고, 정말 작고 초라한 스튜디오였어요. 지금은 없어졌다고 들었는데, 그 스튜디오가 한 자리에만 20년을 있었어요. 하지만 뮤지션들 사이에서는 꽤 유명한 곳이었거든요. 릭 제임스Rick James 사망 일주일 전에 마지막 세션을 그 스튜디오에서 했어요. 토토Toto, 치노 엑셀Chino XL, 아이스 큐브Ice Cube, 아이스-티Ice-T 등이 거기서 녹음했죠. 물론 제가 말한 아티스트들이 전적으로 그 스튜디오만 사용한 건 아니에요. 한 번씩 와서 녹음하고 가는 곳이었죠. 어쨌든 학교를 갓 졸업한 애가 그런 사람들하고 작업을 했으니 얼마나 신났겠어요. 그렇게 2년 반 정도 거기 있다가 2004년도쯤에 한국 제작자 분들을 알게 됐어요.

정말 잘 알려진 뮤지션들이라 흥미진진하네요.

그런데 이게 재미있어요. 해외에서 유명한 뮤지션들을 만났을 때는 떨림이나 긴장감이 전혀 없었는데, 한국 연예인들을 처음 봤을 때는 설레고 떨리고 그랬어요. 물론 지금은 없어졌지만요(웃음). 자주 봐서 그런가 봐요. 그때는 미국 살면서 TV로만 한국 연예인들을 볼 수 있었으니까 그랬는지.

보아와 손담비

"플레디스 한성수 대표님께 일을 배워야겠다는 생각을 하게 됐죠."

2000년대 초중반에 한국 제작자 분들과 본격적으로 교류하기 시작한 거잖아요. 딱 해외 음악 산업에 국내 제작자들이 적극적으로 관심을 갖기 시작했을 무렵이네요. 2002년, 2003년 이쯤이요.

딱 그때죠. 한국 제작자들이 서서히 해외 음악가들에게 관심을 갖기 시작했죠. 저에게도 곡 의뢰가 들어오기 시작했어요. 제가 살면서 그때 곡을 가장 많이 쓴 것 같아요. 아무 생각 없이 그냥 곡을 쓰는 게 좋아서 했던 시기이기도 했고, 솔직히 다시 들어보면 그때 노래들이 지금 것들보다 훨씬 좋은 것 같아요.

한국 제작자 분이 함께 일하고 싶다고 생각할 만한 장점이 있으셨나 봐요.

그건 잘 모르겠어요. 전문학교를 나온 친구들의 공통점 중 하나가 콧대가 높다는 건데, 그게 오히려 장점으로 작용했던 것 같기는 해요. 유난히 자신감 있어 보였을 것 같아요. 솔직히 그 당시에는 제가 나름 유명한 외국 친구들과 일을 많이 한 상태였잖아요. 그래서 한국에서 일하자는 얘기를 들었을 때, '음, 한국?' 하고 좀 내키지 않았던 게 있었죠(웃음). 현지에서 일하는 걸 더 우위에 두고 있었던 거예요. 하지만 여러 차례 제작자 분들을 만나서 함께 술도 마시고, 음악 이야기도 하면서 친해졌어요.

그러면 그때 한국 제작자 분들 현지 안내를 맡으셨던 건가요?
특별한 행사나 방송 촬영, 공연 등을 목적으로 기획사 측에서 미국을 방문할 때가 있어요. 운전 같은 소소한 일들을 도왔죠. 프로덕션 일도 그때 경험을 계기로 시작된 거예요. 물론 이때만 해도 이게 '일'이 아니라 단순히 기획사 사람들을 도와 주는 거였죠.

처음에 플레디스 엔터테인먼트(이하 플레디스)에서 일하셨잖아요. 지금의 형태도 아니고, 완전 초창기 때요.
당시에도 다른 기획사들이 불러주긴 했거든요. 그런데 제가 영웅심리가 있어서 큰 회사에서 오라는 건 귀 기울여 듣지 않았어요. 회사와 제가 함께 노력해서 성공하고 싶었어요. 플레디스에서 막 손담비❷ 데뷔 앨범을 냈을 때, 그즈음부터 함께 하게 됐죠.

아무리 작은 회사라도 성장 가능성이라든가, 좋은 오너가 있다거나 하는 나름의

선택 기준이 있었을 것 같은데요.

그럼요. 어느 날 집에서 TV를 보고 있는데, 담비의 〈Cry Eye〉 뮤직비디오가 나오는 거예요. 보자마자 '와, 저건 대박이다. 진짜 괜찮다' 싶더라고요. 제가 서태지 이후에 나온 아이돌 가수 중에서는 특별히 좋아했던 아티스트가 없었거든요. 그런데 유일하게 보아❸ 씨를 좋아했어요. 사실 보아 씨를 좋아했다기보다는 전체적인 기획과 프로덕션을 좋아했던 건데, 손담비 뮤직비디오를 보면서도 '오, 저거 잘 만들었다' 싶었던 거죠. 그런데 신기하게도 2주 뒤쯤에 플레디스 식구들이 미국에 온 거예요.

그러면 플레디스 한성수 대표님과 함께 일을 하고 싶다고 생각한 구체적인 계기는 뭔가요?

아는 형이 작업을 좀 도와달라고 하셨고, 그때 저희 집을 숙소 삼아서 플레디스 전 직원이 묵었어요(웃음). 한 달 정도 계셨는데 담비가 거기서 안무를 배우러 다니기도 했죠. 그런데 저희 집에 《History Of BoA》라고, 보아 씨 DVD가 하나 있었어요. 한 대표님이 저희 집에서 그걸 보시고는 "이거 내가 만들었어" 하시는 거예요. 그 얘기를 듣고 '아, 손담비와 보아를 보면서 내가 프로덕션이 좋다고 느낀 이유가 이건가?' 싶더라고요. 같

❷ **손담비**SON DAM BI 2007년 싱글 《Cry Eye》로 데뷔했다. 제18, 19, 20회 하이원 서울 가요대상에서 본상을 수상했다.

❸ **보아**BoA 2000년 정규 1집 《ID Peace B》로 데뷔했다. 같은 해 Mnet 뮤직비디오 페스티벌 여자 신인상을 시작으로 한국과 일본을 오가며 고루 좋은 성적을 거뒀다. 2009년에는 미국에서 정규 1집 《BoA》를 발표하고, 2014년에는 듀안 에들러 감독의 영화 '메이크 유어 위시|Make Your Wish' 여주인공 '아야' 역을 맡기도 했다.

은 분 손을 거쳤기 때문에 그런 느낌을 받은 것 같았어요. 당연히 한 대표님께 일을 배워야겠다는 생각을 하게 됐죠.

플레디스에서 매니저로 일하셨다고.

처음에는 A&R로 오라고 해서 갔는데, 매니저가 없다고 해서 매니저 일도 같이 했어요. 저는 항상 무슨 일을 시작하면 바닥부터 경험해봐야 한다는 생각해요. 그냥 아무렇지 않게 운전대부터 잡았죠. 물론 운전대만 잡았으면 좋았을 텐데, 직원이 워낙 없을 때니까 제가 곡 수집도 다니고, 보도자료도 쓰고…(웃음). 스케줄은 제가 잡을 수 없으니까, 그거 빼곤 다 해본 것 같아요.

일에 투입된 계기도 재미있어요. 원래는 바로 일을 시작하려던 게 아니거든요. 제가 한국에 자주 나오질 못했으니까 일단 와서는 얼마나 놀고 싶었겠어요. 회사에는 "저 2주에서 한 달만 놀고 일 시작할게요" 그랬거든요. 그런데 제 작은아버지 댁이 사당동이에요. 거기 놀러 갔다가 오후에 무심코 집 앞에 나갔더니 담비가 서 있는 거예요. "어, 너 여기 웬일이야?" 했는데, 걸어서 열다섯 걸음 정도만 가면 안무실이었던 거죠. 얼결에 들어가서 이사님들하고 인사하고, 며칠 안돼서 전화가 왔어요. 지금 사람이 없어서 안 되겠다고, 당장 일을 시작해야겠다고요. 안무실 앞에 차 있으니까 그거 운전해서 담비 데리고 오라고…. '와, 나 어떡하지. 길도 모르는데?' 싶고, 마냥 아찔했죠. 이러면서 시작했어요.

그만큼 짧은 시간 안에 엔터테인먼트 회사 내의 모든 부서를 훑으신 거죠.

아주 빠르게, 한 번에 훑었죠. 정말 빨랐어요. 매니저 생활을 고작 7~8개월 했을 뿐인데, 남들이 물어보면 스스로는 한 2~3년 한 것 같이 느껴져요.

그때 나이가 어떻게 되셨어요? 워낙 엔터테인먼트 업계, 특히 매니지먼트 쪽은 일을 빨리 시작하시는 분들이 많은데, 이미 미국에서 엔지니어로 일하다 넘어오신 거라 궁금했어요.

스물일곱 살, 스물여덟 살 정도였으니 늦게 시작한 거죠. 매니저들은 보통 20대 초반에 운전대를 잡으니까. 제가 LA에서 살았잖아요. 거기 사람들이 가진 특징 중에 하나가 여유롭게 산다는 거예요. 좋게 말하면 여유로운 거고, 나쁘게 말하면 게으른 거죠. 아무튼 그런 생활을 20년 넘게 하다가 여기 와서 일을 엄청나게 했어요.

이 사연을 한 대표님도 다 알고 계시는 거죠? (웃음)

그럼요. 지금도 다 친해요. 한 대표님과도 사이가 좋고요. 이런 건 시간이 한참 지났기 때문에 할 수 있는 얘기죠. 플레디스에서 퇴사한 후에 미국에서 프로덕션을 시작했을 때도 계속 함께 일했어요. 지나온 일들이 지금 제가 회사를 꾸려나갈 수 있는 밑거름이 된 거죠. 만약 그때 제가 "에잇, 안 해!" 했으면 어떻게 됐을까요…(웃음). 다른 일을 하고 있었을 거예요.

비하인드 아티스트

"무대 뒤에서 뛰는 아티스트들은 빛나기 쉽지 않거든요."

지금은 오마이걸 음악 프로듀서이자 tKAA 대표직을 겸하고 계시잖아요.

누군가 제가 하는 일을 정리 좀 해줬으면 좋겠어요. 저도 정리가 잘
안 돼요.

**그러면 일단 에이전시 이야기부터 해보는 게 좋겠어요. 아티스트 에이전시를 차
리겠다는 생각은 어떻게 하게 된 건가요? 프로듀서 일을 하는 것과는 굉장히 차
이가 컸을 텐데요.**

계기는… 사실 빌 게이츠 얘기를 듣고(웃음). 빌 게이츠가 한 유명한
말 있잖아요. 곧 전 세계 가정마다 PC를 소유하게 될 거라고. 그게
1980년대였는데, 당시엔 초대형 컴퓨터를 쓰던 시절이었죠. 사람들
이 안 믿을 만했던 상황이었어요. 그런데 결국 지금 현실화가 되었
잖아요. 아티스트 에이전시 개념도 이런 식으로 언젠가 익숙해졌으

면 하는 바람인거죠.

저는 아티스트를 온 스테이지_{on-stage} 아티스트와 비하인드_{behind} 아티스트로 나눠요. 서 있는 곳만 다를 뿐, 모두 똑같이 가치 있는 일을 하는 사람들이라고 생각하죠. 그래서 '모든 아티스트들이 소속사를 가져야 한다.' 이게 제 바람이고 목표예요. 그런데 지금 한국 엔터테인먼트 업계에서는 '이게 뭐야? 무슨 소리지?' 싶을 수 있죠. 워낙 낯선 얘기니까요. 하지만 현실적으로 봐야 할 부분이 있어요. 수많은 백스테이지_{backstage} 뮤지션 또는 아티스트들이 공감을 하는 부분일 텐데… 무대 위의 아티스트들은 빛나지만, 무대 뒤에서 뛰는 아티스트들은 빛나기 쉽지 않거든요. 온 스테이지 아티스트들만큼 자기 재능을 탈탈 쏟아 붓는데도 그렇죠. 똑같은 아티스트보다는 온 스테이지를 위한 하나의 툴_{tool}로 취급당하는 경우가 워낙 많고요.

사명감을 갖고 하는 일이네요. 사실 여러 사람들의 법적 대리인이 된다는 게 생각보다 부담스러운 일이잖아요.

물론 상황이 이렇게 된 데는 시스템 문제든 의식의 문제든 간에 여러 가지 이유가 있을 거예요. 하지만 일단은 소속사가 있고 없고의 차이가 굉장히 크다고 생각했어요. 비하인드 아티스트들도 온 스테이지 아티스트들처럼 소속사의 보호를 받을 수 있어야 한다고 봤죠. 소속사가 있음으로 해서 불이익을 당할 확률 자체를 줄이는 거죠.

에이전시를 만드신 첫째 목표는 아티스트를 보호하기 위한 거고요.

가장 중요한 일이죠. 제가 겪었던 일을 바탕으로 이런 구상을 하게 된 거거든요. 그리고 한 가지 더 중요하게 생각했던 게 있어요. 제가 지켜봐온 바에 의하면, 아티스트가 사무적인 일에 신경을 쓰기 시작 하는 순간 창작활동에서는 성과가 떨어지기 쉽더라고요. 원하는 만 큼 성과가 잘 안 나오는 거죠. 제 경험에서 우러나온 거기도 한데요. 소속사가 사무적인 부분을 관리해주면 아티스트 본인은 자신의 일 에 더 집중할 수 있을 것 같았어요. 막말로 창작하시는 분들이 일주 일 동안 계속 놀다가 10분 만에 작품을 만들어낸다고 해볼까요? 그 런데 이렇게 내놓은 게, 일주일 내내 일은 하되, 거기서 사람들에 치 이고, 금전적인 부분까지 머리 싸매고 고민하면서 겨우겨우 내놓는 결과물과 다를 거거든요. 저도 경험해 봐서 알아요. 차이가 커요. 이 래저래 여러 가지로 이상적인 환경을 만들고 싶었어요.

창의적인 발상을 저해한다는 거죠. 실제로 이솔미 안무가도 그런 고민을 토로했 어요.

실제로 그래요. 왜, 그런 말 있잖아요. '멍 때린다'고 하죠. 이걸 영 어로는 데이드리밍**daydreaming**이라고 표현해요. 꿈꾼다는 표현을 쓰 고 있는 거죠. 제가 그 말을 굉장히 좋아해요. 정리된 글이나 데이터 로 표현할 수 없어서 그렇지, 그 시간도 중요하다고 보거든요. 금전 적인 문제나 그 외의 사무적인 문제들로 머리를 싸매고 있을 시간에 멍 때리는 게 더 좋은 것 같아요. 저는 그래요.

현재 에이전시가 어떻게 돌아가고 있는지 설명을 좀 해주세요.

일단 에이전시에 소속된 작가들이 하는 일은 곧 회사가 하는 일이
라고 봐요. 그렇지만 '회사=스태프'라기보다는 아티스트 개인이 갖
는 타이틀이 더 중요하죠. 엄연히 아티스트 개인이 자기 이름을 걸
고 하는 일이고, 에이전시에 속해 있되 자신의 이름을 내세울 수 있
는 독립적인 스태프로 활동하기를 바라요. 예를 들자면 이런 거예
요. 예전에 씨스타가 미국에서 뮤직비디오를 찍을 때, US 프로덕션
은 tKAA가 맡았죠. 하지만 촬영 프로듀서는 최재혁이었고요.

**그러면 뮤직비디오 촬영이나 화보 촬영 같은 프로젝트를 진행할 때, 거기에 어
울리는 스태프와 기획사 사이에 연결고리를 만들어주는 일이라고 생각하면 될
까요?**

네. 그게 한 팀이 되면 프로덕션인데요. 에이전시가 하는 역할 중에
하나로 프로덕션 꾸리는 일이 있다고 보면 될 것 같아요. 보통 한국
이나 일본은 기획사 안에 매니지먼트 팀이 있고, 마케팅팀, 홍보팀
등이 있잖아요. 그런데 미국은 그렇지가 않아요. 회사 밖에 모든 부
서가 따로 존재한다고 생각하면 돼요. 이런 식으로 회사 안에 있는
부서 하나하나가 세분화된 외주 업체 개념으로 따로 존재하면, 한 프
로젝트를 위해 그때그때 프로덕션을 꾸려서 함께 일을 할 사람끼리

모여야 하죠. 실제 미국은 이런 식으로 개별 업체가 따로 있고, 프로덕션 업체도 그중 하나예요. 프로덕션 업체에서는 개별 회사, 개별 스태프들을 모아서 조합을 만들어요. 제가 그 일을 하고 싶고요.

미국식 엔터테인먼트 시스템을 도입하고 싶으신 거네요?
제가 그곳에 있었기 때문인지, 그 시스템을 도입하고 싶은 욕심이 있어요. 한국도 그렇게 변했으면 하는 마음이죠. 한국은 지금 기획사 내부에서 모든 프로세스가 이뤄지지만, 언젠가는 하나의 콘텐츠를 만들면서 안무, 곡, 뮤직비디오, 거기서 좀더 들어가서 뮤직비디오 촬영감독, 미술감독 이렇게 다양한 조합을 만드는 과정이 생겨나지 않을까요. 저는 이런 일을 하는 회사를 만들고 싶은 거고요. 크리에이티브 콘텐츠 생산에 관련된 조합을 짜는 회사요.

국내에는 크리에이티브 콘텐츠와 관련된 프로덕션 업체가 거의 없죠?
연예 엔터테인먼트 쪽에서 정식으로 프로덕션이라 얘기할 수 있는 업체가 거의 없어요. 광고 쪽 프로덕션 업체는 있죠. 이게 시장 크기와 관련된 문제인데요. 광고 업체는 스태프 분야가 꽤 세분화되어 있어요. CF에 출연할 모델 한 명을 구하려고 해도 웬만해선 에이전시를 통해야 하죠. 일단 시장이 어느 정도 규모를 확보했기 때문에 가능한 일이에요. 하지만 광고 쪽이 아니면 얘기가 좀 달라져요. 출연자 섭외 과정에서 에이전시가 낀다고 할 때 "뭐야, 브로커야? 왜 돈을 떼 가지?" 이런 반응이 온단 말이죠. 물론 제가 지금 이렇게 구상하는 그림이 한국 시장에서 통하는 방식이 아닐 수는 있어요. 그럼에도 불구하고 세분화해서 조합해보고 싶은 욕심이 있는 거죠.

에이전시

"CAA를 좋아해요. 개인적으로 굉장히 멋있다고 생각하는 회사죠."

미국에 대표적인 아티스트 에이전시로 WME William Morris Endeavor**와 CAA**Creative Artists Agency**가 있잖아요. 말씀하신 것처럼 여기에는 온 스테이지 아티스트들만 속해 있는 게 아니고요.**

WME나 CAA는 미국 내 엔터테인먼트 에이전시 양대산맥이죠. 미국 전체 엔터테인먼트 산업군에 속해 있는 아티스트들이 모두 두 회사 소속이라고 보면 돼요. 가수, 연기자, 모델 같은 온 스테이지 아티스트들 이외에도 실연자들이나 연출가, 안무가, 방송 작가 등 비하인드 스테이지에서 일하는 창작자들이 다 여기에 소속돼 있어요. 그리고 이걸 거꾸로 말하면 스크린 라이터screen writer, 뮤직비디오 감독, 무대 감독 등 크리에이티브 콘텐츠를 만드는 모든 사람들에게 자신의 입장을 대변해줄 소속사가 있다고 보면 되는 거예요. 한마디로, 대중에게 직접적으로 사랑을 받고 안 받고의 차이일 뿐 어떤 아티스트건 간에 모두 크리에이티브 콘텐츠를 만드는 사람들이라는 인식이 있는 거죠. 그런데 국내에서는 아직까지 그 차이를 많이 두고 있는 것 같고.

저를 포함한 한국 엔터테인먼트 관계자들에게는 익숙하지 않은 분류법이죠.
실제로 지금 제가 운영하고 있는 에이전시가 어떤 개념인지 잘 모르시는 분들이 계세요. 그런 분들 중에는 저에게 연예인이나 모델 섭외를 의뢰하시기도 하죠. 물론 그런 일을 아예 안 하는 건 아니에요. US 프로덕션을 하고 있으니 그쪽 아티스트를 섭외해 연결해 드리기도 하고, 국내 아티스트를 소개하기도 하죠.

그러면 아직까지 국내에서 아티스트 에이전시가 활성화되지 못한 이유는 뭐라고 생각하세요?
돈이 안 되기 때문에. 솔직히 제가 하는 일을 가지고 금전적으로 이윤이 나길 기대하는 건 어려워요. 하지만 일단 시장이 변해가잖아요. 한국에서 아이돌 시장이 무척 커졌고, 그러면서 크리에이티브 콘텐츠를 직접 만드는 분들 숫자나 그분들이 하시는 일의 비중이 굉장해졌거든요. 그러면 이분들의 권리를 보호할 수 있는 방법도 생각을 해 봐야 하지 않나 싶은 거죠. 한국에서 활동하는 온 스테이지 아티스트들은 사실상 90% 이상이 매니지먼트, 즉 관리해주는 회사가 있어요. 그에 반해 비하인드 아티스트들은 보호를 받기 어려운 입장이고.

지금은 대표님도 큰 이윤을 바라고 하시는 일은 아닌 거네요.

언젠가는 저도 돈을 밝힐 날이 오겠죠?(웃음) 하지만 제 인생 모토 중 하나가 '돈을 좇지 말자' 그거예요. 예전에 그렇게 살다가 너무 힘들어진 경험이 있어서요.

비하인드 아티스트들에게도 에이전시 개념 자체가 낯설지 모른다는 생각이 들어요. 그렇다 보니 에이전시와 이윤을 나누는 것에 대해 거부감을 갖는 분들이 계실 수도 있을 것 같고.

맞아요. 비하인드 아티스트들 입장에서도 신뢰할 수 있는 사람이나 업체를 아직 못 만났다고 생각할 수 있어요. 그렇기 때문에 이 시점부터라도 신뢰를 쌓기 위해 노력하는 것이 매우 중요하다고 보죠. 그리고 그분들 입장에서는 충분히 혼자 할 수 있는 일인데, 왜 굳이 누군가를 끼고 일을 하면서 수입을 떼어줘야 하는지 이해가 잘 가지 않으실 수도 있고요. 하지만 일단 현장에서 일을 하다보면 종종 느낄 거예요. 아무리 불합리한 상황이라도 관계가 불편해질까봐 얼굴 내놓고 할 수 없는 말들이 있거든요. 그걸 대신 해주는 게 에이전시가 해야 할 일이라고 생각하는 거고요.

한국과 미국 간 문화 차이에서 비롯된 게 있는 것 같아요.

그렇죠. 쉽게 말해서 우리가 어떤 아이돌 그룹을 포털 사이트에서 검색하면 소속사 정보가 바로 뜨잖아요. 이런 요소를 배제할 수 없죠. 어쨌든 아티스트보다 소속사가 우위라는 인식이 사람들 사이에 박혀 있으니까요. 한국은 일본 시스템과 비슷하게 흘러가서 더 그런 것 같고요. 반대로 미국 같은 경우에는 레이디 가가Lady Gaga는 그냥 레이디 가가인 거죠. 어디에 소속돼 있다는 느낌이 없어요. 물론 그 에겐 에이전시도 있고, 유통사도 있고, 레이블도 있어요. 하지만 결과적으로 아티스트에게 가장 큰 영향력을 행사할 수 있는 건 아티스트 자신이죠. 물론 한국에도 오랫동안 활동한 아티스트 중에 독립적으로 활동하고 있는 경우가 있죠. 그렇지만 일단은 업계 전반에 걸쳐서 아티스트란 개념을 이해하는 분위기가 다르니까요.

한국 시장이 잘못됐다는 소리는 아니에요. 같은 산업이라도 각 국가마다 인프라가 다르고, 사람들의 성향이란 게 다르고, 이해하는 방식이 다르니까요. 한국 소속사들이 아티스트들을 존중하지 않는다는 이야기는 더더욱 아니고요. 굉장히 세세하게 케어해주죠. 그런데 미국은 개인의 활동을 우선시하는 것 같아요. 전반적인 문화 차이겠죠. 솔직히 지금 음악적 완성도에 있어서는 한국 가요, 그러니까 K-POP이 미국 팝에 전혀 뒤지지 않는다고 생각하거든요. 정말 잘 만들어요. 완성도 면에서 훨씬 더 완벽하다고 느낄 때가 많아요. 그래서 종종 인간미가 떨어진다는 생각이 들죠(웃음). 오히려 창조적이고 어설픈 부분이 느껴진다는 게 미국 콘텐츠의 장점인 것 같고.

'아티스트'에는 온 스테이지, 비하인드 아티스트가 모두 포함되는 거죠?

한국에서 아이돌 시장이 무척 커졌고,
그러면서 크리에이티브 콘텐츠를 직접
만드는 분들 숫자나 그분들이 하시는 일의
비중이 굉장해졌거든요. 그러면 이분들의
권리를 보호할 수 있는 방법도 생각을 해봐야
하지 않나 싶은 거죠.

한국에서 활동하는 온 스테이지
아티스트들은 사실상 90% 이상이
매니지먼트, 즉 관리해주는 회사가 있어요.
그에 반해 비하인드 아티스트들은 보호를
받기 어려운 입장이고.

다 포함돼 있어요. 아, 혹시 드라마 〈안투라지 Entourage〉 보셨어요? 제가 이 작품 굉장히 좋아하거든요.

아뇨. 아직.
꼭 보세요. 이쪽 일을 해서 더 그런 걸 수도 있는데, 실제로 엔터테인먼트 다른 업계에 종사하는 분들도 그러시더라고요. 각색은 있지만, 있는 그대로를 그려낸 것 같다고요.

HBO 드라마라서 더 그런 걸까요?(웃음)
그러게요. 이게 할리우드 영화배우 이야기가 주축인 거지만, 영화나 드라마 작가들 에피소드도 실제로 현실에 있는 이야기들이고요. 개인적으로는 거기 나오는 아티스트 에이전시 대표인 아리 골드 Ari Gold 에 영향을 많이 받았어요. CAA와 WME 대표를 모델로 삼았다는 얘기도 있더라고요.

CAA 모델과 윌리엄 모리스 모델 중 어느 쪽을 선호하세요?
CAA를 좋아해요. 개인적으로 굉장히 멋있다고 생각하는 회사죠. 거기 홈페이지에 가보면 딱 한 페이지에 지사 전화번호만 적혀 있어요. 뉴욕 전화번호, LA 전화번호, 도쿄 전화번호, 베이징 전화번호. 이게 끝이에요. 거기에서 오는 위엄이 있죠. 어떻게 보면 저의 롤모델 같은 회사예요. 지금이야 제가 뭘 했고, 저희 아티스트가 뭘 했고

interviewee
Choi Jae Hyuk

단순히 이런 걸 강조할 수밖에 없는 입장이지만요. 제 입장에서는 이 인터뷰가 일종의 홍보인 건데, 대중을 상대로 한 홍보가 아니라 아티스트들에게 하는 홍보죠. 제가 무슨 일을 하려는지 알리고 싶고, 함께 하고 싶고요.

제가 만나본 비하인드 아티스트 분들 중에는 해가 갈수록 본인 성격이 점점 세지고, 나빠지는 것 같다고 하는 분들이 많았어요. 자기가 변해가는 것 같은데, 그게 스트레스라고요.

그렇게 안 하면 너무 부당한 일을 겪을 때가 많으니까요. 물론 성격이 모나야 일을 잘하는 건 아니에요. 하지만 그런 일을 겪다보면 자기가 자기를 지켜야 하니까 성격도 변하지 않을까요. 먹고 살아야 하잖아요.

그러고 보니 대표님 본인에게는 에이전트가 없는 것 아닌가요?

네. 저도 아티스트에 속하는 사람이지만, 에이전시 대표이니까요. 저에게도 에이전트가 있었으면 좋겠어요. 솔직히 이것저것 다 신경 쓰다보면 진짜 일이 안돼요. 지금 한국 가요계 시스템 자체가 앨범 하나를 내서 활동하는 시간이 너무 짧아요. 그런데 그에 비해서 비하인드 아비스트들이 하는 일이 너무 많은 거예요. 연예인들은 그 시간 동안 빛을 받지만, 지하 작업실에서 고뇌하면서 시간을 보내는 분들은 금전적으로라도 보상이 따라야 한다고 생각하는데 그게 쉽게 안 되니까요.

이 책을 기획했던 이유가 그거였어요. 한국 아이돌 산업이 이만큼 발전했다고 하는데, 실제 그 산업을 이끌어가는 입장에 있는 사람들은 어떤 생각을 갖고 있을까…

산업 자체는 굉장히 발전했죠. 그런데 의식적인 부분은 더 발전해야 할 것 같아요. 항상 다들 돈이 없다고 해요. 이 얘기를 크리에이터가 들었을 때, 에이전트가 있다면 일단 넘어가고 자기 일에 집중하면 되는 거죠. 그런데 일을 시키는 회사에게 당사자가 직접 그 얘기를 하면 어떻겠어요. 면전에 대고 "제가 왜 그 회사 입장을 신경 써야 하죠?"라고 물어볼 수가 없잖아요. 이게 사람끼리 하는 일이다보니까 입 밖으로 꺼내기 어려운 얘기들이 있죠. 저부터도 그러니까.

회사를 운영하면서 세운 자신만의 철칙이 있나요.

한 가지만 꼽자면, 'Unlock where the entertainment begins' 이게 회사의 모토예요. 열쇠건 카드키건 상관없죠. 잠긴 곳을 여는 게 키잖아요. '엔터테인먼트가 시작되는 곳의 문을 열자.' 그런 생각을 가지고 시작했어요. 그래서 자연스럽게 이름도 'the Key Artist Agency'가 된 거죠.

문을 연다는 말에 구체적으로 어떤 계획이 담겨 있나요?

재능을 가진 친구들을 발굴하는 것도 잠긴 곳을 여는 일이 될 수 있
고요. 새로운 국가에 재능 있는 아티스트들을 전달하는 일도 잠긴
곳을 여는 일이 될 수 있고 그렇죠. 몇 가지 더 얘기하자면, '아티스
트를 아티스트로 대하자.' 이것도 정말 중요하게 생각해요. 또 아까
얘기한 것처럼 '돈을 좇지 말고 꿈을 좇자'(웃음) 이게 제일 지키기 어
려운 초심인 것 같네요.

오마이걸 프로듀서

"대중과의 선을 잘 지켜야 하죠. 어쨌든 대중가수니까요."

프로듀싱 이야기로 넘어가볼게요. 오마이걸과는 어떻게 만나신 거예요?

잠시 한국에 나왔을 때, 지인분과 같이 있던 자리에서 제가 요즘 하
고 있는 일에 관한 얘기가 나왔어요. 그런데 제가 원래 자기 PR을 잘
못하는 성격이거든요. 그래서 그분도 제가 뭘 하는지 잘 모르시니까,
이번에 한국에 온 이유가 뭔지 물어보더라고요. 방송이랑 뮤직비디
오 촬영하러 왔다고 얘기했더니 그분께서 "어? 너 그런 일도 해? 그
러면 나 앨범 내는데 뮤직비디오 하나만 찍자" 이러시는 거예요. 그
다음에는 제가 해외 작곡가들과 작업하고 있다는 얘길 들으시고 "네
가 그런 것도 해? 그럼 네가 갖고 있는 곡이나 하나 들어보자" 해서
또 인연이 생긴 거고. 그렇게 만난 친구들이 오마이걸이었어요.

처음으로 아이돌 그룹 프로듀싱을 맡으신 거죠?

그렇죠. WM 엔터테인먼트(이하 WM)에서 오마이걸을 제작할 때 첫 번째로 내세웠던 콘셉트가 외국 곡들로 앨범을 채우는 거였어요. 당시에 제가 하고 있던 일과 잘 맞아 떨어졌던 거죠. 저에게는 공식적으로 아이돌 그룹을 프로듀싱 할 수 있었던 첫 번째 기회였고요. 굉장히 감사했죠. 사실 이쪽 업계에서는 신인 작곡가도 잘 쓰지 않으려고 하거든요. 그런데 프로듀싱을 저에게 맡겨주신 거니까요.

오마이걸 같은 경우에는 음악 평론가들이나 음악 산업 관계자들이 무척 관심 있게 지켜보고 있는 그룹 중 하나예요. 전체적인 콘셉트도 그렇고, 음악적인 지향점이 다른 그룹과 좀 다르다고 평가받고 있어요. 팀 기획부터 참여하신 건가요?
네. 그런데 전체적인 콘셉트는 일단 회사에서 준 거고, 저는 이후에 들어갔죠. 또 이 친구들 안무가 좋은 평가를 받았잖아요. 그 안무를 만든 이솔미 씨 같은 경우에는 담비 안무실에서 처음 만나서 쭉 알고 지낸 사이였어요. 당시에 WM 측에서 여기저기 안무가를 물색하고 있었는데, 제가 진짜 괜찮은 친구가 있으니 한 번 만나보지 않으시겠냐고 제안했죠. 오마이걸 안무 시안을 보여드렸는데 회사에서 좋아하시더라고요. 결과적으로 대중에도 좋은 평가를 받아서 기분이 좋아요.

오마이걸은 곡이나 안무, 스타일링 등 전체 프로덕션에서 아트적인 요소를 고려하고 있고, 대중에게 사랑받을 수 있는 걸그룹의 전형적인 느낌도 함께 갖고 있

는 팀이죠.

대중과의 선을 잘 지켜야 하죠. 어쨌든 대중가수니까요. 너무 골방에서 음악을 만들고 있으면, '세상은 내 것을 이해하지 못해.' 그런 생각을 갖고 살 수도 있어요. 그런데 그렇게 살고 있는 예술가가 세상이 자기를 이해하지 못한다고 생각할 이유는 없는 것 같아요. 그런 분들은 대중예술을 하시는 분이 아니니까요. 대중에게 인정받고 싶다면 사실 그들이 원하는 걸 하는 게 맞죠. 대신 오마이걸은 대중가수이면서도 나의 감각을 지킬 수 있는 선이 저와 맞았던 것 같아요. 사람마다 그 선이 좀 다르긴 하지만.

이원민 대표님도 오마이걸을 만들 때 그걸 중요하게 여기셨던 거고요.

그렇죠. 그 부분이 중요했어요. 또 오마이걸이란 팀이 자기 정체성을 갖기 위해 꼭 필요한 부분이었고요.

예술적으로 가는 것과 상업적으로 가는 것의 중간 지점을 찾고 싶으신 거죠.

그게 오마이걸인 거라고 생각해요. 회사에서 콘셉트를 그렇게 잡기도 했고, 만드는 사람 입장에서도 저절로 그렇게 가고 있는 것 같이 느껴져요. 대중가수니까 대중에 어필할 요소도 필요하지만, 아티스트적인 부분을 넣어서 전문가적인 시각에서 봐도 좋을 요소들이 고루 들어가도록 하는 거죠.

지금까지 나온 오마이걸 앨범에 들어 있는 곡들은 대부분 tKAA 소속 작곡가 분들이 쓴 건가요?

리메이크 앨범은 제외하고요. 또 그 이외의 앨범 수록곡들 중에 두 곡정도 빼면 전부다 저희 소속 작곡가들이 썼어요. 일부러 그런 건 아니고요. 어쩌다 보니 그렇게 됐어요. 그런데 저희 작곡가들이 쓴 곡도 오로지 그분들끼리만 만든 곡은 아니에요. 요즘은 한 곡을 만들어도 함께 참여하는 공동 작곡가가 많잖아요. 이번에 오마이걸 앨범을 만들면서 다양한 아티스트들끼리 모여서 작업하는 시스템이 저와 정말 잘 맞는다는 걸 느꼈어요. '반드시 우리 사람끼리 해야 한다'는 생각은 좋아하지 않아서요. 울타리 안에만 있으면 더 좋은 소스를 찾아낼 기회를 잃을 수도 있잖아요.

수록곡의 가치

"수록곡으로 무대를 채우겠다는 생각을 갖고 콘서트를 연 것 자체가 고마웠어요."

오마이걸의 앨범을 들어보면 사운드스케이프❹가 굉장히 넓어요. 이게 팀 정체성 면에서 볼 때는 장점일 수도, 단점일 수도 있잖아요.

업계 사람들끼리도 그 얘기를 많이 해요. 오마이걸의 정체성이나 음악적인 색깔이 뭔지에 대해서요. 하지만 이건 회사와 제가 처음부터 의도한 부분이에요. 최대한 다양하게 가면서 이 친구들이 소화할 수 있는 사운드 영역이 넓다는 걸 보여주고, 대중가수 이상의 영역을 구축할 수 있도록 하자고 생각했으니까요. 물론 음악적 색채가 명확하게 두드러지는 그룹이 많죠. 실질적으로 대부분이 비슷한 스타일의 음악을 하면서 자기들의 색깔을 명확히 하기 위해 노력하고. 그런데 오마이걸은 일단은 다양하게, 계속해서 변화하는 콘셉트로 기획된 그룹이었죠. 이 팀을 데리고 새로운 걸 계속 해보고 싶었어요. '변화'

❹ **사운드스케이프**Soundscape
소리를 의미하는 'sound'와 풍경을 의미하는 'landscape'의 합성어다. 여기서는 아티스트의 음악에 청자 입장에서 감지할 수 있는 시대적 환경이나 상황 등이 담겨 있음을 표현하고자 하는 의미로 쓰였다.

가 정체성이 되는 역설이 있는 거죠.

이런 식으로 하다 보니까 희한하게 컬러가 생겨요. 장르고 스타일이고 다 다른데도 오마이걸만의 이미지가 생기더라고요. 소녀 이미지를 강조하거나 EDM 사운드로 강한 이미지를 주는 것처럼 정확한 일관성은 없는데, 오마이걸만의 컬러가 생긴 것 같아서 기쁘죠. 제가 곡을 수집하고 모니터링 할 때, "아, 이거 너무 좋네. 그런데 오마이걸은 아니야" 이러거든요. 그런 걸 생각해보면 이 친구들의 색깔이 있다는 거거든요. 하지만 다시 말씀드리는데, 그게 장르나 음악적 색깔이 기준인 건 결코 아니고요.

《Pink Ocean》에 수록돼 있는 <Knock Knock>과 <I Found Love>를 처음 들었을 때 좀 놀랐어요. 곡 구성 방식이나 코러스 라인에서 90년대 R&B와 90년대, 2000년대 초반에 들을 수 있었던 미국 걸그룹 팝 레퍼런스가 강하게 느껴졌죠. 최근 활동 중인 걸그룹과는 확실히 다른 지점이 있다는 생각이 들었어요.

정말 감사한 말씀이네요. 진짜로요.

정작 곡을 소화하는 오마이걸 멤버들이나 회사가 잡은 소비 타깃은 그 당시 음악에 익숙할 가능성이 낮잖아요. 그런 면에서 과감했다고 생각해요. 아마 그 세대에게는 낯설어서 신선할 거고, 제 또래에서는 익숙한 지점이 있기 때문에 동시에 "수록곡이 좋다"는 평가가 나오는 것 같고.

수록곡이 좋은 그룹이라는 말을 들으면 너무 좋아요. 냉정하게 보

면, 솔직히 아이돌 앨범 수록곡 듣는 사람이 별로 없어요. 그래서 저
는 그런 곡들을 못 들려주는 게 너무 아쉬워요. 묻히는 게 너무 아쉬
워서 다 활동하게 하고 싶어요.

**오마이걸 첫 콘서트에서 전곡을 다 불렀잖아요. 깜짝 놀랐어요. 사실 그렇게 이
른 타이밍에 단독 콘서트를 한다는 게 무리일 수 있잖아요. '기본적인 콘서트 러
닝타임 채우는 게 가능할까?' 싶었는데.**
정말 고맙더라고요. 어쨌건 무대에서 전곡을 다 했으니까요. 일단
현장에 왔던 사람들은 수록곡을 다 들을 수 있다는 게 작곡가나 프
로듀서 입장에서는 기쁘지 않을 수가 없어요. 개인적으로는 이례적
으로 없던 일을 WM에서 추진해준 게 감사하죠. 수록곡으로 무대를
채우겠다는 생각을 갖고 콘서트를 연 것 자체가 고마웠어요.

**이게 한편으로는 위험부담이 굉장히 큰 공연이었을 수도 있거든요. 오마이걸 타
이틀곡 정도만 알고 있는 사람들은 일단 당황스러울 수도 있으니까….**
WM도 비슷한 생각이었을 거예요. 돈보다 꿈을 따라가는 거죠(웃음).

그러게요. 이원민 대표님께서…(웃음).
돈도 많이 벌어야죠. 어쨌든 제가 탄탄해야 다른 분들을 챙길 수 있
으니까요. 분명한 건, 지금 당장 돈을 좇아가고 싶은 건 아니에요.

오마이걸 에피소드

"얘기를 시작했는데, 어떻게 해야 할지 모르겠고, 애들은 울고."

오마이걸과 작업하면서 생긴 재미있는 에피소드가 있다면 얘기 좀 해주세요.

애들이 저랑 있을 때는 너무 예의 바른 편이라…. 재미있을 만한 에피소드가 원체 없네요. 그냥 이 친구들은 우리가 일반적으로 알고 있는 전형적인 신인 걸그룹이에요. "아, 신인답고 귀엽다" 소리 나오는. 사실 실수를 많이 하고 이래야 뭔가 에피소드가 나오는 건데, 참 없어요(웃음). 굳이 하나 꼽자면 첫 녹음할 때가 생각나요. 아이들과 지금처럼 친해지기 전이었어요. 서로 어색하던 시절 있잖아요. 더군다나 첫 스튜디오 녹음이어서, 저는 그 와중에도 잘하겠다는 의지에 불타고 있었죠. 그런데 막상 녹음을 시작했더니 원하는 방향대로 영 안 나오는 거예요. 이때 디렉터 분들 성격에 따라 반응이 좀 달라지는데, 저는 애들을 채찍질해서 결과물을 뽑아내는 게 잘 안 맞아요. 현장에서는 무조건 편안하게 하자는 주의죠. 결국 회사로 돌아가서

396

야 혼을 좀 냈어요. 그런데 그때 분위기가, 뭐랄까…. 애들이 울고 그러는데, 저는 스스로가 우스운 거예요.

그 순간에 우습다는 느낌이 드시면 어떡해요(웃음).

아, 그러니까 이게 무슨 뜻이냐면, 제가 어색한 상황을 진짜 못 참거든요. 그런데 어떡해요. 상황이 상황인지라 이렇게 지나가면 안 될 것 같으니 혼은 내야겠고…. 스스로 애들한테 이러고 있는 게 우스웠던 거죠. 일단 부르긴 불렀는데, '아, 이거 뭘 적어가지고 왔어야 하는 것 아니야?' 싶더라고요. 일단 심각하게 얘기를 시작했는데 어떻게 해야 할지 모르겠고, 애들은 울고. 나는 이런 상황을 너무도 안 좋아하고…. 잘 마무리해서 다행이지만 정말 힘들었어요.

오마이걸 멤버들 모두 각자 맡은 역할에 최선을 다 하는 친구들이겠지만요. 그 중에서도 '이 친구는 정말 잘한다'는 생각이 드는 멤버가 있지 않을까….

멤버를 꼭 한 명 선택해야 하나요? 곤란한데(웃음). 아무래도 제가 오마이걸 음악과 직접적으로 관련이 있는 사람이다 보니 승희를 꼽을 수밖에 없는 것 같아요. 팀에서 승희가 노래를 가장 잘하기도 하고요. 그래서 승희에게는 제가 가진 기대치가 높을 수밖에 없어요. 그만큼 바라는 게 많죠. 덕분에 초반에는 저한테 가장 많이 혼났어요. 그걸 생각하면 미안하기도 하지만 잘하는 친구에게 바라는 게 많은 건 당연해서…. 어쩔 수 없었어요.

JTBC <걸스피릿>에서 준우승을 했더라고요.

아쉬워요. 잘했는데도 아쉬워요. 진짜 잘하는 친구거든요. 순위가 중요한 게 아니고, 무대에서 자기가 갖고 있는 역량을 다 보여주질 못했어요.

아직 어려서 그런가요.

승희가 애 같지는 않은데? (웃음) 농담이고요. 수많은 선배님들 나와 계신 데에서 여러 차례 공연을 잘 끝냈고, 또 잘했으니까 자랑스럽죠. 하지만 승희가 갖고 있는 능력이 더 뛰어나다는 점을 아는 제 입장에서는 조금 안타까운 거고요.

K-POP

"'뽕 멜로디'가 있는 음악이라고 생각해요."

유럽 작곡가분들을 계속 국내에 소개하는 역할을 하고 계세요. 오마이걸 앨범에 들어간 곡들도 이분들의 손을 많이 거쳤죠.
미국 작곡가 분들로 시작해서 지금은 영국 분들도 계시고요. 그중에 스웨덴 분들이 굉장히 많고요.

요새 한국 아이돌 앨범 크레디트에 스웨덴 작곡가들 이름이 자주 눈에 띄어요.
원래 일본에서 많이 활동했던 분들인데, 이제 한국에서도 영향력을 키워가고 있는 거죠. 대단한 나라예요. 아이디어가 넘치는 나라죠. 스웨덴 작곡가들이 한국에서만 활발히 활동하고 있는 게 아니에요. 미국에서도 그래요. 마룬5**Maroon5**, 브리트니 스피어스**Britney Spears**, 케이티 페리**Katy Perry** 곡을 쓴 유명한 맥스 마틴**Max Martin**도 스웨덴 사람이죠. 국가 차원에서 전문직 인력을 양성하는 일에 공을 많이 들인다고 하더라고요. 실력 있는 음악가를 양성할 수 있는 시스템이 잘 갖춰져 있다고. 부러운 부분이죠.

이야기는 많이 나누세요?

네. 메신저 열심히 해요. 미국에서는 함께 얼굴 보고 작업하고, 한국에서는 직접 보거나 스카이프Skype로 일하기도 하고요. 재미있어요.

미국에서 오래 사셨고, 안드레아스 오버그Andreas Oberg 같이 한국 아이돌 음악 시장에 큰 영향력을 행사하기 시작한 유럽 작곡가들과도 일을 함께 하고 계신 건데요. 그래서 이 질문을 꼭 드리고 싶었어요. 한국 가요와 팝의 차이가 뭐라고 생각하세요?

답변이 쉽지 않은 질문인데, 최대한 단순하게 생각해 볼게요. 일단 한국에서 팝 음악이라고 하면, '외국곡'이잖아요. 그런데 '팝'이란 장르는 'popular music'이라는 어원도 그렇고, 그냥 대중가요란 말이죠. 그래서 K-POP은 Korean Pop, 한국 대중가요가 되는 거고요. 요즘에는 K-POP을 하나의 장르처럼 인식하고 있잖아요. 하지만 저는 오히려 '장르' 자체가 전처럼 음악을 나누는 중요한 기준이 될 수 있는지 궁금해요. 음원 사이트에 들어가서 곡 정보를 보면 당황스러울 때가 있잖아요. 장르에 'K-POP/댄스/힙합' 이렇게 되어 있단 말이에요. 심지어 요즘 들어 저에게 곡 의뢰를 하시는 분들은 종종 이런 주문을 하기도 해요. "원하는 장르나 레퍼런스 알려주세요"

하면 이렇게 답이 와요. "신나는 힙합 바운스의 발라드요." 대체 이건 어떻게 해야 하나 싶어지죠(웃음). 그쪽에서 원하는 레퍼런스를 보내주셨을 때, 제가 최대한 비슷한 음악을 써서 드려도 이게 아니라고 하는 거예요. 그러다가 나중에 굉장히 생뚱맞은 느낌의 곡을 예로 들기도 하시고요. 이게 장르라는 게 의미가 없어졌다는 소리 아닐까요.

이렇게 장르적 경계가 흔들리는 걸 보면서 제가 개인적으로 내린 결론이 있죠. K-POP이라고 하는 건, 업계에서 흔히 얘기하는 '뽕 멜로디'가 있는 음악이라고 생각해요. 이게 공식 인터뷰에서 쓰기는 민망한 단어라 다들 잘 쓰지 않아서 그렇지, 업계에서는 자주 쓰는 말이에요. 어쨌든 딱 잘라서, 제 입장에서는 '뽕 멜로디'가 있으면 K-POP이에요.

'뽕 멜로디'라는 게, 흔히 생각하는 트로트 멜로디 말씀하시는 거죠?

네, 맞아요. 생각해보세요. 연예인들이 "제가 이 노래를 트로트 버전으로 불러보겠습니다" 하고 웃는 모습 보셨죠? 굉장히 감미로운 발라드도 창법을 좀 바꿔서 트로트처럼 부르면 진짜 트로트 같잖아요. 펜타토닉 스케일❺이라는 게 있어요. 거기서 몇 가지 음을 빼면 지금 얘기하는 소위 '뽕 멜로디'가 되거든요. 외국 곡에도 이 멜로디를 쓰는 경우가 꽤 많아요. 그런데 둘의 차이라면, 언어적인 부분에서 나는 느낌

❺ **펜타토닉 스케일**Pentatonic Scale
5개의 음으로 이루어진 음계. 한국 트로트나 일본 엔카 등 주로 동양 음악을 설명할 때 언급되는 개념이지만, 서양 블루스에서도 빼놓을 수 없는 중요한 요소로 꼽힌다.

도 더해지는 것 같아요.

이건 실제로 있는 일인데요. 기획사 분들이 해외에서 넘어온 곡을 처음 들어보고는 "진짜 좋은 곡이 왔어!"라면서 기뻐했어요. 해외 작곡가들은 보통 영어로 작사 한 가사를 붙여서 완성된 곡을 기획사에 보내는데, 관계자 분들은 일단 영어 가사로 된 노래를 듣고 정말 좋아하시는 거예요. 하지만 막상 한국어로 가사를 붙여서 애들에게 부르게 하면 영 아닌 거죠. 처음 들었을 때는 몰랐던 '뽕 느낌'이 나는 거예요. 언어적 차이가 있긴 있다는 얘기죠. 이건 장르와 상관없이 한국 가요가 갖는 특징이고.

요즘은 아티스트만 한국 아티스트일 뿐, 실질적으로 모두 외국 곡을 받아서 쓰는 회사도 있고요. 그런 경우에는 K-POP이 아니라 우리가 생각하는 외국 곡, 즉 팝이 아닌가 싶은데요.

맞죠. 외국 곡이죠. 그게 K-POP이라고 불리는 이유는 하나죠. 아티스트들이 한국에서 만들어졌기 때문에.

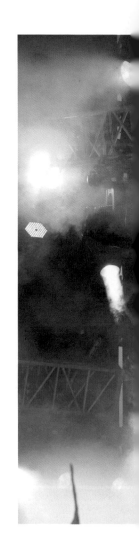

interviewee
Choi Jae Hyuk

꿈 #연결고리

"I am nobody who know somebody."

계속 새로운 일에 도전하고 싶다는 욕심이 크신 것 같아요.

그런데 나이가 들면서 그게 자꾸 사라져요. 그래서 요즘 젊은 친구들과 계속 친하게 지내려고 노력해요. 끊임없이 소통하면서 제 자신을 발전시켜 나가고 싶어요. 어렸을 때부터 이런 게 있었어요. '내가 변호사가 못 되면 변호사랑 친해지자. 내가 돈을 못 벌면 부자랑 친해지자.' (웃음) 제가 다시 어려질 수는 없잖아요. 그러니 어린 친구들과 계속 만나는 거죠.

솔직히 옛날에 만들어놓은 곡들을 들어보면, 지금은 절대 그렇게 못 만들 것 같아요. 완성도는 당연히 떨어지죠. 그런데 그 당시에 만든 곡에 담긴 감성은 지금 것들과는 너무 달라요. 듣고 있으면 10년 전의 나로 돌아가고 싶다는 생각이 계속 들 정도예요. 하지만 어쩔 수 없는 거잖아요.

그럼 그 친구들에게 대표님이 해줄 수 있는 것들에 대해서도 고민을 했을 것 같아요. 인프라를 구축해준다거나.

젊은 신인들이 갖고 있는 아이디어와 작품들을 정리해줄 수 있다면 좋겠어요. 악용하지 않고. 저도 그랬는데, 혼자서는 정리가 잘 안되는 게 있어요. 차는 무척 맛있는데, 포장은 종이컵에 넣어서 파는 거죠. 포장이 보기 좋으면 맛이 더 좋게 느껴질 수도 있잖아요. 그런 게 좀 아쉬운 거죠. 포장이라고 하면 좀 그럴 수도 있지만, 대중음악이라는데 "아, 이건 너무 '아트' 아닌가?"싶은 음악이 있어요. 한두 가지만 싹 다듬으면 좋을 것 같은. 그런데 이걸 잘못하면 꼰대가 되는 거예요. 창조적인 부분은 잘못 건드리면 아주 좋은 걸 쓰레기로 만들어버릴 수 있는 거라서⋯. 선을 지키는 게 어렵죠.

엔터테인먼트 업계에서는 차근차근 올라간다는 개념이 통용되지 않잖아요. 흔히들 말하는 '주가가 확 뛰었다'는 평가만 있지.

특히 제작자 분들은 더 그렇죠. 저도 그런 걸 꿈꾸기도 하고요.

팀 제작에도 욕심이 나실 것 같아요.

많죠. 하지만 그전에 tKAA 대표로서의 최종 목표가 있어요. 좋은 스태프들을 모아서 크리에이티브 콘텐츠를 완성할 수 있는 회사를 만드는 거죠. 제가 이걸 원스톱 쇼핑 one-stop shopping 이라고 표현하는데요. 기획사들이 콘텐츠 생산에 있어서 원스톱 쇼핑을 할 수 있게 해주는 외부 업체로 자리 잡는 게 꿈이에요. 이때 꼭 저희 회사 소속 아티스트가 아니라도 상관없어요. 원하는 아티스트들과 연결고리를 만들어 조합을 짜고, 거기에 회사에서 원하는 콘셉트를 고려해 좋은 스태프들을 추가하는 거죠. 이런 식으로 에이전시는 에이전시대로 자리 잡고, 더 나아가서 크리에이티브 콘텐츠 제작소가 되는 게 최종 목표예요. 그리고 그것과는 별개로 개인적으로 아티스트 제작은 꼭 해보고 싶죠.

아이돌 그룹을 제작하고 싶으신가요?

아이돌도 있고 뮤지션도 있고요. 이미 구상은 다 해놨습니다. 그런데 아이돌이라면… 여기서 미리 선언하는데, 아이돌이란 타이틀을 빼고 싶어요.

그럼 굳이 아이돌이란 정체성을 심을 필요가 있나요? 아이돌이 아니어도 될 것 같은데.

아니에요. 아이돌로서 할 수 있는 콘셉트나 재미있는 것들이 많잖아요. 그래서 아이돌인데, 남들은 아이돌이라고 부를지언정 일단 저희끼리는 부정하고 볼 생각이죠(웃음). 뮤지션들이 아이돌이라는 틀에 갇혀서 다른 일을 못 하게 되는 경우가 많은 것 같아요. 그러니까 일단 "우리는 아이돌이 아니야" 하는 거죠. 요즘 정말 실력 있는 친구들이 많은데, 일단 아이돌 그룹이라는 이름을 들으면 편견을 갖는 분들이 적지 않죠. 정체성을 명확히 하는 것도 중요하겠지만, 그런 굴레를 좀 벗어났으면 하는 게 제가 원하는 거예요. 틀을 아예 없애는 건 아니라도, 일단은 그 틀을 많이, 아주 많이 넓혔으면 좋겠어요.

앞으로 어떤 아티스트와 일하고 싶으신가요?
저와 잘 맞는 아티스트요. 생각이 잘 맞았으면 좋겠어요. 지금으로서는 제가 느끼고 있는 것들을 함께 실현시켜야 하는 입장이기 때문에 저와 잘 맞는 게 우선인 것 같아요. 또 인간 대 인간으로 만나서 자유롭게 의견을 나눌 수 있는 아티스트라면 좋을 것 같아요. 그리고 온 스테이지와 비하인드 아티스트로 구별했을 때, 비하인드 아티스트들을 보호해주는 사람이 필요하다는 생각에 동의하고 계신 분들요. 창조적인 일을 하는 데 시간을 투자할 수 있도록 돌봐주는 사람이 필요하다는 생각을 갖고 계신다면 좋겠죠. 제가 그랬던 것처럼.

인터뷰를 하면서 느낀 건데, 흔히들 '수단 좋다'라고 하잖아요. 실무에 있어서 유독 그런 면을 갖고 계신 것 같아요. 감각이 좋다는 거죠.
여러 분야에 관심을 많이 갖고 있어서 그런 것 아닐까요? 그리고 하고 싶은 건 어떻게든 해야 직성이 풀리는 성격인 것 같아요.

여러 가지를 하셨으니까 보고 배운 것도 많으신 거고요.

현지 프로덕션에서 하는 일을 솔직하게 털어놓자면, 클라이언트에게 현지 코디네이터가 돼주는 게 우선이거든요. 운전할 사람을 구하고, 숙박과 식사를 해결하게 해야 하고. 그러다 현지 촬영 일에 투입되는데요. 이때 프로덕션이 맡은 가장 중요한 업무는 장소 관리예요. 이후에 판이 좀 커지면 저희가 관련 장비도 다룰 수 있어야 하는 거죠. 그러니 어깨 너머로 안 배울 수가 없죠. 못 배우면 안 해야 돼요. 그만큼 할 게 많다는 소리고. 태평양을 건너와서 하는 작업이기 때문에 클라이언트 측에서 모든 인원이 넘어올 수가 없잖아요. 실질적으로 저희가 연출이나 촬영 일을 거들 수밖에 없는 거죠. 그래서인지 저 같은 경우에는 처음에 연출이 별 것 아닌 줄 알고 시작했어요. 프로덕션 일을 하면서 영상 일을 어깨 너머로 배운 게 그 시초였던 거죠. 뮤직비디오, 방송, 광고 촬영 등을 다 겪어봤으니 이것저것 자연스럽게 익힐 수 있었고, 그 과정에서 연출에 흥미가 생겼고요.

쉽게 생각했기 때문에 여러 가지 도전이 가능했던 걸 수도 있지 않을까요?
쉽게 생각했다가 큰 코 다친 적도 여러 번이에요(웃음). 당시에 '찍는 건 촬영 감독님이 다 하고, 연출 감독님은 원하는 걸 말만 하면 스태프들이 다 해주잖아?' 이런 생각을 했다니까요. 창피해요. 그 바람에 부끄러운 결과물들도 많이 있지만, 일단 제가 한 것이니까 소장 가치는 있죠. 숨기고 싶지는 않아요.

많은 일을 하다보면 자기가 지키고 싶은 가치라는 게 흔들리기 마련이잖아요.
그러지 않기 위해 평소에 항상 되새기는 말이 있나요?

'I am nobody who know somebody.' 이 말이요. '누군가를 알고 있는 나 자체는 아무것도 아닌 사람이다.' 저는 실제로 스스로를 특별한 존재라고 생각하지 않아요. 그저 'somebody'들을 연결해주는 사람이라고 여기죠. 아마 나 자신에게 더 집중하고 싶었다면 에이전시를 꾸리거나 프로듀싱을 맡는 대신 제 스스로가 플레이어가 되길 바랐겠죠.

저는 그래요. 이런 일을 선택한 것 자체가 제가 지닌 재능이 뛰어나다고 생각하지 않기 때문이에요. 저보다 뛰어난 능력을 지니고 있는 친구들을 위해 인프라를 마련해주는 게 제가 잘할 수 있는 일 같아요. 술자리에서 《삼국지》 유비나 〈반지의 제왕〉 프로도 이야기를 많이 하거든요. 저는 관우, 장비와 조자룡이 필요한 사람이고, 프로도처럼 반지를 용암에 떨어뜨리는 임무를 위해 좋은 친구들을 많이 만나고 싶은 것뿐이에요.

퍼스널 트레이너
이상은

2003년부터
퍼스널 트레이너로 일했으며,
국민대학교에서 스포츠산업대학원
석사 과정을 마쳤고,
2010년부터 2017년 현재에 이르기까지
청담 U.N.D 대표 마스터트레이너를
맡고 있고,
배우 고준희, 이태란, 홍진경 등을 비롯,
허가윤, 설리, 딘, 마마무, 브로맨스,
유니크, 위에화 엔터테인먼트 소속
연습생 등 다양한 연예인들의
퍼스널 트레이닝을 담당했다.

"아이돌의
몸을
관리한다는
것"

Personal Trainer
Lee Sang Eun

interviewee
Lee Sang Eun

타인의 몸에 평가의 잣대를 들이대는 것은
무척 조심스러운 일이다.
이는 퍼스널 트레이너 이상은에게도 마찬가지다.
그는 수많은 아이돌 및 연습생들의 체형을 분석하고,
각자에게 맞는 이상적인 아름다움을 제시한다.
하지만 무리한 다이어트로 인해
훗날의 건강이 위협받지 않도록 끊임없이 마음을 다독이며,
가능한 성실하게 자신의 몸을 돌보라고 설득한다.
하루아침에 화려한 퍼포먼스가 완성되지 않듯이,
아름다움과 건강도 충분한 연습과 시간을 필요로 한다.
이상은이 아이돌들에게 정말로 하고 싶은 말은
오직 그것뿐일지도.

퍼스널 트레이너

"PT라는 개념 자체가 익숙하지 않았어요."

최근 몇 년 새에 TV에 나오는 퍼스널 트레이너 분들이 굉장히 많아졌어요.

방송 출연 제의를 종종 받거든요. 하지만 단순히 운동법을 알려주는 것보다는 좀 깊은 접근을 하고 싶어서요. 기회가 오는 건 감사한 일인데, 나가는 것도 있고 안 나가는 것도 있고 그래요. 얼마 전에는 유튜브 통해서 방송되는 프로그램을 하나 찍었어요. 즐거운 경험이었어요.

트레이너 일은 어떻게 시작하게 되신 건가요?

2000년대 초반에 대학 다니다가 우연히 아르바이트부터 시작했어요. 그런데 당시만 해도 우리나라 사람들은 퍼스널 트레이닝이라는 게 뭔지 몰랐거든요. 그때는 PT**Personal Training**라는 개념 자체가 익숙하지 않았어요. 해외에서 유명했던 캘리포니아 24HOURS, 발리 토탈

피트니스가 처음 우리나라에 들어왔고, 연예인들이 엄청나게 몰렸어요. 많은 학생들이 거기 들어가고 싶어 했죠. 심지어 어느 정도 중요한 교육 과정을 모두 이수해야지만 입사할 수 있었기 때문에, 그 회사 유니폼을 입고 다니면 좋은 곳에 취직했다고 봐줄 정도였어요. 기획사에 비유하자면 소위 '3대 기획사' 같은 대형 회사였던 거죠. 처음에는 학생 신분으로 그런 곳에서 아르바이트를 했거든요. 막상 가보니 트레이너가 너무 많아서 놀랐어요. 한 명씩 고객에게 붙어서 운동을 하고 있는 거예요. 그게 신기해서 대체 뭐 하는 건지 물어봤더니 퍼스널 트레이닝이래요. 우리나라에서는 대중화가 안 되어 있고, 상위 몇 퍼센트에 드는 사람들이나 하는 거라고 얘기해주더라고요. 미국에서는 할리우드 배우나 셀러브리티들을 데리고 운동부터 식단 관리까지 해주는 거라면서.

그만큼 가격도 비쌌을 것 아닌가요.
어마어마했죠. 그래서 트레이닝 공부를 하기로 결심했던 거고요. 제가 배워서 친구들에게 알려주려고. 하지만 제가 웨이트 트레이닝을 하던 사람도 아니고, 보디빌더도 아니기 때문에 작은 센터에서 시작하면 경력을 인정받기가 어렵다고 하더라고요. 그 말이 맞겠다 싶어서 처음부터 큰 센터를 찾아갔어요. 좋은 스킬을 갖춘 트레이너가 많고, 일단은 업계에서 하이클래스로 인정받는 곳에서부터 배워야겠다는 결심을 했죠.

실제로 퍼스널 트레이닝, 즉 개인에게 맞춰서 진행하는 트레이닝은 단순히 책에 나온 운동 방법을 알려주는 게 아니에요. 트레이너가 창의적으로 기술과 플랜을 고안해서 사람들을 이끌어야 하는 부분이 있거든요. 그런 부분까지 제대로 소화하려면, 기본적인 해부학이나 근육학은 통달을 해야 해요. 이걸 엑기스를 다 갖춘 한 명에게 배우는 것보다 여러 명에게 다양한 시각으로 배우는 게 스스로를 빠르게 업그레이드할 수 있는 방향이라고 생각했어요. 2003년부터 2010년까지 계속 멤버십 트레이닝 센터에서만 일한 이유죠.

대학원에서는 재활을 공부하셨더라고요. 공부를 더 한 특별한 계기가 있나요?
사람이 오랫동안 같은 일을 하다 보면 정체기라는 게 오잖아요. 그때 뭘 해야 하나 싶었는데, 재활에 관심이 생긴 거예요. 일반적인 다이어트 운동보다는 재활 부분을 파고들면 더 심도 있게 공부해볼 수 있을 것 같았죠. 주변 사람들이 모아놓은 돈으로 슬슬 차를 사기 시작하는데, 저는 일단 공부 쪽에 투자해보자는 생각이 들어서 대학원에 갔어요. 거기서 굉장히 많은 사람들을 만났어요. 단순히 공부 이상으로 저의 인생에 많은 도움이 되었던 시기죠. 그런데 예전과 달리 지금 어린 트레이너들 중에는 운동도 잘하고 기능성 트레이닝까지 잘 배운 사람들이 많아요. 제가 시작했을 때만 해도, 이 업계에서 보고 배울 수 있는 상황이나 사례가 워낙 없었거든요. 하지만 요즘은 미국에서 공부한 친구들도 꽤 되고, 대학원 나온 분도 많죠.

그러면 본격적으로 연예인 트레이닝을 맡게 된 계기가 있나요?

2007년도쯤이었을 거예요. 처음으로 가수 트레이닝을 맡았어요. 멤버십 센터에 있다가 초등학교 선생님이 되려고 마음먹었던 시기였는데, 연예인 전문 트레이닝 팀이 있다는 이야기를 듣고 잠깐 거기에 갔거든요. 오래 했던 건 아니에요. 그런데 기획사 쪽에서 "이 친구들은 다이어트도 다이어트지만, 성량이 좀 더 좋아져야 합니다." 이런 얘기를 하더라고요. 문제는, 이런 부분에 대해서는 책에 나와 있지 않잖아요. 그러니 해외에서 공부하고 온 형과 친해져서 계속 이것저것 물어봤어요. 제가 지금 가수 애들을 맡아서 가르치는데, 이런 케이스는 어떻게 해야 하는지 모르겠다고 했죠. 지속적으로 물어보면서 일을 배워나갔어요.

지금은 그런 식으로 매달리지 않아도 배울 곳이 많이 늘어난 것 같더라고요. 헬스 트레이너 분들을 위한 아카데미도 있고.

전반적으로 아카데미화가 많이 됐죠. 학원 자체도 많이 생겼고요. 이미 공부를 많이 한 사람들이 유튜브에 동영상 업로드를 해서 가르쳐주기도 하고요. 좋은 대학을 나오거나 학위를 갖추지 않아도 보고 배울 수 있는 곳이 많이 늘었다는 얘기예요. 그 당시에는 정말로 외국에서 공부하고 온 분하고 친해지는 것밖에는 딱히 실력을 키울 방법이 없었어요. 요즘 시작하는 트레이너 분들에게는 더 많은 가능성이 열려 있는 것 같아요.

그렇게 가다보면 신구 세대의 경쟁이 시작되는 것 아닌가요(웃음).

맞아요. 다들 잘하니까 저만의 장점을 또 찾아야 하는 거예요. 경쟁력을 키워야 하니까요.

사실 지금이야 대학원에 진학하는 트레이너 분들이 많아졌지만, 그때는 적었잖아요. 공부한 게 아깝지는 않으셨어요?

원래 대학원이 끝나면 병원 재활파트로 가거나, 재활 트레이닝 과정에 들어갈 생각이었어요. 그런데 원래 하던 일도 있고, 본격적으로 연예인 트레이닝 쪽에 발을 들여 보자는 생각이 들어서 길을 틀어버렸죠. 처음에는 사람들이 왜 굳이 연예인을 하냐고 물어봤거든요. 무시하는 시선은 아니었지만, '그게 과연 될까?'라는 뜻이었죠. 돈을 벌려면 일반 VIP 회원들을 받는 게 더 좋거든요. 연예인들은 스케줄 때문에 트레이닝 일정이 규칙적이지가 않아서 꾸준히 진행하는 데에 어려움이 많으니까요. 대부분의 센터에서 연예인과 일반인 회원의 비율을 맞추는 게 중요한 이유가 그래서예요. 하지만 나중에는 다들 부러워했죠. 한 명, 두 명 할 때는 몰랐겠죠. 그러다 어느 순간부터 전문적으로 한 회사를 맡아서 하고, 그 아이들이 잘됐을 때 선생님들도 함께 성장하는 게 보이니까요.

요즘도 다른 사람들을 신경 쓰지 않으려고 노력해요. 주변에 다른 센터가 생기더라도 마찬가지예요. 트레이너와 센터마다 자기 장점이 있는 거고, 그게 뭔지 파악해서 더 살려보려고 하죠. 예를 들자

면, 저희 선생님들이 만들어내는 가족적인 분위기 같은 거요. 애들
도 회사보다 센터에 편하게 들락날락거려요. 사실 운동이라는 게 재
미가 없잖아요. 결과가 좋으면 그때는 행복하지만, 과정 자체는 너
무 힘들거든요. 그 과정에서 저희가 감정적으로 억누르면 얼마나 힘
들겠어요. 그래서 최대한 편안하게 해주려고 노력하죠.

연습생 트레이닝

"기초 체력 관리와 체형 관리가 중요해요."

아직 정식으로 데뷔도 안 한 친구들이 크게 주목받는 경우도 생겼어요. 위에화

엔터테인먼트❶ 연습생들처럼요.

기쁜 일이에요. 원래 처음에는 유니크❷ 멤버들이 한 명씩 운동을

하러 왔는데, 회사 분들이 남자 연습생들 체력이 약하다고 하시더라

고요. 춤추고 나면 체력이 금세 달린대요. 그

게 계기가 돼서 안형섭, 이의웅, 정정, 저스틴

까지 쭉 맡게 된 거죠. 1년 좀 넘게 보면서 각

자 개성이 굉장히 뚜렷하다는 걸 느꼈어요. 애

들마다 운동하는 스타일도 다르고, 워낙 어리

기도 하잖아요. 그러니 제가 아이들과 일일이

소통하기 위해 써야 하는 방법도 각각 달랐죠.

의웅이는 굉장히 FM이에요. 운동도 정석적인

❶ **위에화 엔터테인먼트** 중국의 대형
엔터테인먼트 회사로, 한국에는 위에
화 엔터테인먼트 코리아로 들어와 있
다. 유니크를 비롯해 Mnet <프로듀스
101> 시즌 2에서 이름을 알린 연습생
안형섭, 이의웅, 저스틴, 정정 등이 소속
돼 있다. 또한 스타쉽 엔터테인먼트와
합작해 만든 걸 그룹 우주소녀가 공동
소속되어 있는 것으로도 유명하다.

❷ **유니크**UNIQ 성주, 문한, 이보, 승연,
조이쉔으로 이루어진 5인조 남성 아이
돌 그룹이다. 2014년 디지털 싱글
《Falling In Love》로 데뷔했다.

방식과 단계로 하는 친구죠. 형섭이는 말을 굉장히 잘 듣는데, 좀 특이한 면이 있고요(웃음). 저스틴은 2002년생이잖아요. 아기 같아요. 제가 지나치다가 사탕 하나씩 주고 가죠. 원래는 사탕이나 초콜릿 같은 당분도 관리하는데, 애들은 워낙 말라서 그 정도는 먹어도 괜찮아요.

기획사에서 연습생들에게 운동을 시키는 이유는 무엇인가요? 데뷔한 아이돌과는 좀 다를 것 같은데요.

연습생들은 기초 체력 관리와 체형 관리에 중점을 두고 있어요. 특히 남자 아이들 체형 같은 경우에는 이전과 좀 다른 스타일을 고려하기 시작했죠. 예전에는 대부분의 회사에서 마른 체형을 원했는데요. 이제는 이게 오래 못 가는 걸 다들 알거든요. 마르고 호리호리한 체형을 좋아하는 팬들도 많지만, 20대, 30대 팬들이 늘어나면서 탄탄한 체형에 매력을 느끼는 사람들이 생긴 게 육안으로 보이니까. 또 요즘은 애들이 거의 연기자 생활을 염두에 두고 있죠. 그러려면 마른 체형으로는 롱런하기 어려워요. 아이 같은 체형으로는 믿는 역할에 분명 한계가 생기니까요. 장기적인 플랜으로는 이런 점들까지 고려해야 하는 거예요. 회사와 제가 아이들 각각의 특징을 파악한 뒤에 전반적인 트레이닝 방향을 결정하는 거고요.

막상 데뷔하고 난 후에는 워낙 에너지 소모가 크다보니 식단 관리가 쉽지 않잖

아요. 그렇다면 연습생들의 식단 관리는 어떻게 하시는지 궁금했어요.

보통 식단은 아이들에게 일일이 보고를 받아요. 거기에도 여러 가지 방법이 있어요. 제가 아예 처음부터 짜주는 경우가 있고, 자기가 알아서 하는 경우도 있고요. 저와 같이 식단 관리를 하는 친구들 경우엔 일단 저녁부터 체크해요. 아침과 점심은 일정 가이드라인만 주고, 저녁 식사만은 주어진 식단을 꼭 지키고 제대로 먹고 있는지 사진 찍어서 보내라고 시키죠. 6시쯤 되면 연습생들에게서 쭉 연락이 오고, 그 내용을 제가 체크해요. 결과가 좋으면 계속 저녁 식단만 관리하는 쪽으로 진행하고요, 만약에 별로라면 점심 식단을 추가로 체크하고요. 이렇게까지 했는데도 결과가 좋지 않을 때는 어쩔 수 없이 아침 식단까지 관여할 수밖에 없어요. 하지만 처음부터 모든 끼니에 압박을 가하면 안돼요. 그건 아이들이 힘들어해요. 한 끼 정도만 제가 관여해서 결과가 유의미하게 나오면 다른 건 굳이 안 건드려도 돼요. 피자나 치킨을 먹고도 몸매를 유지할 수 있으면 상관없는 거고요. 물론, 그런 경우는 정말로 드물어요(웃음).

결국 본인의 의지가 가장 중요하다는 말씀이네요?

본인이 이쪽에서 일을 하려면 어쩔 수 없어요. 일례로 예전에 활동했던 걸 그룹 멤버 중에 한 친구는 너무 음식이 먹고 싶어서 먹고, 운동하고 이걸 반복했거든요. 대중의 시선을 신경 써야 하다 보니 어쩔 수 없이 해야 하는 일이라는 걸 스스로 인지한 거죠. 배우든 가수든, 신체 조건부터 다른 연예인들과 차별화된 장점으로 대중에 보여줘야 하잖아요.

식단 외에 다른 간식들도 체크하시나요?

어떤 음식을 먹든지 간에 반드시 사진으로 찍어서 보내게 하죠. 이런 과정을 안 하면 내가 하루에 얼마만큼 먹는지 체크가 안 돼서 음식과 칼로리에 대한 경각심이 사라져요.

그럼 어떤 식으로 식단이 괜찮은지 판단하시는 거예요? 특별한 기준이 있나요?

간단한 계산으로만 보면 기초대사량과 칼로리를 계산해서 잉여 칼로리가 남지 않도록 하는 게 최선이겠죠. 그런데 여기에 음식의 성분까지 고려해야 해요. 설탕이나 밀가루 같이 몸에 안 좋은 것들이 있잖아요. 정리하자면, 기초대사량, 하루에 움직이는 운동량, 음식의 종류와 칼로리 등을 모두 체크해서 아이의 몸에 마이너스가 되냐 플러스가 되냐를 고려하는 거죠.

혹시 연습생과 데뷔한 친구들이 운동을 하는 방식에도 차이가 있나요.

아까 말씀드렸다시피, 연습생 때는 기초 체력에 가장 많이 신경 쓰고요. 연예인이 됐을 때는 아무래도 시간적인 여유가 없거든요. 그때그때 상황에 맞춰서 조금씩 다른 방법을 택하죠. 예를 들어서, 이번 주에 콘서트가 있는 친구들인데 급하게 팔뚝 살이나 허벅지 살을 빼고 싶다고 하는 경우가 있어요. 그럼 거기에 맞춰서 적절한 유산소 운동을 하게 지시하고 식단을 조절하는 거죠. 의상에서 배를 노출하는 경우라면, 또 거기에 맞게 신경을 쓰고요. 남자 아이들 같은 경우에는 상의 탈의는 안 하더라도 의상에서 어깨와 팔 부분이 부각되는 경우가 있으니까 단시간에 그 부분을 정돈하고. 원래는 의상으로 가려지지 않은 부분까지 관리하는 게 원칙이지만, 시간이 많지 않기 때문에 딱딱 포인트만 집어서 하는 거죠. 그런데 연습생들은 다르잖아요. 대중 앞에 나오려면 시간이 많이 남은 아이들이라서 그런 식으로 포인트를 잡는 게 아니라 전반적인 부분을 향상시키는 데 초점을 맞추는 거예요.

어린 친구들이 많은데, 트레이너 선생님 말을 잘 안 들을 수도 있을 것 같아요. 꾸준히 운동하는 게 누구에게나 쉬운 일은 아니기도 하고.
처음에는 회사에서 예절교육 받은 게 있잖아요. 다들 뒷짐 지고 이야기를 들어요. 제발 그러지 말라고 해도 그러고 있어요. 그런데 조금만 지나면 자연스레 풀어지죠. 점점 말도 잘 안 듣고(웃음). 그렇다고 해서 이 친구들이 버릇없다고 생각하는 건 아니에요. 헬스장과의 관계가 발전한 거고, 하기 싫었던 운동과의 거리 또한 많이 좁혀졌다는 거니까요.

아이돌 기획사에서 트레이닝을 맡길 때 고정적으로 주문하는 내용이 있나요?

아이돌 같은 경우는 기본적으로 슬림한 걸 원해요. 아주 마른 몸은 아니지만, 소위 얘기하는 늘씬한 몸이죠. 회사 측에서는 옷 핏이 예쁜 게 최우선이라면서 그 부분에 신경을 써달라고 해요. 여기서 재미있는 부분이 생기는 데요. 회사에서 아이들을 지켜보고 관리하시는 분들은 대부분 여성 스태프 분들이잖아요. 그래서 그분들 눈에 가장 예쁜 모습을 말씀하시거든요. 그런데 정작 남자 애들 중에는 몸을 키우고 싶어 하는 친구들이 많아요(웃음).

여자 아이돌 멤버들은 어떤가요.

이 얘기는 오해하시면 안 되는데, 요즘 아이돌들 몸매를 기준으로 하는 이야기예요. 처음 올 때 여자 아이들은 대부분 통통해요. 남자 아이들은 대부분 말랐고요. 그리고 트레이닝을 하다 보면 알게 되는 건데, 여자 아이들이 보통 식욕 조절이 잘 안 되는 편이에요. 단 음식이나 짠 음식에 대한 갈망도 굉장히 커요. 오히려 남자 아이들은 끼니부터 안 챙겨먹는 경우가 많고요.

하지만 성별은 둘째고, 아이돌들에게는 일단 자기 몸을 관리해야 한다는 욕구와 의지가 있어야 해요. 그게 제일 중요해요. 데뷔하고 나면 체력 자체가 진짜 중요해진단 말이에요. 연습생 때는 자기 몸 관리에 소홀했던 애들이 데뷔하고 나면 달라지는 경우가 많아요. 그전에는 회사에서 보내야 오던 애들인데, 이제는 먼저 운동 스케줄을 잡아서 와요. 음악 방송 다니고 하면 몸이 너무 아프고 힘드니까 체

력 관리의 필요성을 느끼죠. 식단 관리도 마찬가지예요. 원래는 보이는 데서만 대충 관리하는 척하던 애들이 있거든요. 몰래 먹으려고 새벽에 일어나서 편의점에 가던 애들.

그걸 트레이너 선생님에게 솔직하게 이야기를 하나요?

털어놓는 친구도 있죠. 그런데 말하기 전부터 딱 보면 알거든요. 굳이 인바디 기계로 체크하지 않고도 대충 눈치채요. 저희끼리는 '눈바디'라고 얘기하는데요. 선생님들이 눈으로 체크를 하고, 어느 정도 몸에 변화가 왔다 싶으면 솔직하게 몸 관리를 좀 해야 할 것 같다고 말해주죠.

이 친구들이 데뷔 전에는 회사 안에서만 경쟁을 하는 거잖아요. 하지만 막상 데뷔하고 나면 더 심한 경쟁이 시작되죠. 사진은 공개적으로 찍히고, 실시간으로 댓글도 달리고 하니까 애들 스스로 느끼는 게 생겨요. 연습생 때는 잔소리하는 사람들 대부분이 회사 내부에 있는 건데, 밖으로 나오니까 사방팔방에서 잔소리가 쏟아지죠. 그런데 그때가 되면 좀 늦어요. 이미 상처도 많이 받은 상태고요. 어쩌면 그게 데뷔 전부터 저희 같은 사람들이 도와줘야 하는 이유죠. 이 친구들이 대중 앞에 섰을 때, 최대한 나쁜 평을 듣지 않도록 도와주는 거예요.

데뷔 전, 데뷔 후

"몸 관리에 소홀했던 애들이 데뷔하고 나면 달라지는 경우가 많아요."

혹시 여자 아이돌들에게 좀 더 신경 쓰시는 부분이 있나요?

우선 기본적으로 생리 주기라는 게 있으니까요. 몸의 변화와 심리적인 변화가 있다는 걸 고려해요. 전체적으로도 남자 아이들보다 조금 더 예민한 편이라 잘 관찰하고 세심하게 맞춰야 하죠. 아, 이런 경우가 있어요. 똑같이 잘해주고 똑같이 못해줘야 해요(웃음). 예전에 제가 잠깐 해외출장을 다녀왔거든요. 걸 그룹 멤버가 다섯 명인데, 이번 달에 생일이 두 명인 거예요. 그러면 선물을 다섯 개 사야 하나, 생일은 두 명인데, 어떡하지…. 이런 생각에 빠져서 깊게 고민하게 돼요. 실제로 자기 선물은 왜 없냐고 물어보기도 하거든요. 그런데 사실 이것도 아이들과 편하게 지내니까 가능한 거예요. 처음에는 회사의 의뢰로 온 아이들이기 때문에 서로 조심스러운 게 더 크거든요.

주변 연습생들도 그렇고, 데뷔한 친구들하고 이야기를 해봐도 대부분 '덜 건강해도 마르고 봐야 한다'는 생각을 많이 하더라고요.

그러는 애가 있으면 저희는 바로 말해요. 웃기는 소리 하지 말라고. 처음에 운동을 하러 오는 여자 애들 중에서 그 말을 하는 애들이 진짜 많아요. 지금도 너무 마른 앤데, 더 마른 몸을 갖고 싶다는 거예요. 다리가 더 얇았으면 좋겠다거나. "너 너무 말라서 안 된다. 기본적인 근육량조차 없으면 큰일 난다" "너희는 힐을 신고 춤을 춰야하기 때문에 나이가 들어서 근육이 몸을 잡아주지 않으면 무릎이 아프고 힘들다."고 얘기해줘요. 그래도 "상관없어요. 그냥 마르면 돼요" 하는 애들이 있죠. 그런데 정말로 안 될 말이에요. 물론 상황이 상황이니만큼 이해는 하죠. 하지만 정확하게 2, 3년쯤 지나잖아요? 애들이 무조건 후회해요. "선생님 어떡해요, 너무 무릎이 아파요" 이러면서 와요. 왜 데뷔하고 나서 후회하겠어요. 이전까지는 안 아파봐서 그래요. 일단은 뒷일을 모르니까 연습생 때는 그렇게라도 하고 싶다는 건데, 아무리 얘기해도 잘 안 듣고 나중에 후회하는 거죠.

건강을 관리하는 사람으로서 자신 있게 말할 수 있는 건 이거예요. 사람이 뚱뚱하고 마른 걸 떠나서 안 아픈 게 최고거든요. 뭐든지 나중에 느낄 때는 늦어요. 제가 연습생들에게 더 집중하는 이유도 그래서죠. 나중에는 늦어요. 크게 후회해요. 그러니 이미 그 결과를 알고 있는 사람들이 계속 얘기해줘야 해요. 이 친구가 일단 아프지 않게끔 예방하는 게 최고의 재활이거든요.

대중의 시선

"말렸는데 글래머여야 한대요. 솔직하게, 그런 경우는 없어요."

대중이 지적하는 것에 스트레스를 많이 받을 텐데, 옆에서 볼 때 마음이 안 좋으실 것 같아요.

굉장히 많이 받아요. 온 사방에서 '코끼리 다리'라는 이야기를 하면 누구나 상처를 받을 거예요. 예전에 어떤 친구가 운동을 해서 살을 많이 뺐어요. 그런데 어느 정도까지 빼다 한계가 닥치니까 주사를 맞으려고 하더라고요. 일단은 말렸어요. 그 친구가 오랫동안 노력해온 게 너무 아까워서요. 주사를 맞으면 몸매가 더 예뻐질 수는 있지만, 그 주사를 놓는 직원들 사이에서는 "걔 주사 맞아서 그렇게 된 거야"로 기정사실화 되어버릴 수도 있잖아요.

원래부터 아무런 노력을 안 했던 친구가 맞는다고 하면 바로 그러라고 해요. 그런데 너무 열심히 하던 애가 맞겠다고 하니까, 그런 시선을 받는 게 안타깝더라고요. 물론 선택은 아이들이 직접 하게 해요.

결과가 좋든 나쁘든 본인의 선택이어야만 나중에 후회도 적으니까요. 제 입장에서는 적당히 조언에 그치거나, 관련된 정보만 정확하게 주는 정도로 가는 게 맞아요.

아이돌의 이미지도 시대에 따라 달라지지만, 몸 자체도 유행을 타는 것 같아요.
그럼요. 대중이 집중해서 보는 부위도 달라지고요. 한창 11자 복부가 유행할 때가 있었고, 몇 년 전에는 허벅지에, 요새는 힙에 관심을 보이죠. 때마다 조금씩 포인트가 달라져요. 연예인들이나 저나 이런 부분을 빨리 알아차려야 하는 게, 의상이 이런 유행에 맞게 나오니까 거기 가장 잘 어울리는 몸을 갖춰야 하거든요. 사실 저는 트레이닝 센터 안에만 있는 사람이라 일단은 스타일링에 대한 감이 좀 떨어질 수밖에 없잖아요. 그래서 센터에 오는 배우들의 옷차림을 보면서 '요즘 저게 유행이구나. 그러면 이런 부분을 좀 강조해야 되겠다' 하고 배우죠.

다만 요즘 들어서는 상상 이상으로 어려운 부분이 생겨요. 예전에는 대부분의 사람들이 단순히 마른 몸을 원했고, 연예인의 몸을 보는 시각도 지금처럼 까다롭지 않았어요. 음악을 분석해서 듣는 사람들이 늘어난 것처럼, 몸도 똑같이 세세하게 분석해서 보죠. 그냥 마르고 청순한 느낌만을 원했던 시기는 지났어요. 말랐는데 글래머여야 한대요. 하지만 솔직하게 그런 경우는 없어요. 다들 너무 완벽하기를 원해요. 심지어 인성까지 갖춰야 된다고 하잖아요. 그럴 때는 사람 자체가 얼마만큼 완성이 돼야 연예인으로 인정받을 수 있는 건가 싶어요.

그런 와중에도 트레이너 입장에서는 보다 완벽한 체형과 몸매를 만들어주고 싶으실 거고요.

이건 대중의 평가와는 별개의 기준인데요. 트레이너 입장에서는 일반 대중이 "와, 저 연예인 몸매 좋다"라고 말하는 것보다 '좋은 몸'의 기준이 높을 수밖에 없잖아요. 아무리 겉으로 드러난 게 멋져 보여도 전체적인 체형을 고려할 때 생각보다 잘 갖춰진 사람이 많지 않아요. 그리고 실제로 연예인들조차 그렇게 느끼죠. 자기 몸에 만족하는 사람들이 얼마 없어요. 그러다가 어느 날에 이런 얘기를 해요. "선생님, 솔직히 나는 안 그런데, 사람들이 몸매 좋다고 봐주니까 기분이 좋아요." 그럼 제가 대꾸하죠. "이 오해를 진실로 만들자"고요. 좋은 방향으로 오해를 하고 있으면 그걸 그냥 진실로 만들어버리면 되잖아요. 주변에서 내가 똑똑하다고 오해를 한다? 안 똑똑하다고 말하는 게 아니라, 공부를 더 해서 똑똑해지면 되는 것처럼.

그러면 아이들에게 운동의 중요성을 알려주기 위해 특별히 노력하는 부분이 있을 것 같아요.

직접 운동을 시작해서 달라진 몸을 보여줘요. 예전에 한 번은 다른 곳에 있는 24시간 헬스장을 끊었어요. 잠은 좀 줄여야 했지만, 일 끝나고 넘어가서 바로 운동을 시작했죠. 나 자신이 변화하는 모습을 통해서 몸의 변화를 보여주고 싶었어요. 처음부터 서로의 몸을 비교하면서, "지금 너는 이 상태고, 나는 이 상태야. 너도 바쁘지만 나도 바빠. 나는 새벽에라도 할게. 너도 해봐." 이런 식으로 끌고 갔죠. 애들은 하다가 포기할 수도 있고, 막상 열심히 하다가도 친구들하고 놀고 싶고, 맛있는 거 먹으러 나가고 싶고 그렇잖아요. 그 상황에서 꾸준히 제가 운동하고 있는 모습을 보여주면서 결과까지 보여줬어요. "네가 친구들하고 노는 동안에 내가 이렇게 됐어. 너도 그때 했으면 좋은 결과가 있었을 거야." 제가 아이들에게는 일종의 샘플인 거예요.

아이돌 트레이닝

"좋은 인연이 쭉 좋은 인연으로 이어졌던 것 같아요."

그동안 굉장히 많은 아이돌들의 트레이닝을 맡으셨어요.

처음으로 전담했던 회사는 RBW❸였어요. 그전에는 설리Sulli, 이연희, 장리인…. 이렇게 한두 명씩 맡아서 했고요. 포미닛 멤버였던 허가윤 씨가 굉장히 오래 만난 친구고요. 지금의 센터가 차려지기 전부터 왔죠.

보통은 어떻게 연결이 되는 건가요?

일반 회원들처럼 개인적으로 오는 경우가 많죠. 대부분 소개로 만난 친구들인데, 매니저 분들이나 A&R 팀장 분들이 소개시켜주셔서 오기도 하고, 다른 지인을 통해서 오기도 하고요. 가윤 씨는 본인 스타일리스트를 통해 오게 된 경우였어

❸ **RBW** 프로듀서들이 모여 설립한 종합엔터테인먼트 기업으로, 작곡가 김진우, 김도훈이 공동 대표를 맡고 있다. 2015년 2월에 WA엔터테인먼트와 합병하면서 사명을 레인보우브릿지에이전시에서 현 RBW로 변경했으며, 소속 가수로는 마마무, 브로맨스, 베이식, 양파 등이 있다.

요. 제가 예전에 있었던 곳에 이효리 씨를 담당했던 트레이너 분들이 계셨는데, 그 당시 이효리 씨 스타일리스트가 나중에 허가윤 씨스타일링을 맡게 된 거예요. 그러면서 자연스럽게 인연이 생겼어요. 사실 저희가 청담동에 자리 잡게 된 이유 중 하나도 주변에 기획사가 많기 때문이었어요. 특히 SM 엔터테인먼트와 큐브 엔터테인먼트**❹**가 가까웠죠.

그럼 RBW와의 인연은 어떻게 시작된 건가요?

작곡가 분들이 운동하러 오시곤 했는데, RBW 김도훈 대표님도 그때 뵀어요. 얼마 뒤에 김 대표님께서 "여자애들이 먼저 데뷔를 먼저 할 것 같으니 관리를 좀 해줄 수 있겠냐"고 물어보시더라고요. 그게 지금의 마마무**❺**였어요. 월말 평가 자리에 가서 애들을 보고 본격적인 트레이닝을 시작하게 됐죠. 처음에는 멤버가 넷이니까 회사 안무실에 운동 기구를 사다가 가르쳤어요.

❹ 큐브 엔터테인먼트 2006년에 엠디포라는 이름으로 설립해 현재의 큐브 엔터테인먼트에 이르렀다. 장현승, 비투비BTOB, 현아, CLC, 펜타곤 등이 소속돼 있다.

❺ 마마무MAMAMOO 솔라, 문별, 휘인, 화사로 이루어진 4인조 여성 아이돌 그룹이다. 2014년 디지털 싱글 《행복하지마》로 데뷔했으며, 2017년 제26회 하이원 서울가요대상 본상을 받았다.

그 후에도 HIGH4하이포나, 딘DEAN을 맡으신 걸로 알아요.

김 대표님과 친하신 최갑원 대표님 회사에도 남자 아이들이 있었어요. 그게 HIGH4**❻**였죠. 그친구들도 처음에는 회사 안에 들어가서 가르치다가, 지금은 센터로 와요. 또 제가 우연찮게 고등학교 때 친구를 만났거든요. 알고 보니 그 친구가 이재훈이라고, A&R 쪽에서 일하고 있었어요. 얼마 뒤에 재훈이 작업실에 놀러갔는데 남자애 하나가 있었죠. 그게 딘이었고요. 나중에는 전 CJ E&M 음악부문 안석준 대표님 가족 분들과 연이 닿아서 박시환을 맡았고…. 다양한 회사들과 관계를 맺게 되면서부터 계속 더 많은 의뢰가 들어왔어요. 좋은 인연이 쭉 좋은 인연으로 이어졌던 것 같아요.

마마무 이야기를 좀 더 듣고 싶어요. 보통의 걸 그룹들처럼 다이어트 때문에 운동을 시작했나요?

처음에 김도훈 대표님이 저에게 하신 말씀이 있어요. "다이어트도 중요하지만, 데뷔하고 나면 체력적인 부분이 중요하니까 거기에 일단 신경을 써 달라"고 하시더라고요. 춤을 계속 춰야 하고, 노래도 쭉 해야 하는 친구들이라고요. 맞는 말씀이죠. 아이돌들이 몸을 관리할 때 가장 중요하게 생각해야 할 관점이고요.

걸 그룹 연습생을 그룹 단위로 맡은 건 마마무가 처음이신 건가요.

네. 제가 담당한 건 아니지만, 처음으로 연습생 팀을 본 게 소녀시대였거든요. 그 당시에 있던 센터에서 'SM여단'이라고 칠판에 써진 걸 보고 신기해했죠. 그게 'SM 여자 단체'라는 뜻이었고. 그때가 2007년이었으니까, 소녀시대가 데뷔를 앞두고 있을 때예요. 10대 후반이었을 때죠. 운동

❻ HIGH4하이포 김성구, 백명한, 알렉스, 임영준으로 이루어진 4인조 남성 아이돌 그룹이다. 2014년 5월에 아이유와 함께 부른 <봄 사랑 벚꽃 말고>로 <SBS 인기가요>에서 1위를 차지했다.

하는 모습을 보면서 '나중에 나도 그룹 트레이닝을 해보면 재미있겠다'는 생각을 했지만, 연이 없어서 쉽지 않더라고요. 그러다 설리 씨를 잠깐 맡았고, 가윤 씨와도 만났고요. 이 친구들은 개인적으로 온 거니까 그룹 단위로 맡은 첫 팀은 마마무죠.

마마무 멤버 별로 신체적인 장점이 다르잖아요. 각 멤버의 특징을 어떻게 잡고 계셨나요?

일단 처음에는 전체적인 검사를 많이 했어요. 유연성, 근력 등 여러 가지 평가 기준을 두고 표를 만들어서 주기적으로 꼼꼼하게 측정했죠. 회사에도 구체적인 수치가 있어야 이 친구들이 어디가 좋아졌고, 어떤 부분이 더 필요한지 제대로 설명할 수 있거든요. 그때 분석해보니 문별Moon Byul이 같은 경우에는 복부 쪽이 좋더라고요. 허리가 얇으면서도 운동을 하면 탄탄한 느낌을 낼 수 있을 것 같아서 거기에 포커스를 맞췄고요. 솔라Solar는 원래 마른 체형이라 탄력 있는 몸을 위해서 노력한 경우예요. 그런데 어느 순간부터 허리가 아프다고 하더라고요. 그때부터는 재활 운동을 한 달 정도 했어요. 휘인Whee In이는 특별히 떨어지는 포지션이 없는 친구라, 전체적으로 좋은 상태를 유지하는 쪽으로 갔는데요. 사실 다른 애들에 비해 많이 집중하지는 못했어요. 급할 때는 회사에서 운동부터 하라고 보내는데, 휘인이 같은 경우에는 녹음이 있다고 하면 살짝 패스하기도 했고.

화사 씨는 통상 이야기하는 걸 그룹 이미지와 상당히 다른 느낌을 지녔어요. 그런 면에서 특별히 고려한 부분이 있을 것 같거든요.

화사Hwa Sa는 다른 아이돌들보다 서구적인 체형이죠. 이 친구가 처음 만났을 때부터 리아나를 너무 좋아한다고 하더라고요. 하지만 저는 리아나와는 또 다른 혜진(화사 본명)이만의 느낌을 낼 수 있을 것 같았어요. 한 달 동안 화사를 전담으로 맡아서 관리했던 이유죠. 데뷔 전에 지금보다 더 완벽했던 몸을 갖췄던 적이 있는데, 그때 화사 몸무게가 무려 44kg이었어요. 지금은 그때보다 좀 더 살이 붙은 상태예요. 하지만 사람들이 굉장히 좋아하더라고요. 공연 때 가서 보면 저도 깜짝깜짝 놀라요. 이 친구는 아이돌 느낌이라기보다는, 뭐랄까. 체형도 그렇고, 아티스트로서 풍기는 분위기도 그렇고 자기만의 무게감이 느껴지는 친구거든요.

이제 마마무는 데뷔 연차도 좀 쌓였고, 그 팀만의 운동 타입이라는 게 어느 정도 잡혔겠어요.

보통 활동 직전에 한두 달씩 바짝 한다고 보면 돼요. 각각 한 명씩 스케줄을 잡아서 진행하고요. 솔라는 허리, 혜진이는 좀 더 탄력적인 몸을 갖고 싶다고 해서 그 부분에 집중하고 있어요. 최근에는 문별이가 제일 열심히 운동을 다니는 것 같아요. 스케줄이 없거나 가끔씩 쉴 때도 바로바로 하러 와요.

산업에 대한 이해

"엔터테인먼트 시스템에 대한 이해가 필수적이에요."

쭉 이야기를 나누면서 느낀 건데요. 엔터테인먼트 산업에 종사하고 계신 분들 이상으로 산업에 대한 이해도가 높으신 것 같더라고요. 조금 놀랐어요.

계속 엔터테인먼트 업계 분들과 일하기 위해서는 저도 당연히 업계 시스템을 이해하고 있어야 해요. 그러다 보니 시간이 지날수록 조심스러운 부분도 생겨요. 처음에는 대표님들과 주로 이야기를 나누다가, 각 파트 팀장님들과도 이것저것 커뮤니케이션을 하게 되거든요. 이때는 대표님부터 팀장님까지 다들 저와 나이가 비슷한 분들이에요. 그런데 운동을 가르치다보면 애들은 애들 또래의 생각이 있고, 애들만의 입장이 있는 거예요. 이때 저는 그들 사이에서 중립을 잘 지켜야 해요. 서로 오해를 살 만한 이야기가 전달되지 않게 노력해야 하고요. 보니까 엔터테인먼트 시스템에 대해서 어느 정도 이해를 하고 있을 때라야 이런 상황에 잘 대처할 수 있더라고요.

보통 아이돌들을 몇 명 정도 관리하고 계시나요? 연습생들까지 합쳐서요.

아주 많을 때는 50명 정도 돼요. 예전에 제가 담당하고 있는 친구들 숫자를 한 명씩 세어봤거든요. 원래는 퍼스널 트레이너 한 명이 최대한으로 회원을 받으면 회사 상황에 따라 10명~20명 정도인데….

그러면 관리할 때 좀 힘들지 않나요? 너무 많다보니 신경 쓰기 어려울 수도 있고요.

그 부분을 알고 있죠. 아마 보다 디테일하게 관리하는 부분에 있어서는 제가 부족할 수도 있어요. 하지만 그래서 엔터테인먼트 산업에 대한 이해가 더더욱 있어야 해요. 저는 센터 안에 있고, 이 친구들은 밖에 있을 동안에 무엇을 하고 있는지, 무엇을 먹고 있는지 제가 모든 상황을 먼저 그리고 있어야 하거든요.

만약에 한 친구가 "형, 저 내일 공연 있어요"라고 얘기하면, 저는 미리 계산에 들어가요. 얘가 몇 시까지 음악 작업을 하고, 내일 몇 시에 숍에 가고, 몇 시부터 리허설을 하고, 그 사이에 뭘 먹을 수 있고…. 여기서 끝이 아니에요. 공연이 끝나고 뒤풀이가 있는지 없는지, 거기서는 뭘 먹는지, 그리고 그걸 먹었을 때는 몇 시부터 어떤 운동을 하는 게 적절할지도 꼼꼼하게 파악해서 얘기해줘야 하죠.

현장에 대한 이해가 필요하다는 거네요. 생각지 못한 부분이에요.

아이들이 스케줄 중에 갑자기 연락해서는 "선생님, 배고파요. 지금은 뭘 먹어야 해요?"라고 물어보거든요. 이럴 때도 현장이 어떻게 돌아가는지 알고 있으니까 굳이 여기저기에 연락해서 물어보지 않아도 바로 적절한 식단을 체크해줄 수 있어요. 물론 아이들을 적게 맡는 게 가장 좋겠죠. 하지만 제 입장에서는 일단 의뢰가 오니까, 저를 믿고 맡겨준 분들에 대해서는 최선을 다할 수밖에 없어요. 이 친구들이 언제까지 제 곁에서 배울지 모르잖아요. 대신 자칫하면 소홀해질 수 있는 부분에 대해서는 저 나름대로 공부하고 연구하는 거죠. 저와 함께하는 동안에는 일단 제가 할 수 있는 만큼 돌봐주려고 해요.

아시다시피, 아이돌들은 육체적으로나 정신적으로나 꽤 힘든 상황에 놓여 있을 때가 많잖아요. 배우나 다른 방송인들과도 다르죠. 스케줄 돌아가는 것부터 팬들을 대하는 방식에 이르기까지 모든 면에서 아이돌 산업만의 특징이 있고요. 사실은 이런 생각도 들거든요. 이정도로 힘든 상황에서 과연 몸 건강을 지키면 정신도 같이 건강해진다고 말할 수 있는 건가.

당연하죠. 하지만 아이들 기분이 워낙 안 좋을 때가 많은 것도 사실이에요. 저는 그걸 최대한 위로 끌어올려서 운동을 시켜야 하는 사람인데, 결국은 하루하루가 숙제예요. 애들은 너무 다운되어있고, 이걸 운동을 하라고 달달 볶는 게 맞나 싶죠. 물 한 잔 마시고 오라고 해도 계속 멍한 경우가 많거든요. 생각이 너무 많으니까 어쩔 수 없는 거예요.

이 친구들은 서로 비슷한 환경에 놓여 있잖아요. 좋은 것도, 나쁜 것도 모두 비교가 되니까 더 힘들 수밖에 없어요. 나는 묵묵히 회사가, 선생님들이 하라는 대로 하고 있는데, 다른 친구들은 "쟤는 이렇게 해. 또 쟤는 저렇게 하더라" 하면서 비교하는 상황이 오죠. 그러다 데뷔하고 나면 또 잘나가는 그룹과 비교하게 되는 거고요. 원하는 만큼 결과가 안 나오면 회사 안팎으로 원하는 대로 할 수 있는 것도 없고, 힘든 부분이 절로 생기죠. 제 입장에서는 이런 상황에 놓인 애들을 데리고 운동을 시켜야 되는 거고. 너무 어려울 때가 많아요. 오죽하면 농담으로 애들한테 그래요. "여기 선생님들 좀 봐라. 너희보다 나이가 많아서 이렇게나 힘들다. 너희는 젊고 좋은 거거든. 우린 다치면 잘 낫지도 않아."(웃음) 아이들에게 잠깐이나마 웃음을 주려고 애쓰는 거죠.

다른 것보다 이런 상황이 가장 힘들 수도 있겠어요.
너희들 나이에는 지금 성공하는 것보다 일단은 무조건 도전하고, 실전으로 옮기는 태도가 가장 중요하다고 끊임없이 말해요. 사실 운동도 그렇거든요. 결과를 빨리 받으려고 하는 것보다 뭔가를 하고 있다는 사실 자체가 중요한 거예요. 꾸준히 하다보면 분명히 좋아져요. 며칠 하고 몇 kg이 빠졌냐는 게 중요한 문제가 아니란 말이에요. 좀 늦게 살이 빠질 수도 있고, 빨리 빠질 수도 있는 거예요. 오늘 3kg 빠졌다고 내일 5kg 찌면 어떻겠어요. 결과적으로는 지는 거잖

엔터테인먼트 산업에 대한 이해가 더더욱
있어야 해요.
만약에 한 친구가 "형, 저 내일 공연
있어요"라고 얘기하면, 저는 미리 계산에
들어가요. 애가 몇 시까지 음악 작업을 하고,
내일 몇 시에 숍에 가고, 몇 시부터 리허설을

하고, 그 사이에 뭘 먹을 수 있고…. 공연이
끝나고 뒤풀이가 있는지 없는지, 거기서는 뭘
먹는지, 그리고 그걸 먹었을 때는 몇 시부터
어떤 운동을 하는 게 적절할지도 꼼꼼하게
파악해서 얘기해줘야 하죠.

아요. 그런데 애들은 뭐든지 빨리 결과를 보길 원하죠. 일종의 강박 증이에요.

춤과 노래가 이론만 알고 있다고 느는 게 아니잖아요. 운동도 똑같다고 얘기해주죠. 실질적으로 몸이 예쁘고 좋은 사람들은 운동 지식에 대해서는 잘 몰라요. 무조건 행동으로 열심히 옮긴 결과니까요. 많이 아는 게 중요한 게 아니라, 하는 게 중요한 거잖아요. 운동 지식은 전문가들이 옆에 붙어서 알려주면 돼요. 연습생 친구들 중에서도 말만 많고 제대로 운동은 안 하는 애들이 있어요. 하지만 정말로 몸이 튼튼하고 좋은 친구들은 "선생님, 몇 시부터 해요? 뭐부터 할까요?"라고 물어요.

감정 조절

"이 트레이닝 센터 안에서는 생각보다 많은 일이 일어나요."

직업병이라는 게 있을 것 같기도 한데요. 예를 들어서, 어떤 연예인이든 보기만 하면 신체 구조를 분석하게 된다거나….

있죠. 굉장히 두꺼운 점퍼를 입고 있으면 잘 모르는데, 어쨌든 사진이나 무대나 눈으로 보고 있으면 투시하는 것처럼 그 사람의 체형이 슥 보여요. 일단은 전체적인 골격이 눈에 제일 먼저 들어오죠. 골격이 반듯한지, 어디 빠진 곳은 없는지, 키 대비 몸의 비율은 어떤지 같은 것들요. 1~2초면 딱 알게 돼요. 물론 이 판단이 빨라야만 일을 할 수 있기도 하고요. 다만 상대의 체형을 보고 저게 좋다 나쁘다는 판단을 하진 않죠. 굳이 그쪽에서 평가 해달라고 요청하지 않는 이상은요.

제가 가르치는 애들 같은 경우에도 온 몸을 마치 스캔하듯이 머릿속에 넣어둬요. 전날과 그다음 날의 상태를 바로바로 비교할 수 있게

끔 입력해두는 거죠. 기계처럼 완벽하지는 않겠죠. 하지만 어느 정도는 제 눈썰미를 갖고 일을 해요. 아이들 상태를 관리하는 사람으로서는 당연히 할 줄 알아야 하는 거고요.

아, 이건 좀 우스운 이야기인데요. 제가 사람 키와 몸무게를 잘 맞히는 편이에요. 예전에 연습생 애들한테도 이 데이터를 써먹은 적이 있어요. 체중을 재보자고 하니까 애들이 절대 체중계에 안 올라가는 거예요. 그래서 "너 60kg이야. 그냥 올라가봐" 했어요. 키도 173.8cm이니까 얼른 재보라고요. 놀랍게도 제가 소수점까지 맞혔더라고요. 솔직히 찍은 건데 맞혀서(웃음). 그다음부터 애들이 굉장히 신뢰하기 시작했어요. 애들이 워낙 어리니까 거기에 맞춰서 신뢰를 주려면 눈으로 보여주는 게 제일 좋더라고요.

퍼스널 트레이너로서 특별히 중요하게 생각하는 부분도 거기 있겠네요. 관계, 신뢰 이런 부분에요.

운동하고 끝나는 게 이 일의 전부가 아니에요. 사람끼리 맺는 관계가 굉장히 중요해요. 저는 연륜이라는 걸 무척 중요하게 생각하거든요. 아무래도 커뮤니케이션 과정에서 사람들과 끊임없이 마주치는 직업이다 보니까 그런 기술이 반드시 필요하다고 보죠. 최대한 자기감정을 드러내지 않고 쭉 일을 해나가야 하니까. 실질적으로 젊은 트레이너들은 그런 부분에서 좀 서투를 수밖에 없어요. 물론 그분들 중에도 처음부터 잘하는 분이 있을 수도 있죠. 하지만 감정을 컨트롤한다는 게 수많은 경험 없이는 쉽게 되는 게 아니더라고요. 그래서 저희 센터의 막내 트레이너는 1983년생이에요. 나이가 좀 있죠.

이런 생각을 하게 된 특별한 계기가 있나요?

트레이닝 센터 안에서는 생각보다 많은 일이 일어나요. 아이돌 멤버들 간에 싸움도 나죠. 그런 일이 생기면 저도 사람인지라 기분이 안 좋을 거 아닌가요. 하지만 이런 감정을 드러내지 않고, 아무렇지 않게 넘길 수 있어야 해요. 컨디션 조절부터 자기 관리까지 최대한 평온한 상태를 유지할 수 있어야 한다는 거죠. 아마 제 감정을 있는 그대로 다 아이들에게 드러냈다면 어땠겠어요. 다들 오지 않을 거예요 (웃음). 아이들이 어떤 행동을 하더라도 한 번 더 좋게 이야기하고, 부드럽게 타일러야 해요. 전반적으로 애들이 어리다보니까 감정을 못 추스르는 경우가 많거든요. 사실은 좀 버릇없다고 볼 수 있는 경우가 없는 건 아닌데, 그럴 때도 기분 나빠하지 않고 그 친구들의 입장에서 이해하려고 노력해요. 애들이 지하 연습실에서 얼마나 답답하고 힘들겠어요. 여기 와서 편하게 풀고 가면 좀 나아지겠죠.

서로 속에 있는 이야기를 할 때도 마찬가지예요. 제 안에는 아이들의 비밀이 쌓이는 거지만, 그러고 나면 조금은 편안한 상태로 애들이 센터 밖을 나갈 수 있으니 다행이에요. 그렇게 시간이 흐르다 보면, 관계라는게 점점 더 끈끈해지는 거고요.

트레이너 일을 하면서 가장 고민되는 부분이 있다면 무엇인가요. 아무래도 나이가 신경 쓰이실 것 같아요.

맞죠. 언제까지 내가 이 일을 해야 하는지, 할 수 있을지에 대해 생각하게 돼요. 오랫동안 이 직업을 갖고 일할 수 있다는 게 확실하다면, 사실 지금 당장에는 돈을 좀 못 벌더라도 괜찮거든요. 하지만 단적으로 얘기하자면, 40대 트레이너는 20대 트레이너와 달라요. 어릴 때부터 쭉 인정을 받지 못하고 나이가 들면 더하죠. 50대 트레이너는 그냥 나이가 많은 트레이너로 남을 뿐이에요. 그 부분을 깨닫고 나니까 40대가 되기 전에 무조건 열심히 살아야 한다는 생각이 들더라고요. 30대 중반까지는 진짜로 일만 했어요. 나중을 준비하는 차원에서.

연예인 트레이닝을 하면서 유독 아쉬웠던 순간이 있다면 언제인지.

이 친구들에게 좀더 좋은, 완벽한 모습이 나왔으면 좋겠다는 생각이 들 때요. 원하는 만큼 몸이 안 만들어지면 참 속상하죠. 배우에게 노출 신이 있거나, 아이돌들이 특별한 변신을 보여줘야 하는 순간에 '아, 좀더 완벽할 수 있었는데' 싶은 부분이 꼭 있거든요. 계속 아쉬움이 남아요. 그리고 제 몸에 대한 아쉬움이 생기기도 하고요.

어떤 면에서요?

한두 명 맡아서 일을 할 때는 제 몸이 중요하다는 생각을 안 했거든

요. 그런데 아이들이 하나둘 늘어나니까 저의 체력과 몸매에도 책임
감이 생기더라고요. 이 친구들이 내 말 한 마디에 서서히 바뀌어가
는데, 나도 더 나은 사람이 되어야겠다는 생각이 들었죠. 어디 가서
도 "어? 너희 트레이너 선생님은 아저씨네." 이런 이야기 안 듣게 하
고 싶고, "저런 멋진 선생님에게 배우는 구나"라는 평가를 듣고 싶고
요. 저도 아이들과 함께 꾸준히 성장해가고 싶어요. 그러려면 좀 더
젊어 보여야 할 텐데(웃음). 뭐든지 새로운 감각으로 익혀야 해요.

새로운 구상

"의외로 트레이너가 할 일이 많더라고요."

아이돌 퍼스널 트레이너로서 새롭게 구상하시는 일이 있나요?

요즘은 팬미팅이나 콘서트 현장에 따라가요. 거기서 제가 할 수 있는 부분이 뭔지 쭉 체크해보는 중이에요. 트레이닝을 맡은 연습생 친구들이 많다보니까 이 친구들이 나중에 해외에서 일을 하게 됐을 때를 생각해보게 되더라고요. 퍼스널 트레이너이자 피지컬 트레이너 입장에서 무엇을 도와줄 수 있는지 고민해보는 거죠. 사실 엔터테인먼트 회사들과 퍼스널 트레이너 간에 저희와 같이 여러 개씩 계약을 맺는 건 좀 이례적인 일이에요. 그걸 해냈으니까 이제는 다른 부분을 봐야죠. 제가 맡은 친구들을 위해 스태프로서 할 수 있는 일을 찾을 거예요.

현장에서 일하고 싶다는 생각을 하게 된 특별한 계기가 있나요?

테니스 선수 샤라포바가 한국에 와서 경기를 한 적이 있어요. 그가 연습하는 걸 보러 갔는데, 트레이너가 옆에서 운동과 스트레칭을 시켜주는 거예요. 너무 멋져 보이더라고요. 운동선수 트레이너가 아니라도 그런 직업이 있었으면 좋겠다는 생각이 들었어요. 유명한 뮤지션들이 해외 투어를 할 때 헬스장에서 운동도 시켜주고, 컨디션 체크도 꼼꼼히 해주고 싶다는 꿈이 생겼죠. 얼마 전에 현장에 나가서 아이들을 돌볼 때는 그때 생각이 나더라고요. '아, 내가 그때 그런 꿈을 꿨는데 지금 하고 있네' 그랬죠.

그런데 실제로 아이돌들의 공연 현장에 퍼스널 트레이너가 스태프로 가는 경우는 흔치 않거든요.
거의 없어요. 하지만 막상 현장 스태프로 따라가 보니까, 의외로 트레이너가 할 일이 많더라고요. 무대에 서기 전까지 아이들이 최상의 컨디션을 유지할 수 있도록 마사지를 해주기도 하고, 아침에는 조깅과 스트레칭을 함께 해주고요.

기획사 분들도 관심을 갖고 있나요? 시스템에 변화를 주는 거라, 낯설어 하실 분들도 계실 것 같아요.
아직까지는 대부분의 기획사나 트레이너들이 그 필요성을 별로 인식하지 못하고 있죠. 그런데 기쁘게도 최근 들어서 몇몇 대표님들 중에 저와 같은 생각을 하는 분들이 생겼어요. 먼저 제안을 주시기도 하고요.

해외 현지에서까지 애들 건강 상태를 돌봐줄 수 있는 것 자체가 트레이너 입장에서는 굉장히 중요한 업무거든요. 얼마 전에는 해외 마트에 가서 제가 직접 장을 봤어요. 끼니 정도야 알아서 챙겨 먹으라고 할 수 있는 거지만, 일단 거기까지 같이 갔을 때는 이 친구들이나 스태프 분들이 퍼스널 트레이너에게 원하는 게 있는 거잖아요. 그리고 애들도 아무 거나 먹지 않고 조금씩 눈치를 봐요(웃음). 그런데도 자기들이 힘을 얻는대요. 가까이에서 자기를 돌봐주는 사람이 한 명이라도 더 와 있으니까 좋다고요.

원래 어떤 일이든 간에 서로서로 필요를 느껴야 가능해지는 거잖아요. 그런 면에서는 퍼스널 트레이너가 충분히 활동 반경을 넓힐 수 있다고 봐요. 현장에 있던 분들 중에서 트레이너의 필요성을 느끼는 분들이 많더라고요. 이런 관계성과 제가 지닌 장점들을 살릴 수 있다면 좋겠죠.

분명하게 본인의 영역을 만들어가는 것 같아요.

트레이너로서 어떻게 꾸준히 일을 해나갈지 고민하고, 하나씩 실천에 옮겨보는 과정인 거죠. 김도훈 대표님을 만난 것도 저에게는 감사한 기회고, 이렇게 얻게 된 기회를 어떻게 살릴지는 제 몫이잖아요. 팬들이 봤을 때도 그래요. 내 아티스트와 함께 일하는 사람이 멋지다는 생각이 들어야 더 좋지 않을까요. 결국은 제가 가르친 아이

들이 더 살아나는 거죠. 제가 노력할 수밖에 없어요.

만약에 제가 20대 초반부터 지금처럼 많은 일을 맡았다면 달랐겠죠. 거만해졌을지도 몰라요. 하지만 저는 그 나이 대에 무척 힘들게 노력하며 살았고, 그 경험 덕분에 지금 같은 상황에서도 들뜨지 않고 제 길을 찾아나갈 수 있는 것 같아요. 그리고 이건 개인적인 생각인데요. 자기 나이 대에 맞는 일이 찾아오는 것 아닌가 싶어요. 20대 후반에는 아무리 노력해도 원하는 기회가 안 오더라고요. 아무튼 인생은 계속 숙제인가 봐요. 저에게도 그렇고 이 아이들에게도 그렇고요. 어떻게 해야 40대까지 아이들을 잘 끌고 갈 수 있을지 연구해야죠. 이 친구들이 잘되면 제가 더 잘될 수도 있는 거기도 하니까요.

즐겁게 운동하기

"잘해보려고 노력하는 친구들과 함께 하는 게 즐거워요."

트레이닝 센터 이름을 따서 운동 경기 팀을 만드셨다고 들었어요.

편안한 분위기에서 운동을 하게 해주고 싶었어요. "오니까 좋네요."
이 한 마디가 너무 기쁘거든요. 하지만 제 입장에서 해줄 만한 게 딱
히 없는지라 고민을 좀 했죠. 그러다 시작한 게 농구팀이에요. 남자
아이돌 중에 농구 좋아하는 애들이 진짜 많거든요. 함께 모여서 경
기장을 잡았죠. 지금은 진행을 못하는데, 이유가… 제가 감당하기
어려울 정도로 사이즈가 좀 커져버려서요. 주변에서 다른 친구들이
자꾸 같이 농구하자고 한대요(웃음). 곧 재개하고 싶죠. 나중에는 제
대로 된 농구 모임처럼 이끌어가면 좋을 것 같아요.

아이돌들과 즐겁게 노는 방법을 고민하고 계신 건지(웃음).

저도 아이들과 노는 게 좋거든요. 그런데 전 일단 운동을 가르치는

선생님이니까요. 선생님 입장에서 뭘 해줄 수 있을지 생각해보고, 이 친구들과 함께 놀더라도 당연히 운동의 연장선에서 애들을 끌어주는 게 맞죠. 그게 밥 사주고 다른 데 놀러 다니는 것보다 더 멋있겠다는 생각을 했어요.

본인의 일을 즐기고 있다는 게 느껴져요.

지금 저는 제가 하는 일이 정말로 재미있어요. 어릴 때부터 음악 듣는 걸 좋아했고, 춤추는 걸 즐겼던 사람이라 더 그럴 수도 있죠. 현실적인 문제 때문에 그만뒀지만요. 그래서인지 모르겠는데, 데뷔한 후로 아직까지 빛을 덜 발한 친구들이나 데뷔를 준비하고 있는 연습생들을 보면 조금 더 애틋해져요. 형으로서, 혹은 삼촌 같은 사람으로서 이 친구들이 뭔가를 시작할 때 적극적으로 도와주고 싶은 마음이 커요.

지금은 잘된 딘이나 마마무도 마찬가지예요. 딘이 처음 무대에 섰을 때 저희 센터에 있는 선생님들을 모두 데려가서 응원했고, 마마무 데뷔 무대 때는 첫 방송 직전까지 다리 마사지를 해줬어요. 조금이라도 더 예뻐 보이길 바라서요. 처음이라는 자리에 놓인 친구들, 이제 막 잘해보려고 노력하는 친구들과 함께 하는 게 즐거워요.

항상 에너제틱한 상태를 유지하시는 건 정말이지 쉬운 일이 아닌데요.

막상 일이 끝난 뒤에 축 처져 있을 순 있어요. 하지만 트레이너라면

일할 때만큼은 최대한 텐션을 만들어내야 해요. 그게 제가 가르치는
친구들에게 보여줘야 할 모습이니까요.

아이돌 메이커

초판 1쇄 발행 2017년 10월 5일
초판 2쇄 발행 2019년 9월 28일

지은이 박희아
펴낸이 신주현 이정희
디자인 조성미

펴낸곳 미디어샘
출판등록 2009년 11월 11일 제311-2009-33호

주소 03345 서울시 은평구 통일로 856 메트로타워 1117호
전화 02) 355-3922 | 팩스 02) 6499-3922
전자우편 mdsam@mdsam.net

ISBN 978-89-6857-080-3 03680

www.mdsam.net